高等学校小学教育专业教材

现代教育技术实用教程

佟元之　许文芝　主编
徐晓梅　主审

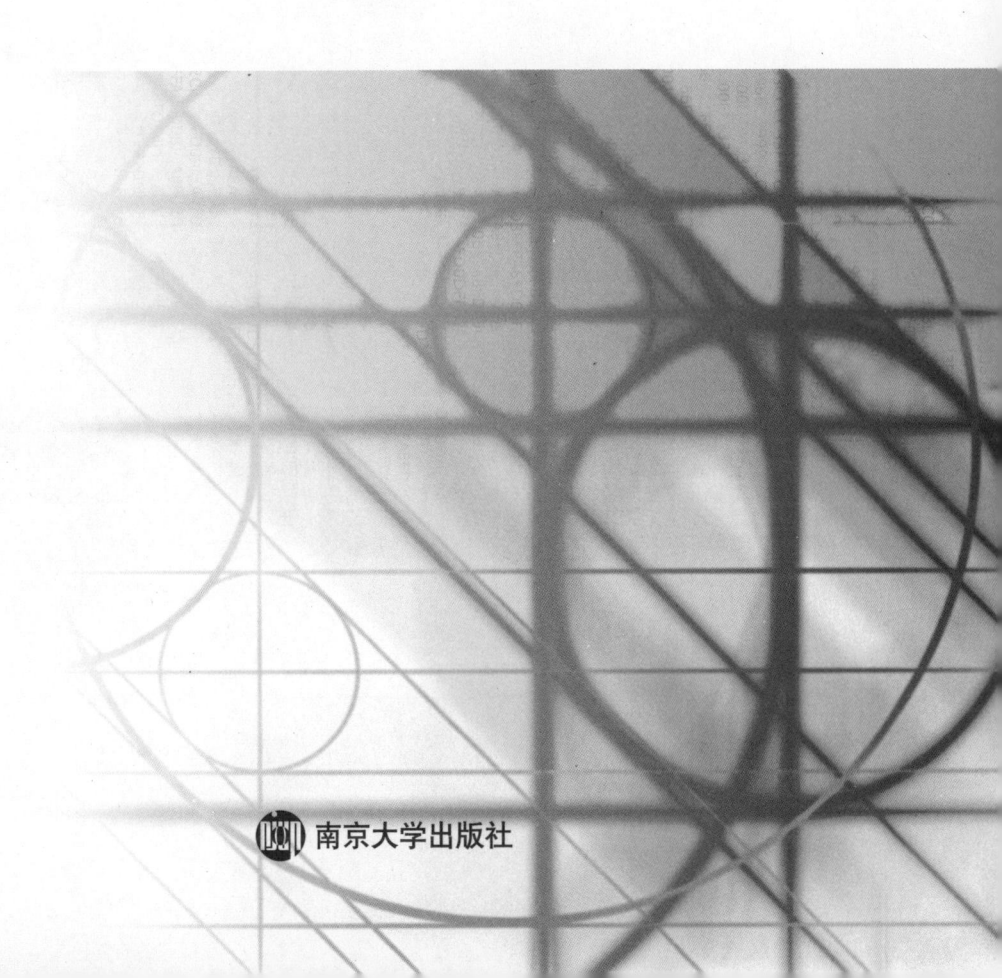

南京大学出版社

内容提要

本书共分六个专题,主要包括现代教育技术的概述和理论基础、现代教学媒体的构造和使用、数字化教学素材的获取与处理、多媒体课件的设计与制作、数字化校园及其应用、信息化教学设计等内容。

通过对本书的学习,可使读者了解现代教育技术的基本理论及其在教学中的具体应用,掌握现代教学媒体的工作原理及使用,掌握数字化教学素材的编辑处理方法,掌握多媒体课件设计与制作的过程,培养运用信息技术进行教学设计的能力。

本书体系完整,内容新颖,既有理论介绍又有实践指导,实用性较强。本书既可作为高等师范学校教育技术公修课的教材,也可供中小学教师现代教育技术培训使用,以及可作为教育技术工作者及教学管理人员的参考书和工具书。

前　言

教育技术的形成与发展是现代教育科学发展的重要成果，也是当今教育界的热门话题。美国教育传播与技术协会（AECT）于1994年对其作出这样的定义："教育技术是对学习过程与学习资源进行设计、开发、利用、管理和评价的理论和实践。"可以说，现代教育技术的广泛应用不仅改变着教育方式和教学过程，也改变着教师的课程观念和教育理念。它以其特有的魅力，不仅在教育学科中赢得了相应的学术地位，也越来越成为推动教育教学改革与发展的重要力量。

目前，广大中小学教师面临着教育信息化和基础教育课程改革的新形势、新挑战，教育技术能力也成为中小学教师专业能力的重要组成部分。作为培养高素质师资人才的师范院校必须站在社会发展的前沿，充分利用现代教育技术学科的最新研究成果，培养创新型中小学教师。因此，鉴于教育技术的快速发展，特别是教学媒体更新、升级速度加快，而正在使用的2008年版教材部分内容相对滞后，不能很好地适应教育教学的需要，江苏教育学院分院管理办公室根据当前基础教育教学改革的需要，重新组织编写了这本《现代教育技术实用教程》，供全省高等师范学校、幼儿高等师范学校以及中小学教师培训使用。

本教材有以下四个方面的特点：

1. 以《中小学教师教育技术能力标准（试行）》为指导，采用专题形式编排。全书教学内容符合教师教育专业化和新课程改革的需求，满足教师在实际教学工作中对教育技术能力的需求，体现以生为本的教学理念。

2. 面向当前高等师范学校学生实际，重视课程的实践性。每个专题包括学习目标、专题引言、基础知识、拓展学习、活动实践以及知识结构图六个部分，有助于学生了解该专题主要内容、知识脉络，让学生在活动实践中强化基础知识的学习。

3. 本教材理论部分简明扼要、浅显易懂，力求使学生"学了能懂、懂了会做、做了能用"。在内容的结构处理上采用弹性方式，每一讲都提供拓展学习，让教师可以根据学生的实际情况自定学习目标和学习内容。

每一讲的结尾加入了活动建议和推荐阅读材料，南京大学出版社网站上还提供参考资料和补充样例，给学生留有较大的自主学习空间。

4. 教材本着实用、适中、好用的原则，注重利用江苏省各学科优秀教学设计案例、各种教学获奖案例，把案例作为连接理论与实践的中介，让学生通过案例的解读、分析、评价，加深理解与实践相关的理论。为了方便学生的学习，现代教学媒体部分的内容以图文并茂的形式出现，并配有文字标注，一目了然。

本书是众多现代教育技术专职教师通力合作的成果，是集体智慧的结晶。参与本书编写的人员有洪韩、徐晓梅、佟元之、许文芝、吴耀宇、曹均平、黄建峰、时道波、王雪晶、张宝、王艳歌、王冠、刘鹏、李定荣、金丽琴、孙桔、秦立山、曹卫忠、王琳、詹龙应。全书由许文芝、佟元之统稿。

感谢江苏省教育科学研究院、江苏教育学院副院长杨九俊，江苏教育学院分院管理办公室主任黄正平，江苏省电化教育馆馆长尤学贵等领导对教材编写给予的热忱关心和大力支持。江苏教育学院分院现代教育技术协作组组长、徐州高等师范学校校长洪韩精心组织安排了本书的编写出版，并参与了本书讨论、写作的全过程，对本书的编写内容提出了富有指导性的意见。感谢南京大学出版社副总编胡豪、高校教材中心主任蔡文彬、责任编辑李博老师对教材编写全过程的指导、把关和辛勤付出。

本书在编写过程中引用了大量专家学者的著作、论文和网络资源，对于书中引用的资料，我们尽量注明出处，若有遗漏，恳请原谅。也希望广大现代教育技术教师在使用本教材的过程中提出宝贵意见，以便教材再版时作进一步修订。

本书配有电子课件 PPT、优秀教学案例和活动实践样例等教学资源，需要者可以登录南京大学出版社网站 www.Njupco.com，免费下载。

编者
2012 年 12 月

目 录

专题一　现代教育技术概述……………………………………… 1

　　第一讲　现代教育技术的基本概念……………………………… 1
　　第二讲　现代教育技术理论基础………………………………… 11
　　第三讲　现代教育技术与教育信息化…………………………… 23

专题二　现代教学媒体…………………………………………… 35

　　第一讲　现代教学媒体概述……………………………………… 35
　　第二讲　音频设备………………………………………………… 43
　　第三讲　数码相机………………………………………………… 63
　　第四讲　数码摄像机……………………………………………… 77
　　第五讲　综合多媒体教学系统…………………………………… 87

专题三　数字化教学资源的获取与处理……………………… 117

　　第一讲　数字化教学资源概述…………………………………… 117
　　第二讲　数字化教学资源的获取与处理………………………… 125

专题四　多媒体课件设计与制作……………………………… 185

　　第一讲　多媒体课件概述………………………………………… 185
　　第二讲　多媒体课件的开发与设计……………………………… 197
　　第三讲　常用多媒体课件制作工具……………………………… 211

专题五　数字化校园及其应用………………………………… 246

　　第一讲　数字化校园概述………………………………………… 246

第二讲　数字化校园的应用……………………………………253
　　第三讲　网络教学平台及社会化学习工具……………………265

专题六　信息化教学设计……………………………………………288
　　第一讲　信息化教学设计………………………………………288
　　第二讲　信息化教学应用案例…………………………………301

附录………………………………………………………………………329
　　附录一　中小学教师教育技术能力标准(试行)………………329
　　附录二　我国中小学教学软件评审参考标准…………………336
　　附录三　"国培计划"课程资源建设规范(试行)………………339

参考文献…………………………………………………………………347

专题一 现代教育技术概述

学习目标

1. 掌握现代教育技术的含义和研究领域,了解中小学教师教育技术的能力标准。
2. 了解我国现代教育技术的发展概况和基本理论。
3. 了解现代教育技术的有效应用在教育信息化、教育改革进程中的重要作用,深刻认识师范生学习现代教育技术的重要性。

专题引言

教育技术学是教育科学群体中的一门新的综合性学科。教育技术在教育教学中的应用,优化了教学过程,使它成为除教师、学生、教材这三个传统教学过程基本要素之外的第四个要素。随着现代教育科学和现代信息技术的发展,人们对教育技术的理解和认识在不断深入,它的理论、概念、方法和实践也在不断地变化完善。本专题介绍了教育技术概念及其发展历程,讲述了教育技术的基本理论,阐述了教育信息化与教育技术的关系。

第一讲 现代教育技术的基本概念

基础知识

一、现代教育技术的概念

(一)教育技术的概念

1994年,美国教育传播与技术协会(Association for Education Communication and Technology,简称 AECT)定义术语工作组在广泛收集国内外教育技术界人士意见的基础上,对教育技术作了一个较为全面、准确的阐述："教育技术是对学习过程与学习资源进行设计、开发、利用、管理和评价的理论和实践。"其内容框架，如图1-1-1所示。它的主要任务是从理论和实践角度来研究如何提高学习效率，如何有效地开发、利用学习资源。

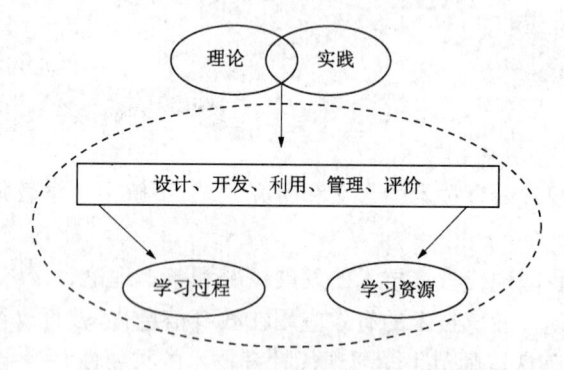

图1-1-1 教育技术的内容框图

根据AECT的定义，教育技术的研究对象是学习过程和学习资源，研究的目的是为了促进学习，基本研究内容是设计、开发、利用、管理与评价五个方面，这个定义的构成和基本内涵可用图1-1-2表示。

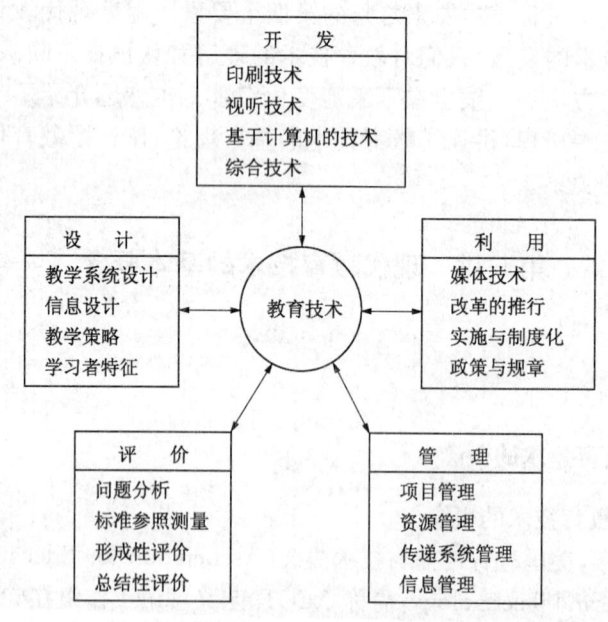

图1-1-2 AECT在1994年对教育技术所作定义的结构图

那么，教育技术的研究领域具体应该是哪些呢？张建伟博士把教育技术的研究领域划分为以下几个部分，如图1-1-3所示。

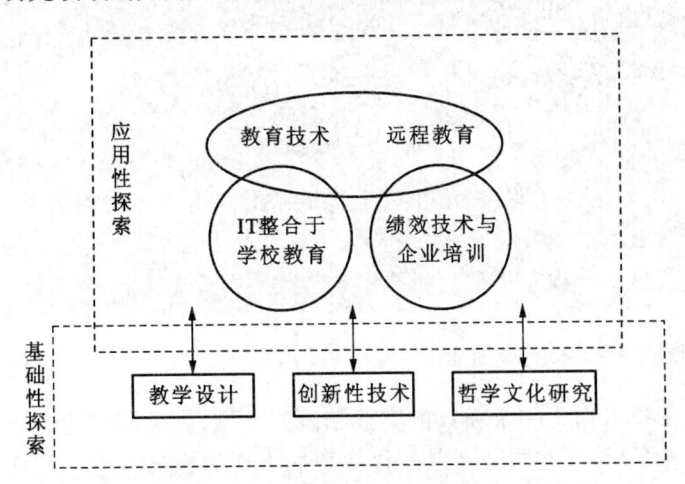

图1-1-3 教育技术的研究领域框架

从图中可以看出，教育技术的研究领域包括两方面：一方面是基础性探索，包括教学设计研究（学习环境设计研究）、创新性技术研究和哲学文化研究；另一方面是应用性探索，包括面向学校教育所进行的关于IT整合于学校教育的研究、面向企业培训所进行的绩效技术研究以及远程教育研究。

（二）现代教育技术的含义

现代教育技术是将以计算机为核心的信息技术运用于教育教学的理论与技术。具体地说，就是以现代教育思想、理论和方法为基础，以系统论的观点为指导，以现代信息技术为手段的教育技术（现代信息技术目前主要指计算机技术、数字音像技术、电子通信技术、网络技术、卫星广播技术、移动通信技术、人工智能技术、虚拟现实仿真技术以及多媒体技术等）。它是现代教学设计、现代教学媒体和现代媒体教学法的综合体现，是以实现教学过程、教学资源、教学效果、教学效益最优化为目的的。

知识卡片1-1-1 教育技术和信息技术的区别与联系

信息技术和教育技术二者虽有较密切的联系，但却属于不同的学科，并有各自不同的研究对象和研究范畴。信息技术属于技术学科，其研究对象是与信息相关的技术，研究范畴是对信息的获取、存储、加工、传输与呈现；教育技术则属于教育学科，其研究对象是教学过程与教学资源，研究范畴则是教学过程与教学资源的设计、开发、利用、管理与评价，即教育技术关注的是应用于教育教学过程或作为教学资源的技术。

具体说来，教育技术是指运用各种理论及技术，通过对教与学过程及相关资源的设计、开发、利用、管理和评价，实现教育教学优化的理论与实践。而信息技术是指能够支持信息的获取、传递、加工、存储和呈现的一类技术。其中，应用在教育领域中的信息技术主要包括电子音像技术、卫星电视广播技术、多媒体计算机技术、人工智能技术、网络通信技术、仿真技术和虚拟现实技术等。

二、我国教育技术发展简史

教育技术作为一个新兴的实践和研究领域，在美国开始于视听教育和程序教学运动，在中国则以电化教育的出现为标志。电化教育的出现和发展为教育现代化注入了活力，对教学手段和教学方式的改革产生了积极的作用与广泛的影响。

1. 新中国成立前我国电化教育的发展历程

（1）"电化教育"的产生

"电化教育"的产生与"电气化"有关。"电气化"在20世纪30年代的中国具有"高科技"的含义，幻灯、电影、广播以及电视都和"电"有关联，教育电影、教育广播、教育电视、幻灯片等利用电力，通过教育影响一个人与其世界的相互关系。

我国的电化教育是在国外视听教育的影响下引入的，诞生于20世纪20年代，出现之初由学校、学者倡导，从社会教育实验到学校教育推广。在当时经济不发达、科技落后、政府不重视、投入不足的情况下，电化教育处于自发状态，没有形成大规模推广。

（2）兴办电教专业

随着电影和广播教学的开展，一些学校开始开设电影播音课程，开办电影播音专业，培养专门的电教人才，主要有：1936年江苏省立教育学院开办的电影播音教育专科；1939年金陵大学开办的电影播音专修科；1940年国立社会教育学院开办的电化教育专修科等。

（3）兴办电化教育出版物

20世纪40年代电化教育出版物主要有金陵大学的《电影与播音》、国立社会教育学院的《电教通讯》和社会教育司的《电化教育》等。

2. 新中国成立初期我国电化教育的发展历程

(1) 电化教育的初步发展

1949年11月,文化部科学普及局成立电化教育处(后为幻灯处),负责全国电教工作。1950年,文化部商同教育部把所属各省、市文化馆划归文化部领导,以利于推动电教工作。我国的电教事业在党和国家的重视下开始起步和发展。

(2) 社会电化教育的发展

开展播音教育:1949年,北京、上海人民广播电台举办"俄语广播学校";1953年上海人民广播电台举办"文化补习学校";1958年天津举办"广播函授大学"。

开展电视教育:1960—1966年,上海、北京、沈阳、哈尔滨、广州等地相继举办"电视大学",开设数学、物理、化学、中文、政治、俄语、英语等课程。

(3) 学校电化教育的发展

高校电化教育:高校电化教育的开展主要有:开设电教课程(主要是师范大学教育系),运用电教媒体辅助教学(主要外语电化教学),成立电教中心、电教室、电教馆负责电教工作的开展。

普教电化教育:普教的电化教育主要由各地的电教馆来组织和推广,主要工作是在中小学中开展幻灯、电影、录音辅助教学;制作、收集、交流电教教材和资料。

3. 改革开放后电化教育的重新起步和迅速发展

1978年,全国教育工作会议召开,确定了中国教育事业发展的方针大计。邓小平指出"要制定加速发展电视、广播等现代化教育手段的措施,这是多快好省发展教育事业的重要途径……"、"教育要面向现代化、面向世界、面向未来",为我国电化教育的重新起步与迅速发展指出了明确的方向。

1978年2月,教育部成立电化教育组,7月改称中央电化教育馆,各地也开始建立电化教育机构,到1986年,全国除台湾省以外,都建立了省级电化教育馆,各级各类学校也建立了电化教育机构。

1979年2月,中央广播电视大学与28所省、自治区和直辖市广播电视大学同时开学。到80年代末,已经发展成为由1所中央广播电视大学,43所省、自治区、直辖市和计划单列市广播电视大学,575所地(市)广播电视大学(分校)和1 500多个县级广播电视大学工作站(分校)组成的

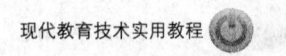

广播电视高等教育系统。

1980年以后,为了解决教育发展中的问题,由教育部门独立或与广播电视部门合作,建立了一定数量的教育电视台。

1986年7月1日,"中国教育电视"用卫星试播,10月1日正式播出。1987年,中国教育电视台建立。

至1990年,全国已有教育电视台(站)500多座,教育电视单收站3 000多个,放像点30 000多个,初步形成了卫星电视教育网络。

4. 现代教育技术的发展

(1) 从电化教育向教育信息化转变,以信息技术为标志的现代教育技术得到各级各类教育机构和单位的重视。

(2) 形成了具有中国特色的、覆盖全国城乡的教育技术系统;教育信息化基础设施与资源建设取得明显进展和可喜成绩。

(3) 教育技术学科、专业建立了具有中国特色的完整人才培养体系;我国教育技术学科专业建立了具有专科、本科、硕士、博士到博士后科研流动站完整的人才培养体系。

(4) 初步形成了多元化的教育技术学理论体系;现代教育技术实验研究向整体、综合、广泛、纵深发展。

(5) 基本完成农村中小学现代远程教育工程,提高了农村的教育质量和效益;积极开展中小学教师远程培训,推动教师教育创新;初步形成了具有中国特色的高校网络教育办学体系。

三、教育技术的发展趋势

信息化是21世纪科学发展的四大特点(信息化、智能化、生态化和全球化)之一。科学技术的发展使现代教育技术呈现出信息化、网络化、多媒体化和智能化趋势。

(一) 信息化

教育信息化是21世纪教育现代化的重要发展趋势。包括:学习资源、教育内容的信息化以及资源、信息的共享;知识信息传输的现代化、多媒体化、网络化;教育对象的信息意识;教育对象的信息能力;教育设施、设备的信息化建设。世界各国都在加速教育信息化的进程。例如:美国、日本、新加坡、欧盟各国已在2003年前后完成了教育信息基础设施的建设。泰国规划到2002年每一所乡村小学都连上互联网。我国教育部决定,从2001年起,用5~10年的时间,在全国中小学基本普及信息技术教育,全面实施"校校通"工程,以信息化带动教育的现代化,努力实现基础教育跨越式发展。

(二) 网络化

目前我国网络建设已初具规模,建成了中国教育和科研计算机网CERNET、中国公用计算机网CHINANET、中科院的中国科技网和信息产业部的"金桥"四大网络系统。计算机网络的广泛应用和发展是教育技术网络化最明显的标志。广域通信网络技术将会对未来的教育产生深远的影响。这种影响不仅表现在教学手段、教学方法的改变上,而且必将引起教学模式和教育体制的根本变革。

网络环境下的教育体制与教学模式不受时间、空间和地域的限制,使教育的全民化、终身化、多样化、自主化、国际化成为可能。基于网络的教学模式,可以是个别化教学,也可以是协作型教学,还可以将个别化和协作型二者结合起来。

知识卡片 1-1-2 "校校通"工程、"三通两平台"工程

为了加快在中小学普及信息技术教育的步伐,教育部 2000 年 11 月 14 日发出《关于在中小学实施"校校通"工程的通知》,决定在全国中小学实施"校校通"工程。

"校校通"工程是利用信息技术实现家庭与学校、社会快捷实时沟通的网络教育平台,是实现社会、学校与家庭之间信息交流的立体网络。

1. "校校通"工程的目标

"校校通"工程的目标是:用 5~10 年时间,使全国 90% 左右的独立建制的中小学校能够上网,使中小学师生都能共享网上教育资源,提高所有中小学的教育教学质量,使全体教师能普遍接受旨在提高实施素质教育水平和能力的继续教育。

2. "校校通"工程的任务

(1) 在东部地区县以上和中西部地区中等以上城市的中小学组织实施上网工程。

(2) 在中西部县和县以下的中学及乡镇中心小学建立远程教育接收点,配备卫星地面接收站、电视机、VCD 放映机和计算机等必要设备

及基本的教学资源光盘,接收和使用优秀教学课和数字化教育资源。

(3) 开发系列的优秀教学课和丰富的课程资源,建设共享的中小学教育资源库。这些资源包括中小学主要学科的课程资源和媒体素材。上述资源将通过计算机网络和卫星宽带网、电视节目、光盘等多种方式提供给中小学,为全国推进素质教育提供信息支持。

(4) 要把地(市)、县教师进修学校纳入"校校通"工程建设规划。对中西部地区的"校校通"工程项目教师和管理人员(每校2~3人)进行专题培训,使他们掌握设备的使用、维护和简单的修理技能。

教育云平台的建立是科教兴国战略和教育信息化中重要的步骤。2012年3月颁布实施的《教育信息化十年发展规划(2011—2020年)》中提出了建设"三通两平台"工程。三通即宽带网络校校通、优质教育资源班班通、网络空间人人通;两平台即教育管理信息平台和教育资源公共服务平台。"三通工程"被教育部确定为"十二五"期间教育信息化工作的核心目标与标志工程,是"十二五"时期教育信息化试点工作的重点。

(三) 多媒体化

多媒体技术不是多种媒体的简单集合,而是以计算机为中心把处理多种媒体信息的技术集成在一起,用来扩展人与计算机交互的多种技术的综合。它具有传输信息量大、速度快、信息的传输质量高、应用范围广、操作简单、方便以及交互性强等特点。多媒体技术是人与计算机交互综合处理各种媒体信息(文本、图形、声音、视频、图像、动画等)的方法和手段,使多种信息建立逻辑连接,集成为具有交互性的系统。多媒体技术具有集成性、交互性特点,多媒体技术的应用为人机之间的信息交流提供了全新的手段。高保真的声音、高清质量的图像、二维和三维动画、活动影像、虚拟现实技术已在教育教学中得到广泛的使用。

(四) 智能化

现代教育技术智能化发展是目前研究的热点。如教育资源的智能化管理。从海量的网络信息中迅速查找到所需要的教育资源并能对信息进行自动抽取形成智能化结构、智能化课程开发平台,采用动态跟踪技术,根据资源用到的关键字,实现对资源的智能化管理;建立智能化的动态网站开发平台、智能化教学管理系统、智能化考务管理系统、智能化多媒体教学系统等,能够实现自动挖掘现有信息里存在的潜在规律与知识,提供从基本查询、报表到智能化分析的一系列工具。智能化网络作业系统,可以实现智能化出题、自动批阅、智能分析统计等。网上地图指南系统以地理信息系统技术为基础,融合数据库技术,采用电子地图将与地理位置有关的数据可视化,具有内容丰富、信息查询方便、智能化程度高等特点。

拓展学习

《教育信息化十年发展规划(2011—2020年)》

为推进落实《国家中长期教育改革和发展规划纲要(2010—2020年)》关于教育信息化的总体部署,教育部组织编制了《教育信息化十年发展规划(2011—2020年)》(以下简称《规划》)。以教育信息化带动教育现代化,是我国教育事业发展的战略选择。制定和实施《规划》,建设覆盖城乡各级各类学校的教育信息化体系,促进优质教育资源普及共享,推进信息技术与教育教学深度融合,实现教育思想、理念、方法和手段全方位创新,对于提高教育质量、促进教育公平、构建学习型社会和人力资源强国具有重大意义。

概况——《规划》分序言、总体战略、发展任务、行动计划、保障措施、实施6个部分,共20章。工作方针为"四个坚持",总体发展目标为"三基本两显著"。

发展任务——统筹规划和具体部署:

1. 各级各类教育信息化发展的主要任务

基础教育信息化:重在缩小地区、城乡和学校之间的数字化差距,促进教育均衡发展。

职业教育信息化:重在加强数字校园建设,提升实践教学水平。

高等教育信息化:重在推进信息技术与高等教育深度融合,创新人才培养、科研组织和社会服务模式,促进教育质量全面提高。

继续教育信息化:重在推进网络环境下的终身学习公共服务体系建设。

教育管理信息化:重在整合信息资源,建设教育管理基础数据库和教育管理信息系统,在各级教育行政部门和各级各类学校实现管理信息化,提升教育服务与监管能力。

2. 各级各类教育信息化发展中的共性问题

公共支撑环境:重点是超前部署教育信息网络,解决教育信息网络普及率低、发展不均衡、农村和偏远地区学校接入困难问题;建立教育云服务模式,解决面向未来需求的、全国范围的公共存储和计算能力缺失的问题。

队伍建设:重点是帮助教师应用信息技术提高教学质量,提高专业技术人员技术水平和服务能力,提高教育管理人员信息化规划、管理和执行能力。

体制机制建设:重点是推进各级教育行政部门和各级各类学校改革调整管理体制,形成权责明确、统筹有力的教育信息化组织管理体系;在资源共建共享、技术创新和战略研究、产业发展、国际交流与合作等四个方面创新机制,调动各方力量积极参与、协同推进教育信息化。

行动计划——"中国数字教育2020行动计划",含5项行动计划:

1. **资源——优质数字教育资源建设与共享行动**
(1) 建设国家数字教育资源公共服务平台。
(2) 建设各级各类优质数字教育资源。
(3) 建立数字教育资源共建共享机制。

2. **应用——学校信息化能力建设与提升行动**
(1) 中小学校和中等职业学校标准化建设。
(2) 高校数字校园建设。
(3) 教育信息化创新与改革试点。

3. **管理信息化——国家教育管理信息系统建设行动**
(1) 建立国家级教育管理基础数据库和信息系统。
(2) 推动地方政府建立教育管理基础数据库和信息系统。
(3) 推动学校管理信息系统建设与应用。
(4) 实现系统整合与数据共享。

4. **可持续发展——教育信息化可持续发展能力建设行动**
(1) 实施教育技术能力培训。
(2) 推广应用教育信息化标准。
(3) 建立教育信息化技术支持和战略研究体系。
(4) 增强教育信息化后备人才培养能力。

5. **基础能力——教育信息化基础能力建设行动**
(1) 超前部署教育信息网络。
(2) 国家教育卫星宽带传输网络建设。
(3) 国家教育云基础平台建设。

（4）开放大学信息化支撑平台建设。

推荐阅读：

国家基础教育资源网。http://www.cben.gov.cn/drscn/protal/index/html

中国教育与科研计算机网-教育信息化。http://www.edu.cn/xxh_6468/

活动实践

1. 理解 AECT 关于教育技术在 1994 年的定义，说说教育技术的发展趋势主要体现在哪几个方面。

2. 搜索网络资源并思考：未来现代教育技术在教育教学中将应用在哪些方面？作为未来的小学教师，你如何理解现代教育技术环境下教师角色的转变？你在未来的教学和教育科研中将如何运用现代教育技术？

第二讲　现代教育技术理论基础

基础知识

一、视听教育理论

视听教育理论产生于 20 世纪初视觉教育运动，后随着媒体种类的不断丰富，理论研究也进一步发展，成为教育技术重要的基础理论。

（一）视觉教育理论

美国视觉教育专家霍本、韦伯等人在 20 世纪三四十年代，提出了较为系统、全面的视觉教育理论。该理论的核心有三个方面：

第一，视觉媒体与传统的教学材料相比，能够提供具体的、有效的学习经验。

第二，为更科学有效地运用不同的视觉媒体，应该对其进行分类，而分类的依据应是媒体所提供的学习经验的具体程度。

第三，视觉教材的使用应与实际课程有机结合。

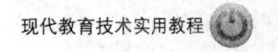

(二)视听教育理论

美国视听教育专家戴尔于20世纪40年代提出了视听教学理论——"经验之塔"理论。他把人类学习的形式按照其提供经验的抽象程度不同分类,并将它们有规律地排列起来构成塔状模型(如图1-2-1),称为"经验之塔"。

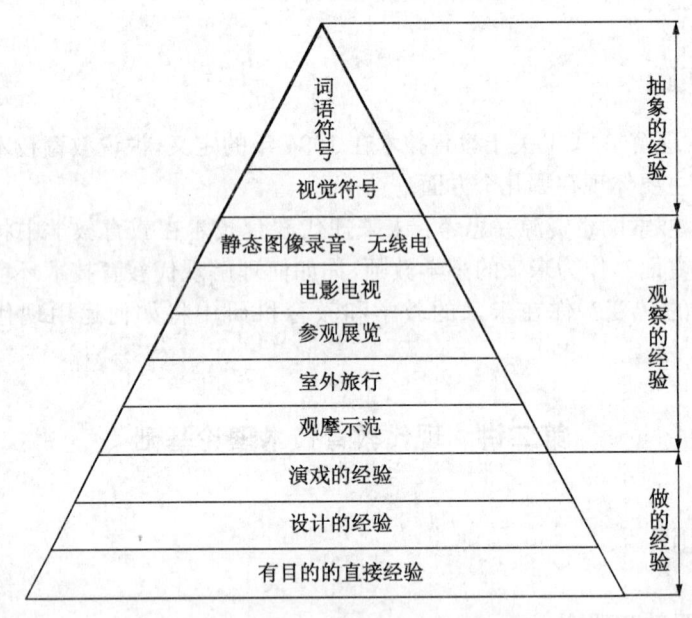

```
          词语符号              抽象的经验
          视觉符号
       静态图像录音、无线电
          电影电视              观察的经验
          参观展览
          室外旅行
          观摩示范
         演戏的经验
         设计的经验              做的经验
       有目的的直接经验
```

图1-2-1 戴尔的"经验之塔"

"经验之塔"的理论要点是:

第一,"塔"体各层次是由不同类型的学习方式或媒体组成的。从塔底到塔尖,各种媒体所提供的学习经验的具体程度依次降低,抽象程度增加,这有利于教师更加清楚地了解各种教学手段的特点。

第二,依据人们认识事物和掌握经验的规律,认为教学应从具体经验入手,逐步上升到抽象层次。

第三,尽管具体经验很重要,但教学不能只停留在提供具体经验的层面上,必须在此基础上向抽象和普遍推进,要形成概念。概念是思维推理的工具,它可以使探求知识的智力过程大为简化。同时,只有抽象化、理性化的知识才更具普适性和现实意义。

第四,位于塔体中间层次部分的是替代的经验,它相对来说比较具体,同时又可打破时空限制,弥补了从底层取得直接经验的实施难度,且易于培养学习者的观察能力。因而要重视和研究媒体的应用。

"经验之塔"理论阐述的经验抽象程度关系,是符合人类认识事物由具体到抽象、由感性到理性、由个别到一般的认识规律的。因此,它对今天教育技术的发展仍然具有重要的指导意义。

二、学习理论

(一) 行为主义学习理论

行为主义学习理论是以人类可观察的行为作为主要的观测元素,认为人的行为是对外界刺激的反应,学习的获得就是形成刺激与反应的联结和联想,而强化则是促进这种联结的重要手段。因此行为主义学习理论注重外部环境的作用,强调在"刺激—反应"过程中"强化"的必要性。

1. 桑代克的联结主义学习理论

美国著名的心理学家桑代克(E. L. Thorndike)通过"猫的迷笼"实验研究了动物学习的"尝试错误"过程,并在此基础上提出了世界上第一个学习理论——联结主义学习理论(又称试误说)。他认为:

(1) 学习是个体在刺激情境中产生的"刺激—反应"联结。

(2) 学习过程是一种渐进的"尝试与错误",直至最后成功的过程,这种学习方式也称"试误学习"。桑代克认为,每个"刺激—反应"的联结都是在盲目中尝试错误的学习过程,由开始的错误反应多于正确反应到最后的全部为正确反应的结果。

(3) 在试误学习中有三大定律:练习律、准备律、效果律。练习律指刺激与反应的联结随练习次数的多寡而有强弱之分,练习次数越多,联结越强。准备律指当个体在练习中得到满足感的经验,刺激与反应的联结将来会自然出现在相同的情境中。效果律指"刺激—反应"的联结要看学习者是否得到满足。反应得到奖励则强化了联结,反应得到惩罚则减弱了联结。上述三个定律中,效果律是最主要的,在指导学习中具有一定的指导意义。

(4) 通过训练迁移可以使学习者在相同或类似情境刺激下形成联结,提高学习效率。训练迁移只有在前后两次所学材料(刺激情境)有共同元素时才会发生。

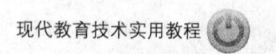

> **知识卡片 1-2-1 "试误说"**
>
> 桑代克的动物实验中有一个著名的"饿猫逃出迷笼实验"。桑代克设计了"桑代克迷笼",将饿猫关入此笼中,笼外放一条鱼,饿猫急于冲出笼门去吃笼外鱼,但是要想打开笼门,饿猫必须一气完成三个分离的动作。首先要提起两个门闩,然后是按压一块带有铰链的台板,最后是把横于门口的板条拨至垂直的位置。经观察,刚放入笼中的饿猫以抓、咬、钻、挤等各种方式想逃出迷笼,在这些努力和尝试中,它可能无意中一下子抓到门闩或踩到台板或触及横条,结果使门打开,多次实验后,饿猫的无效动作越来越少,最后一入迷笼就会立即以一种正确的方式去触及机关打开门。桑代克据此认为,学习的实质就是有机体形成"刺激"(S)与"反应"(R)之间的联结。他明确地指出"学习即联结,心即一个人的联结系统。"同时,他还认为学习的过程是一种渐进的尝试错误的过程。在这个过程中,无关的错误的反应逐渐减少,而正确的反应最终形成。根据他的这一理论,人们称他的关于学习的论述为"试误说"。

2. 斯金纳的操作条件作用学习理论

斯金纳根据"斯金纳箱"的动物实验的研究后,认为学习就是通过强化某个刺激情景中的自发性反应,建立"刺激—反应"联结,形成操作学习。斯金纳的操作条件作用学习理论有以下几个基本观点:

(1)斯金纳把条件作用的学习历程分为两类,即"反射学习"和"操作学习"。他认为,机体并不一定需要接受明显的刺激才能形成反应。他把机体由于刺激而被动引发的反应称为"应激性反应",机体自身主动发出的反应称"操作性反应"。操作性反应可以用来解释基于操作性行为的学习,如人们读书或写字的行为。为了促进操作性行为的发生,必须有步骤地给予一定的条件作用,这是一种"强化类的条件作用"。

(2)强化包括正强化和负强化两种类型,正强化可以理解为机体希望增加的刺激,负强化则是机体力图避开的刺激。增加正强化物或减少负强化物都能促进机体行为反应的概率增加。这一发现被提炼为"刺激—反应—强化"理论。这一理论可以用来指导教学工作:在学习过程中,当给予学习者一定的教学信息——"刺激"后,学习者可能会产生许多种反应(包括应激性反应和操作性反应)。在这些反应中,只有与教学信息相关的反应才是操作性反应,在学习者作出了操作性反应后,要及时给予强化,如学生答对时告诉他"好"或"正确",答错时告诉他"不对"或"错了",这样在下次出现同样刺激时作错误反应的可能性就会大为减小,从而促进学习者在教学信息与自身反应之间形成联结,完成对教学信息的学习。

(3) 强化程序中有很多种不同的强化实施方式,其中最主要有两类:一类是立即强化与延缓强化,立即强化是指个体表现正确反应,立即提供强化物,而延缓强化则是指个体表现正确反应后,过一段时间才提供强化物,实验的结果表明立即强化的效果优于延缓强化;另一类是连续强化与部分强化,连续强化是指每次个体出现正确反应之后,均提供强化物,而部分强化仅选择在部分正确反应之后提供强化物,实验的结果发现部分强化效果优于连续强化。

斯金纳根据操作条件作用于强化理论,提出学习材料的程序化思想。其主要原则是:教材分小步子;学生对学习内容作积极反应;反应后有及时反馈,尽量降低错误率;教学应自定步调,自选路径等。依据这样的原则,程序编制者把教材分解成许多小项目,按一定顺序加以排列,对每个项目提出问题,通过教学机器或程序教材来呈现,要求学生作出选择反应或应答反应,然后给予正确答案以便核对,并加以强化。这一理论对今天的计算机辅助教学的研究依然具有价值。

> **知识卡片 1-2-2　操作学习**
>
> 斯金纳(Burrhus Frederic Skinner,1904—1990)是新行为主义心理学的创始人之一。他1904年3月20日生于美国宾夕法尼亚州东北部的一个车站小镇。斯金纳从小喜爱发明创造,富有冒险精神。他15岁时曾与几个小伙伴驾独木舟沿河而下,漂流300英里。他还试制过简易滑翔机,曾把一台废锅炉改造成一门蒸汽炮,把土豆和萝卜当炮弹射到邻居的屋顶上。
>
> 被世界各国心理学家和生物学家广泛采用的"斯金纳箱"的构造是这样的:在一个箱内装上一个操纵杆,操纵杆与另一提供食物的装置相连接。把一只饥饿的白鼠放进箱内,它会在里面乱跑乱碰,自由探索。白鼠偶然踏上操纵杆,提供食物的装置就会自动落下一粒食丸。白鼠经过几次尝试后,压杠杆的频率越来越大,直到吃饱为止。这时我们可以说,白鼠学会了按压杠杆以取得食物的反应。按压杠杆变成了取得食物的手段。斯金纳认为学习就是通过强化某个刺激情景中的自发性反应,建立"刺激—反应"联结,形成操作学习。

（二）认知主义学习理论

行为主义学习理论只强调学习的外部刺激和外显行为而忽视了人的内部因素，理论体系出现不足。认知学派认为学习并非是一连串的刺激反应过程，而是人根据自身已有经验，对外部信息进行加工处理，形成认知结构的过程。因此，认知理论强调学习的内部因素，探讨人的大脑对信息加工和认知结构建立的机理。

(1) 布鲁纳的认知结构学习理论

布鲁纳将人类对其环境中的事物经知觉转换为内在心理事件的过程称为认知表征，分为动作表征、形象表征和符号表征三个阶段。学习者正是经由这些表征形式在内部建立起对知识的结构框架，这就是认知结构。新的学习就是将新的信息与原有的认知结构相联系，对其进行调整、补充，并在这个结构的指引下，完成对具体知识内容的认知。由此布鲁纳提出了"知识结构论"、"学习结构论"等理论，认为对学习者来说，掌握学科知识的结构形态要比学会具体的内容更重要，所以要让学习者学习学科知识的基本结构，在此基础上再按不同发展阶段的特点进行学习。

(2) 奥苏贝尔的意义学习理论

奥苏贝尔的意义学习理论，旨在直接解决学校知识教学问题，与布鲁纳强调的认知—发现不同，奥苏贝尔强调认知—接受，并认为有意义接受学习是学生学习的主要形式。有意义接受学习必须满足内、外部条件。内部条件指学习者必须有意义学习的心向，即学习者有积极主动地把符号所代表的新知识与学习者认知结构中原有的适当知识加以联系的倾向性；同时，学习者认知结构中必须具有适当的知识，以便与新知识发生联系；再有，学习者必须积极主动地使这种具有潜在意义的新知识与其认知结构中有关的旧知识发生相互联系，结果，旧知识得到改造，新知识获得实际意义即心理意义。而外部条件是指学习材料本身必须具有的逻辑意义。

（三）建构主义学习理论

建构主义是行为主义发展到认知主义以后的进一步发展。与行为主义和认知主义相比，建构主义更加关注学习者如何以原有的经验、心理结构和信念为基础来构建自己独特的精神世界。在这样的认识论基础上，通过长期的理论探索和教学实践，建构主义逐步形成了独具特色的学习理论体系。建构主义对于学习的解释主要有以下观点：

第一，学习是一种建构的过程。

知识来自于人们与环境的交互作用。学习者在学习新的知识单元时,不是通过教师的传授而获得知识,而是通过个体对知识单元的经验解释从而将知识转变成了自己的内部表述。知识的获得是学习个体与外部环境交互作用的结果,人们对事物的理解与其先前的经验有关,因而对知识的正误的判断是相对的,而不是绝对的。学习者在形成自己对知识的内部表述时,不断对其进行修改和完善,以形成新的表述,因而这一内部表述是一个开放的体系。学习者在对知识单元进行学习时,实际上是形成了一个个的知识体,每一个知识体就是一个小的结构,一个新的知识单元的学习是建立在原有的知识结构的基础之上的。

第二,学习是一种活动的过程。

学习过程并非是一种机械的接受过程,在知识的传递过程中,学习者是一个极活跃的因素。知识的传递者不仅肩负着"传"的使命,还肩负着调动学习者积极性的使命。对于学习者许多开放着的知识结构链,教师要能让其中最适合追加新的知识单元的链活动起来,这样才能确保新的知识单元被建构到原有的知识结构中,形成一个新的开放的结构。

学习的发展是依靠人的经验为基础的。由于每一个学习者对现实世界都有自己的经验解释,因而不同的学习者对知识的理解会不完全一样,从而导致了有的学习者在学习中所获得的信息与真实世界不相吻合。此时,只有通过社会"协商"(协作、会话)展开合作学习,经过一定时间的磨合之后才可能达成共识。

既然学习者对于外部世界的理解可以是各异的,教学评价应该侧重于学生的认知过程,而不是行为的产品(学习结果)。

第三,学习必须处于真实的情境中。

学习发生的最佳情境不应是简单抽象的,相反,只有在真实世界的情境中才能使学习变得更为有效。学习的目的不仅仅是要让学生懂得某些知识,而且要让学生能真正运用所学知识去解决现实世界中的问题。

在一些真实世界境态中,学习者的知识结构怎样发挥作用,学习者如何运用自身的知识结构进行思维,是衡量学习是否成功的关键。如果学生在学校教学中对知识记得很"熟",却不能用它来解决现实生活中的某些具体问题,这种学习应该说是不成功的。

因此,有人说,情境、协作、会话和意义建构是建构主义的四大要素。建构主义提倡教师指导下的以学生为中心的学习,学生是知识意义的主动建构者；教师是教学过程的组织者、帮助者、指导者和促进者；教材是学生主动建构意义的对象；媒体是创设情境、协作学习、会话交流和帮助学习完成意义建构的工具。目前建构主义理论对教育技术，特别是第二代教学设计的研究影响较大。

三、传播理论

> **知识卡片 1-2-3　教育传播**
>
> 　　教育传播是一个复杂的系统，由若干元素组成。教育效果是整个教学传播系统的产物而非要素，而教育环境是教育传播系统的外部条件，也不是要素，因此，可以认为整个教育传播系统由四个要素加两个重要概念构成，如图 1-2-2 所示。
>
> 图 1-2-2　教育传播系统的构成

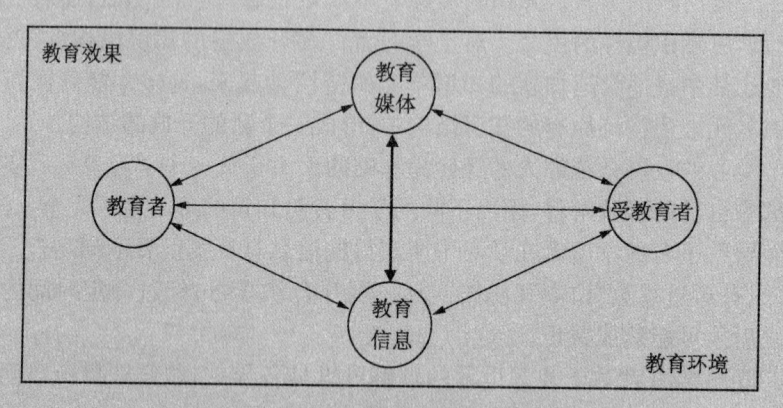

教育者、受教育者、教育信息与教育媒体四个要素处于大的教育环境中，与教育环境相互影响、发挥作用，教育效果则是衡量整个传播过程质量的重要指标。此外，教育者、受教育者、教育信息与教育媒体两两发生作用，构成了六大关系，即教育者与受教育者关系、教育者与教学媒体关系、受教育者与教育信息关系等。这些关系也是教育传播学研究的重要内容，各种关系的优劣将直接决定教育传播效果的优劣。

教育传播是教育者与受教育者直接借助教学媒体实现教学信息交互的过程，是一个动态的过程，这个过程可细分为六个子过程，如图

1-2-3所示。

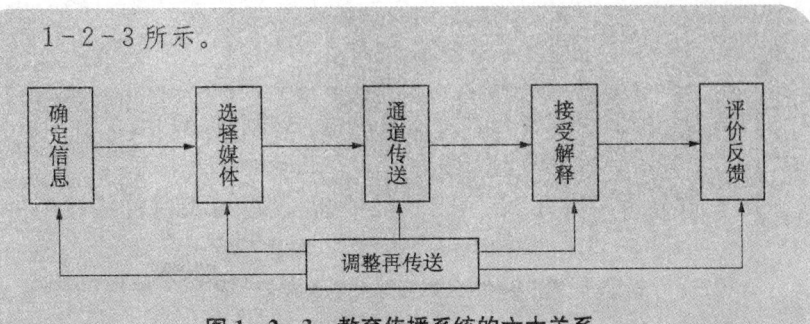

```
确定信息 → 选择媒体 → 通道传送 → 接受解释 → 评价反馈
                    ↑
                 调整再传送
```

图 1-2-3　教育传播系统的六大关系

教育传播效果的优化原理：

共同经验原理。教育传播是一种信息传递与交换的活动，教师要与学生沟通，必须把沟通建立在双方共同的经验范围内。要学生了解一件新事物，教师必须用学生经验范围能理解的比喻，引导他们进入新的领域。

抽象层次原理。教育传播中所说的话、写的文章、绘的图画，都必须在学生能明白的抽象范围中进行，并且要在这个范围内的各个抽象层次上下移动；既要说出抽象要点，又要用具体事物来解释、说明；既要讲学生所熟悉的具体事物，又要分析、综合、推理、演绎，得出抽象的概念。

重复作用原理。通过在不同的场合、用不同的方式里重复呈现一个概念，帮助学生理解和记忆，从而达到更好的教育传播效果。

信息来源原理。教师应该以自己的言行树立学生认可的形象与权威。同时，教师也要尽量与学生建立平等友好的关系，做学生的知心朋友。另外，教师选用的教材、视听资料、内容来源应该准确、真实、可靠，这样才能增强教育传播的效果。

最小代价与媒体选择原理。实际教学中，选择媒体时，要选择那些用最小代价能取得最大报酬的媒体，即媒体的性价比要高。

教育活动是人类信息传播的形式之一，而传播是一个复杂的过程，为使研究更具普遍性、适用性并且易于深入，学者们大都采用了使其简约化的模式研究法。从不同的角度出发，对不同类型的传播现象，可以用某种模式化的方法对其进行描述和研究。下面重点介绍几种有影响的模式。

（一）拉斯韦尔模式

拉斯韦尔（H. D. Lasswell）提出了一个用文字形式描述的线性传播模式。它用一句话去表示这个模式：Who, says what, in which channel, to whom, with what effects. (谁,说了什么,通过何种通道,对谁,产生了什么效果),这就是所谓的"5W"传播模式。

拉斯韦尔传播模式有五大传播要素,传者、信息、媒介、受者和效果,由此提出了传播学研究的五大内容:

1. 控制分析。研究"谁",也就是传播者,进而探讨传播行为的原动力。

2. 内容分析。研究"说什么"(或称信息内容)以及怎样说的问题。

3. 媒体分析。研究传播通道,除了研究媒体的性能外,还要探讨媒体与传播对象的关系。

4. 受众(对象)分析。研究那庞大而又复杂的受播者,了解其一般的和个别的兴趣与需要。

5. 效果分析。研究受播者对接收信息所产生的意见、态度与行为的改变等。

拉斯韦尔的模式过于简单,有明显的缺陷:首先,它忽略了"反馈"的要素,它是一种单向的而不是双向的模式;其次这个模式没有重视"为什么"或动机的研究问题。

(二) 香农-韦弗模式

香农-韦弗(Shannon-Weaver)在研究电报通信问题时,提出了一个新的传播模式,这一模式原是单向直线式的,不久他们将这一模式加入了反馈系统,并引申其含义,用来解释一般的人类传播过程(如图1-2-4)。

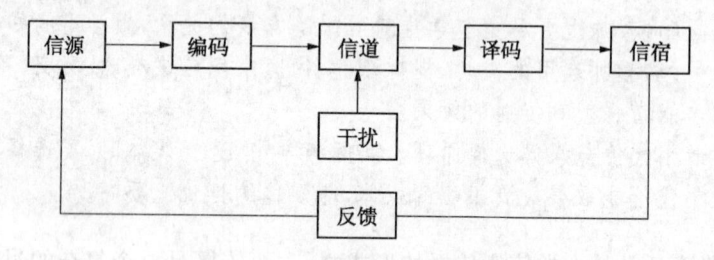

图1-2-4 香农-韦弗传播模式

这是一个把传播过程分成七个组成要素,带有反馈的双向传播模式,这一模式是使用图解形式表示的。它对传播过程的解释是这样的:从信息源选出准备传播出去的信息,然后这一信息经编码器转换为符号与信号,信号通过一定的信道传送出去。在接收端,接收到信号之后,经译码器转换成符号并解释为信息的意义,最后为信宿——受播者所接收利用。受播者收到信息后,必然在生理、心理上产生反应,并通过各种形式给传播"反馈"信息。另外,在传播过程中还存在干扰信号,干扰信号可以影响到信源、编码、信道、译码、信宿等部分,这里为了简化,只集中表示对信道的干扰。

香农-韦弗模式虽然源于通信技术的研究,但能解释人类的一般传播过程,在传播理论中占有重要地位,包括教育技术学在内的许多相关学科都受到这一模式的深刻影响。

（三）贝罗模式

贝罗(D. Berlo)的传播模式(如图1-2-5)综合了哲学、心理学、语言学、人类学、大众传播学、行为科学等新理论,去解释在传播过程中的各个不同要素。

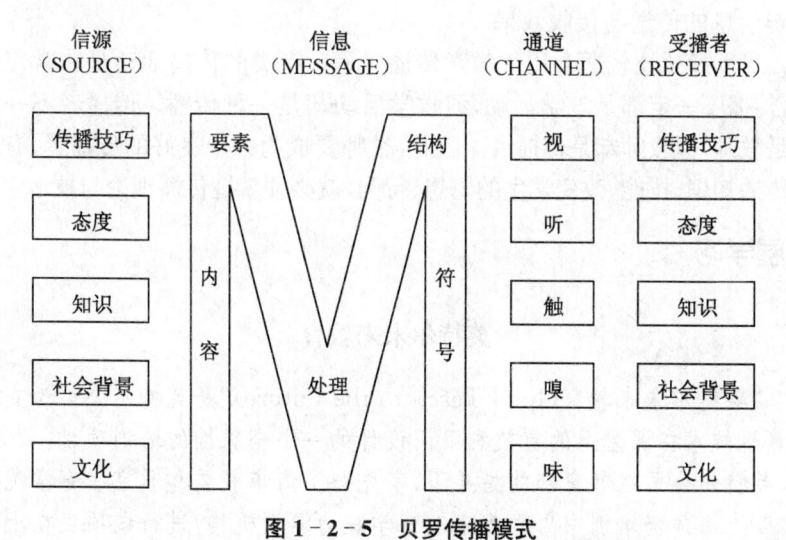

信源 (SOURCE)	信息 (MESSAGE)	通道 (CHANNEL)	受播者 (RECEIVER)
传播技巧	要素　结构	视	传播技巧
态度		听	态度
知识	内容　符号	触	知识
社会背景	处理	嗅	社会背景
文化		味	文化

图1-2-5　贝罗传播模式

贝罗模式把传播过程分解为四个基本要素:信源、信息、通道和受播者。

1. 信源和编码者

研究信源和编码者,需要考虑他们的传播技术(对信源部分是指说话和写作,对受播者部分是收听和阅读)、他们的态度、他们的知识水平、他们所处的社会系统及他们所从事的文化背景等。

2. 受播者与译码者

信源、编码者与译码者、受播者,虽然在传播过程的两端,但在传播过程中,信源——传播者可以变为受播者,受播者也可以变为传播者——信源。所以影响受播者与译码者的因素与传播者、编码者相同,也是传播技术、态度、知识、社会系统与文化诸项。

3. 信息

影响信息的因素包括内容(传播者为达到目的而选取的材料,包括信息及其结构)、符号(内容呈现的形式包括语言、文字、图像与音乐等)和处理(传播者对内容要素和选择安排符号所做的恰当决定)。

4. 通道

通道就是传播信息的各种工具,如各种感觉器官,传载信息的声、光、空气、电波、报纸、杂志、播音、电影、电视、电话、唱片、图画、图表等。在传播过程中,信息的内容、符号及处理,均能影响通道的选择,通道的选择会影响信息的传送与接收效果。

贝罗模式比较适合用于教学传播过程。人类的传播活动是非常广泛的,传播不一定都是教学活动,但教学活动却是一种传播。传播者不一定都是教师,但教师却是传播者。因此,教师要成为一个良好的传播者,有效地传播知识、技能,改变学生的思想、行为,就必须掌握传播理论与技术。

拓展学习

英特尔未来教育

"英特尔未来教育(Intel Teach to the Future)"是英特尔公司为支持计算机技术在课堂上的有效利用而设计的一个全球性的培训项目。2000年,英特尔公司在教育部的指导下,率先与上海市教委和北京教育学院合作,以上海师资培训中心和北京教育学院为培训机构,进行该项目在上海和北京的试点运行工作,并逐步推广到中国其他城市。英特尔未来教育课程是英特尔 ACE 项目的更新课程,这个全球化的课程是由美国的计算机技术学院编制的。它由十个模块,每个模块四小时的文字教材以及一张配套光盘组成。课程主要基于微软公司的 Office 专业软件套件,包括互联网的使用、网页设计和多媒体软件等,每个模块都遵循"结对交流"、"教法研讨"、"动手操作"、"作品评估"、"单元计划修改"、"回家作业"等基本格式,要求教师选择一个他们目前在教的或在将来要教的单元作为正规课程的一部分,整合多媒体演示文稿、电子出版物、网站制作于该单元的教学中,最终制作出一个有效利用技术的、与国家课程标准相符合的完整单元计划。该项目的目标是针对一线的学科教师进行培训,使他们懂得如何促进探究型学习,能够将计算机的使用与现有课程密切结合,最终使得学生能够提高学习成效。

正如英特尔公司首席执行官克瑞格·贝瑞特博士说"英特尔未来教育这个项目表明,我们整个业界都认识到,如果教师不了解如何更加有效地运用技术,所有与教育有关的技术都将没有任何实际意义。计算机并不是什么神奇的魔法,而教师才是真正的魔术师。"

多年来英特尔未来教育模式在中国教师中的反响强烈,国家教育部越来越重视这项培训工作,根据教育部师范教育司《关于"英特尔未来教育核心课程"项目与"中小学教师教育技术能力建设计划"相衔接问题的通知》精神,凡参加"英特尔未来教育"教师培训项目,并取得结业合格证书者,可认同获得教育技术能力初级等级证书。凡2006年以后接受"英特尔未来教育"教师培训项目培训,并取得合格证书者,认同已参加教育技术能力中级培训。

活动实践

任务一:

1. 对照图1-2-3中呈现的教育传播系统的六大关系,思考在这些关系中,你认为哪种关系是最重要的?

2. 比较各学习理论流派对学习及其规律的描述,如何运用并指导当今的教育教学?

任务二:

研讨:联系实际教学过程,考虑我们的课堂教学有哪些需要改进的地方。

第三讲 现代教育技术与教育信息化

基础知识

一、教育信息化的涵义

(一)教育信息化的概念

教育信息化是指在教育领域运用计算机多媒体和网络信息技术,促进教育的全面改革，使之适应信息化社会对教育发展的新要求。教学是教育领域的中心工作，教学信息化就是要使教学手段科技化、教育传播信息化、教学方式现代化。教育信息化，要求在教育过程中较全面地运用以计算机、多媒体和网络通讯为基础的现代信息技术，促进教育改革，从而适应正在到来的信息化社会提出的新要求，对深化教育改革，实施素质教育，具有重大的意义。

(二) 教育信息化的特征

教育信息化既具有"技术"的属性，同时也具有"教育"的属性。从技术属性看，教育信息化的基本特征是数字化、网络化、智能化和多媒体化。数字化使得教育信息技术系统的设备简单、性能可靠、标准统一；网络化使得信息资源可共享、活动时空少限制、人际合作易实现；智能化使得系统能够做到教学行为人性化、人机通讯自然化、繁杂任务代理化；多媒体化使得传媒设备一体化、信息表征多元化、复杂现象虚拟化。

从教育属性看，教育信息化的基本特征是开放性、共享性、交互性与协作性。开放性打破了以学校教育为中心的教育体系，使得教育社会化、终生化、自主化；共享性是信息化的本质特征，它使得大量丰富的教育资源能为全体学习者共享，且取之不尽、用之不竭；交互性能实现人—机之间的双向沟通和人—人之间的远距离交互学习，促进教师与学生、学生与学生、学生与其他人之间的多向交流；协作性为教育者提供了更多的人—人、人—机协作完成任务的机会。

信息技术在教育中的应用给教育带来的变化是教材多媒化、资源全球化、教学个性化、学习自主化、活动合作化、管理自动化、情境虚拟化等显著特点。与传统教育相比教育信息化还具有其他的特征：

1. 综合性。学科之间的相互联系、相互渗透、相互转化、相互依存是现代科学发展的共同特征，当然，教育信息化的发展也是与其他学科发生作用的，如它需要哲学、教育学、教育技术学、计算机科学、教育传播学、心理学的知识等相关学科的支持，教育信息化的发展也正是需要这些基础学科的支撑，而且它还涉及人文科学、社会科学和自然科学，体现出明显的跨学科性。因此，综合性是教育信息化的特征之一。

2. 理论性。教育信息化作为教育研究的一个特定对象，应该有而且必须有自己完整的理论基础和框架，能够系统地反映人们对教育信息化的理解和认识，揭示教育信息化的发展规律，从而更好地指导教育信息化的发展和信息技术在教育中的应用及实践。因此，教育信息化与传统教

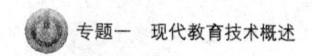

育有着本质的区别,它应该是人们通过理性思考和实践总结而形成的理论。

3. **实践性**。教育信息化的理论作为人类的一种认识成果,它的实践特征所体现的内容完全符合实践与认识的辩证统一的理论体系。首先,教育信息化理论的产生与发展完全是我们对信息技术在教育中的应用和实践的结果。其次,也只有在教育信息化的实践中,我们才会对教育信息化作出理性思考,它的理论才有产生的可能,并且在教育的实践中得到创新和丰富,从而不断地发展起来;教育信息化的理论的产生和发展的目的是为了指导教育信息化的实践和发展,而教育信息化的实践又是检验教育信息化的理论是否正确的标准。

4. **层次性**。从教育信息化的综合性可以看出教育信息化的理论不是平面地展开而是分层次地展开的,从区域性的教育信息化来看,它的层次性不仅表现在其内在结构的系统性和有序性上,还表现在信息技术在教育中应用的多样性和丰富性上。

(三) 教育信息化的要素

教育信息化同样包含信息资源、信息网络、信息技术应用、信息技术和产业、信息化人才以及信息化政策、法规和标准等六个要素。这六个要素是一个有机的整体,构成符合中国国情的、完整的教育信息化体系。该体系中,信息网络是基础,信息资源是核心,信息资源的利用与信息技术的应用是目的,而信息化人才、信息技术产业、信息化政策、法规和标准是保障。具体来说,各要素的含义及内容包括:

1. **信息网络**

信息网络是教育信息化建设的重要内容,也是实现教育信息化的物质基础和先决条件。目前我国已经建成并启用的中国教育与科研网(CERNET)、中国卫星宽带远程教育网络,正在实施的中小学"校校通"工程、高校"数字校园"建设工程、中小学远程教育建设工程,以及应用于学校教学的多媒体综合电教室、计算机网络教室、语言实验室、电子阅览室、闭路电视系统等都是教育信息化中信息网络基础设施建设的重要内容。这些基础设施的建设既为我国的教育信息化奠定了基础,也为信息化教育的实施创造了条件。

2. **信息资源**

教育信息资源是用于教育和教学过程的各种信息资源。它的开发和利用是教育信息化的核心,也是关系到教育信息化建设成败的关键。教育信息资源可分为以教育信息载体为核心的教育软件资源和以管理信息系统的基础数据为核心的教育管理信息资源两大类。其中教育软件资源主要包括以多媒体素材、各类CAI课件、网络课程等为主的多媒体教育信息资源,以文献资料查阅和检索服务为主的图书情报信息资源,以教育信息资源的生成、分析、处理、传递和利用为主的各种工具类资源以及浩如烟海的Internet资源等;教育管理信息资源主要是指为实施现代教育管理而建立的以教育者、教育内容、教育对象、教育资源及其支持服务体系为主要内容的各类数据库资源等。

3. 信息技术应用

信息技术的教育应用是教育信息化建设的根本出发点和直接目的。有了信息网络和信息资源这些基础条件之后,信息技术的教育应用便成为教育信息化的主角,可以说,教育信息化建设的效益主要体现在应用这一环节。在信息技术应用方面主要应做好四件事:一是做好与思想理论、方法密切相关的潜件建设,它决定着信息技术教育应用的方向,直接关系到信息技术教育应用的质量和效果;二是建立与当地教育信息化建设环境、教育对象以及教育内容相适应的信息化教育模式;三是必须提高人们应用信息技术的兴趣和基本技能;四是在不同层次上开展信息技术与课程整合的理论研究与实践,并将其作为学校信息技术教育应用的主要任务。

4. 信息技术和产业

信息技术是指对信息的采集、加工、存储、交流、应用的手段和方法的体系。它的内涵包括两个方面:(1)手段。即各种信息媒体。如印刷媒体、电子媒体、计算机网络等,是一种物化形态的技术。(2)方法。即运用信息媒体对各种信息进行采集、加工、存储、交流、应用的方法,是一种智能形态的技术。信息技术就是由信息媒体和信息媒体应用的方法两个要素所组成的。信息技术的核心是信息的数字化、信息传输的网络化。信息技术是教育信息化的技术支柱,是教育信息化的驱动力。在教育信息化过程中开展信息技术研究不仅可以丰富教育信息化的研究内容,更重要的是可以将新的更加有效的物态化技术和智能形态的技术应用于信息化教育中,提高信息化教育的质量和效果。

信息技术产业主要指信息技术设备制造业和信息技术服务业。由于信息技术设备制造业的发展需要强大的技术和资金优势作后盾,因此,在我国的教育信息化过程中,信息技术产业的发展应由不同的社会部门分工协作来完成。其中教育信息技术产品的制造业应动员教育系统、科研院所和相关企业等互补性较强的部门共同参与,以便将教育系统从教育信息技术产品的开发中解脱出来,集中精力做好以教育信息资源的开发和利用为主的服务业。

5. 信息化人才

教育信息化,人才要先行。为了实现教育信息化,需要培养大量掌握信息技术基础知识,具备信息技术应用能力的教育信息化人才。作为一个行业的信息化,教育信息化人才有两层含义:一是通识型教育信息化人才,这是对在教育领域从事教育、教学、管理及其他服务的各类人员而言的,是对该领域全体人员信息技术知识、能力和素质的共同要求;二是专业型教育信息化人才,主要是指专门从事教育信息物态化技术和智能形态技术的研究与开发、教育信息化建设、教育信息化应用和维护的专门人才。一般来说,对通识型教育信息化人才的要求是应具备基本的获取、分析和加工信息的能力,而对专业型教育信息化人才的要求更高,分工更细,可以是高级软件人才、网络工程师或微电子技术专业人才等。

另外,作为信息化人才培养重要基地的高等学校,一方面要关注教育行业的信息化,为教育信息化培养通识型教育信息化人才和专业型教育信息化人才;另一方面还要担负起为整个社会培养信息化人才的任务。

6. 信息化政策、法规和标准

教育信息化是一项系统工程,为确保我国教育信息化工作的顺利进行,国家政府以及相关部门必须对教育信息资源开发、教育信息网络建设、教育信息技术应用、教育信息技术产业等各个方面制定一系列政策、法规和标准,建立一套完善的促进信息化建设的政策、法规环境和标准体系,以规范和协调各要素之间的关系,这既是教育信息化健康发展的重要条件和保障,也是开展教育信息化的依据和蓝图。只有这样,才能使各级政府、各个单位和部门的教育信息化规范化、秩序化,也才能推动教育信息化健康顺利地向前发展。

二、教育信息化进程中的教师和学生

(一)教育信息化进程中教师观念的转变

教育信息技术正在构造一个数字化、网络化和智能化有机结合的教育环境,教育信息化要求教师要提高认识,转变观念,清醒地认识到只有掌握现代教育技术的基本理论和使用方法,才能肩负起推动教育改革、为

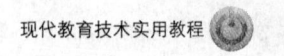

国家和社会培养创新型人才的历史重任,教育信息化进程中教师观念的转变包括:

1. 知识观的转变

联合国教科文组织国际教育发展委员会编著的《学会生存——教育世界的今天和明天》一书指出:"知识不能是由自认为有知识的人'普及到'或'灌输给'自认为没有知识的人;知识是通过人与宇宙的关系,通过充满变化建立起来的关系,在这种关系中批判地解决问题,又继续促使知识发展。"知识不是对现实的纯客观的反映,任何一种表达知识的符号系统都不是绝对真实的。不同的人对知识会有不同理解,对知识的真正的理解只能是学习者根据自己的经验背景按照一定的逻辑建构起来的。新的知识观还特别强调"知道怎么做"这一类知识的重要性。把这种观念运用于实际教学中,就要求教师在教学过程中要关注学生的学习过程,要容忍不同的意见,要给学生检验理解正确性的机会,在学生运用知识解决实际问题过程中检验学生的理解。

2. 人才观的转变

传统的观点把知识拥有量的多少、运用知识能力的强弱作为人才的标志(这导致了评价教育效果的主要标准是考试分数)。信息时代的素质型人才观,除了包含传统的德、智、体的内容以外,还特别突出信息能力和创新能力,以及相关的协作精神、适应能力。这方面的知识结构与能力素质是信息社会经济发展对人才提出的新的要求。这里的创新能力是指具备提供新颖的、独创的、具有社会意义的物质产品和精神产品的能力。网络技术在培养人的信息能力和创新能力方面有其独特的优势,通过网络教育培养出来的人才在信息获取、选择、加工能力上更为突出,有较强的网络生存能力和较强的自我建构能力。在信息时代的人才观中,品德是灵魂,起定向作用。体和智是基础,信息能力和网络能力体现了信息时代的人才需求特点,创新能力是人才培养的最终目的。

3. 师生观的转变

传统的师生观把学生看成被动接受知识的客体,教师是教学的主体。而现代教学观认为学生既是教学对象,又是学习活动的主体,在学习过程中学生是主、客体的统一,现代教育技术为增强师生互动、突出学生主体提供了条件。

在信息时代,教师既不会被技术所替代,也不应该作为传递知识的权威。教育技术的发展永远不会替代教师的角色。有了信息技术,教师将会从传播知识的繁重任务中解脱出来,有精力和时间真正进行以人为本的育人活动。现代教育技术进入到教学过程中,教师能够由原来的处于中心地位的知识权威转变为学生学习的指导者、合作伙伴、开发者、社会文化的诊释者、教育的研究者、教学的设计者、组织者、帮助者和品德的示范者,更多地关注学生学习活动的设计和开发。教师既是学生的引路人,又是朋友、伙伴。特别是在网络环境中,教师会自然而然地专注于对信息教学系统的设计、监控、研究和评价。在信息技术的环境中,学生地位应该由被动的知识容器和知识受体转变为知识、学习的主体,成为教学活动的积极参与者和知识的积极建构者。

4. 学习观的转变

现代学习观认为,学习不是被动地接受信息刺激的过程,而是主动地构建知识意义的过程。学习需要学习者根据自己的知识背景,对外部信息进行主动选择、加工和处理,从而获得知识的意义。因此,学习不能通过教师简单地传递给学生,而需要学生自己与学习环境进行交互从而完成知识建构,这种建构他人无法替代。

5. 教学观的转变

教学不是知识的传递而是知识的处理和转换。教学应该由向学生传递知识转变为发展学生的学习能力、培养学生的主体意识、创造能力和实践能力。传统的教学观是教师教书本知识,学生学书本知识,教学功能单一;而现代教学观则认为,教学具有多方面的功能,它既要传授知识、训练技能、开发智力,又要发展学生的综合素质。要达到这个目的,需要调动各种现代教育技术手段,如计算机、音像、课件、远程教育技术等。因此在教学过程中应关注动机的激发与维持,为学生提供自主学习的工具性支持。

6. 评价观的改变

传统的教学评价观是:重知识、轻能力、轻智能,更轻思想和情感;重考试分数,轻平时表现;重横向比较,轻纵向比较;重共性,轻个性。现代教育技术在教学评价上则主动、全面、整体、积极、有特点地评价学生的能力。既要考查知识也要考查能力和技能,还应评价情感、态度和习惯;既要考查学习结果,进行终结性评价,也应该关注学习过程,进行形成性评价;既要有客观评价,也应有主观评价;既要有定量评价,也应有定性评价;既要有教师对学生的评价,也应有学生的自评和互评;对学生要多肯定、多鼓励;还要有特点地对学生进行评价,考虑不同学生的差异,根据每一个学生的特点进行评价，以使不同的学生"各有所得"。

（二）教育信息化进程中师生的信息素质

信息化教育时代的教育者和学习者都要具备一定的信息技能和具有一定的批判性思维能力，人们称为信息素质（Information Literacy），即信息意识、信息道德、信息知识及信息能力等。

知识卡片 1-3-1　信息素质（信息素养）、国培计划

信息素养（Information Literacy）更确切的名称应该是信息文化（Information Literacy）。"信息素养（Information Literacy）"的本质是全球信息化需要人们具备的一种基本能力，包括：能够判断什么时候需要信息，并且懂得如何去获取信息，如何去评价和有效利用所需的信息。

信息素养是一种基本能力，是一种对信息社会的适应能力。美国教育技术 CEO 论坛 2001 年第 4 季度报告提出 21 世纪的能力素质，包括基本学习技能（指读、写、算）、信息素养、创新思维能力、人际交往与合作精神、实践能力。信息素养是其中一个方面，它涉及信息的意识、信息的能力和信息的应用。

信息素养是一种综合能力，涉及各方面的知识，是一个特殊的、涵盖面很宽的能力，它包含人文的、技术的、经济的、法律的诸多因素，和许多学科有着紧密的联系。信息技术支持信息素养，通晓信息技术强调对技术的理解、认识和使用技能。信息素养的重点是信息内容、信息传播、信息分析、信息检索以及信息评价，涉及面更宽。它是一种了解、搜集、评估和利用信息的知识结构，既需要通过熟练的信息技术，也需要通过完善的调查、鉴别和推理来完成。信息素养是一种信息能力，信息技术是它的一种工具。

信息素养内涵包括信息文化常识、信息意识与情感和信息技能三个方面。

国培计划全称为"中小学教师国家级培训计划"，是教育部、财政部于 2010 年开始实施的旨在提高中小学教师特别是农村教师队伍整体素质的重要举措。"国培计划"包括"中小学教师示范性培训项目"和"中西部农村骨干教师培训项目"两项内容，中央财政投入 5.5 亿元支持"国培计划"的实施。通过创新培训机制，采取骨干教师脱产研修、集中培训和大规模教师远程培训相结合方式，对中西部农村义务教育骨干教师有针对性地专业培训。

根据国际上教育信息专家的建议,现代社会中师生应该具备6大信息技能,即确定任务、查询策略、查找信息、利用信息、综合信息和评价信息。

(1) 确定任务。确切地判断问题所在,并确定与问题相关的具体信息;

(2) 查询策略。在可能需要的信息范围内,决定哪些是有用的资源;

(3) 查找信息。使用信息获取工具,组织安排信息材料和课本内容的各部分,以及确定搜索网上资源的策略;

(4) 利用信息。在查找信息后,能够通过听、看、读等行为与信息发生相互作用,以决定哪些信息有助于问题的解决;

(5) 综合信息。指把信息重新组合和打包成不同形式以满足不同的任务需求;

(6) 评价信息。是指通过回答如"信息问题是否得到了解决","信息需求是否得到了满足","是否做出了决定","情况是否得到了改善","最终结果是否满足了当初的需要"之类的问题,确定信息在问题解决过程中的效果和效率。

(三) 教师教育信息化的重要性和紧迫性

信息化水平的高低已成为衡量一个国家现代化水平和综合国力的重要指标。积极推进信息化是我国国民经济和社会发展的重要战略举措。教育信息化是国家信息化建设的重要基础。教师教育信息化是利用现代信息技术促进广大教师专业技能发展和实现自我完善的过程,掌握教育信息化专业知识和具备信息化教学能力是信息时代教师应具备的基本素质。教师教育信息化既是教育信息化的重要组成部分,又是推动教育信息化建设的重要力量。

目前,教育信息化开展得还不够深入,信息技术与课程整合还处于较低层次。从我国的教育体制看,教师教育对于促进中小学教育信息化的健康发展可以起到十分重要的作用,因为培养的学生多半直接进入中小学领域,如果学生在学校期间就受到良好的信息技术教育,懂得如何适当地运用信息技术,并且具备一些信息化教学开发的能力,他们就能起到较好的示范作用,成为教育信息化实践的中坚力量。否则,他们在中小学教学中面对信息技术时将不知所措。

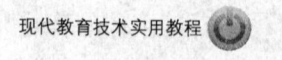

拓展学习

发达国家教育信息化最新发展战略

(1) 美国国家教育技术规划

美国从 1996 年起陆续出台的四个国家教育技术规划对美国教育信息化的发展起到强大的推动作用。1. 1996 年《为美国学生迈进 21 世纪做好准备——迎接技术素养挑战》。2. 2000 年《E-Learning：使世界一流教育触手可及》。3. 2004 年《迈向美国教育的新黄金时代：因特网、法律和当代学生的变革展望》。4. 2010 年《变革美国教育：技术推动学习》。

纵观美国教育技术规划的发展背景与教育技术目标，并结合各规划的整体进行内容分析，我们发现美国国家教育技术规划在建设重心、学生能力培养、学习时空的规划、学生评价与教师专业发展等方面呈现出显著的变革趋向，即规划重心从关注基础设施到构建全民终身体系的变革、能力培养目标综合化、学习时空泛在化、学生评价可持续化、教师专业发展系统化。

(2) 英国国家教育信息化规划

经原英国儿童、家庭与学校的要求，BECTA 出版了《利用技术：促进下一代学习(2008—2014)》一书，以更新其作为领导机构最初在 2005 年提出的利用技术战略。《利用技术：促进下一代学习(2008—2014)》的主要目标是发展一种技术自信体系，以支持通过以下五个关键的优先事项而开展的个性化学习：使所有学习者都能有效地、安全地、有针对性地获得并利用技术，以支持他们在家庭和学校中的学习；利用技术为教学专业人员提供工具和支持；改善获取强大的学习工具和内容的方式，支持家庭和非正式学习；最大限度地发挥现有国家认可的领导网络作用，以支持创新和知识转移；开发系统的国家数字基础设施，支持个人设备和环境的可持续性整合。

(3) 新加坡教育信息化发展

新加坡的国家教育信息化总体规划由教育部制定，主要是针对 6—15 岁的学生。每隔 5 到 6 年，教育部会对信息化规划进行更新升级，新规划一般建立在以往规划的基础上，并体现出各个时期不同的需求。第一期规划于 1997 年开始实施，重点从技术(即硬件、软件和网络连接)和人力资源两个方面对教育信息化基础设施进行建设,确保教师掌握使用ICT(Information Communication Technology)的基本能力。第二期规划于2002年开始实施,以能力建设为目的,把通信和技术应用于高科技领域,如机器人和3D身临其境的环境。教育部创立优秀教育机构和研究试点,推进通信和技术与教育实践的成功整合。相比一期规划,二期规划开支有所减少,因为一期规划需要大量的投资用于购买所需的教育信息化基础设施。第三期规划起止时间为2009年至2014年。在已经成功实施的前两期信息化规划基础上,教育信息化规划不只局限在试点学校,而是拓展到整个教育系统。第三期规划制定的教育结构和政策,将给教育带来新的思路并形成新的理论。

第三期规划的目标把重点放在了"随时随地学习"上,让学生"通过有效运用通信和技术培养自我管理学习和合作学习的能力,成为有辨别能力和有责任感的信息技术应用者"。这其中包括3个关键因素,一是学校的领导能够提供导向,制定远景规划,创造有利的环境;二是教师的教学能力能够指导学生;三是包括互联网连接在内的教育信息化基础设施,每位学生都可以进入学校和教育部网站的主页。

(4) 韩国教育信息化最新发展战略

韩国政府从1996年开始历经15年完成了第一、第二、第三阶段教育信息化的综合计划,当前韩国在硬件和软件方面都走在了世界前列,已经发展成为名副其实的信息技术强国,这得益于韩国政府所实施的一系列扶植信息化方面的政策。韩国政府为了继续巩固信息技术强国的地位,2011年在教育领域又推出了强化信息技术发展水平的新举措,即四阶段教育信息化的综合计划。因此,研究韩国教育信息化的最新发展战略,对我国教育信息化战略的制定具有重要的启示。

第四阶段教育信息化的综合计划需要实施的重点如下:第一,克服之前普及的信息化基础设施等技术本位的信息化政策,以促进增强国家竞争力和软实力为中心的"先进的教育与科学技术的信息化";第二,促进以沟通和整合为基础的、支援积极参与和协助人才培养以及实现科学技术强国的信息化政策;第三,为了构建有利于绿色生长和终身学习的良好的教育循环系统,引入"数字学习与研究的生态系统"的概念,以此来调整整个教育与科学技术的结构,推动教育与科学系统的信息化。

推荐阅读:

王吉庆.信息素养论[M].上海:上海教育出版社,2002

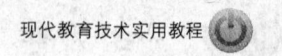

教育部财政部国培计划网。http://www.gpjh.cn/cms/

中国教育信息化网。http://www.e-chinaedu.cn/

活动实践

任务一：

1. 为什么说信息资源在教育信息化过程中处于核心地位，试分析教育信息资源建设的主要内容？

2. 当前，教师和学生该怎样去适应教育信息化的进程？

任务二：

研讨：您所在的学校教育信息化建设情况如何？遇到了哪些困难？采取了哪些对策？效果如何？

知识结构

现代教育技术概述
- 基本概念
  - 现代教育技术的概念
  - 国内外发展简史
  - 现代教育技术的发展趋势
- 理论基础
  - 视听教育理论
  - 学习理论
  - 教育传播理论
- 教育信息化
  - 教育信息化的涵义
  - 教育信息化对教师和学生的要求

专题二　现代教学媒体

学习目标

1. 了解各种媒体的工作原理,掌握各种媒体的使用方法。
2. 正确理解和掌握各种媒体在教学中的应用。
3. 了解多媒体综合教室的基本配置及各种媒体的功能特点,掌握多媒体综合教室的正确操作。
4. 掌握交互式电子白板系统的组成及教学功能。
5. 了解多媒体语言实验室的类型及教学功能。
6. 了解数字化微格教室的组成及其教育教学功能。

专题引言

现代教学媒体的迅速发展和在教学中的广泛应用,为教育技术提供了新的技术条件和技术支持,引发了教学观念、教学内容、教学手段、教学方法、教学模式和学习方式的变革,为教育技术开辟了崭新的研究领域,是教育技术最重要的实践领域。

第一讲　现代教学媒体概述

基础知识

一、现代教学媒体概念

（一）媒体

"媒体"一词来源于拉丁语"Medium",是英文"Media"的译名,指传播信息的介质。它是人们认识和了解自然的重要途径,是人与人之间进行观念、思想、感情交流的中介物。媒体有两层含义:一是指承载信息的载体,如报纸、杂志、电视、广播、计算机、网络等。没有承载信息就不能称为媒体，没有媒体也就没有信息呈现。二是指存储和传递信息的实体如录音带、录像带、光盘、磁盘以及相关硬件设备。没有媒体就不可能进行信息的传递和存储。

（二）教学媒体

当某一媒体被用于教学活动过程中存储与传递教学信息时，我们称该媒体为教学媒体。教学媒体是载有教学信息的媒体，是教学内容的表现形式，是连接教育者和受教育者双方的中介物，是人们用来传递与获取教学信息的工具。

（三）现代教学媒体

现代教学媒体，就是指直接介入教学活动过程，能用来传递和再现教育信息的现代化设备（硬件）以及记录、储存信息的载体（软件），如幻灯机和幻灯片、投影仪和投影片、录音机和录音带、电影机和电影片、录像机和录像带、计算机与CAI课件等。这些软、硬件按一定的功能组成各种各样的交互教学系统，如多功能教室、语音实验室、CAI辅助教学系统、多媒体网络教室、广播电视和现代远程教学系统等现代教育媒体的应用系统。

> **知识卡片2-1-1 新媒体**
>
> 新媒体是个综合性的概念，至今新媒体定义还没有统一的界定，它不是专指某一种特定的媒介，而是对为适应信息传播的新需求而出现的一批媒介的统称。新媒体是在传统媒体的基础上，以最新的科学技术为背景和手段发展起来的新型媒介。如数字杂志、数字报纸、数字广播、手机短信、移动电视、网络、桌面视窗、数字电视、数字电影、触摸媒体等。相对于报刊、户外、广播、电视四大传统意义上的媒体，新媒体被形象地称为"第五媒体"。主要包括以下几大类：一、光纤电缆通信网、电子计算机通信网、大型电脑数据库通信系统、互联网等网络技术下的网络媒体；二、都市型双向传播有线电视网、利用数字技术播放的广播网、图文电视、通信卫星和卫星直播系统、高清晰度电视、数字电视等电视技术下的新电视媒体；三、手机短信和多媒体信息的互动平台、WAP手机、手机电视等技术下的手机媒体。

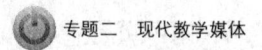

二、现代教学媒体的分类

现代教学媒体的分类习惯上按照其作用于人的感官不同,将其分为视觉媒体、听觉媒体、视听觉媒体和交互媒体四大类。如图 2-1-1 所示。

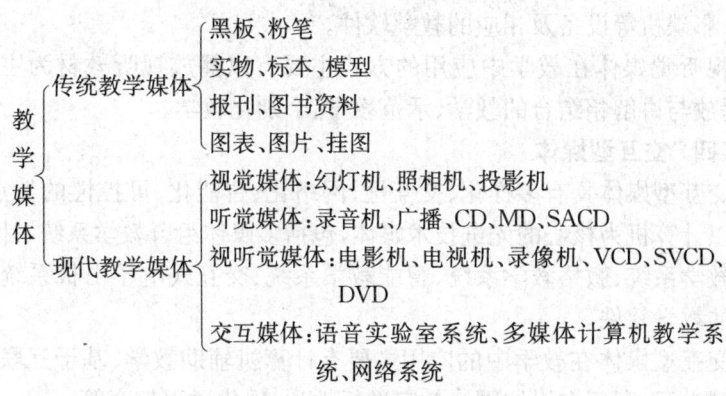

教学媒体
- 传统教学媒体
  - 黑板、粉笔
  - 实物、标本、模型
  - 报刊、图书资料
  - 图表、图片、挂图
- 现代教学媒体
  - 视觉媒体:幻灯机、照相机、投影机
  - 听觉媒体:录音机、广播、CD、MD、SACD
  - 视听觉媒体:电影机、电视机、录像机、VCD、SVCD、DVD
  - 交互媒体:语音实验室系统、多媒体计算机教学系统、网络系统

图 2-1-1 教学媒体的分类

(一)视觉媒体

视觉媒体能提供鲜明、清晰的视觉画面,吸引学生注意,激发学生的学习兴趣,便于学生长久、细致地观察,同时也便于教师演示、讲解,有利于突破教学重点、难点。主要有投影仪、数码相机、扫描仪、视频展示台等设备及相应的教学软件。

视觉媒体在教学中的应用方式主要有图示讲解法和实物演示法。

(二)听觉媒体

听觉媒体经济实用,操作方便,能扩大教育的规模与范围,可以为学生提供自学材料,同时能提供标准的声音示范。主要有收音机、录音机、扩音机、广播、CD 唱机、MP3 播放机语音实验室等设备及相应的教学软件。

听觉媒体在教学中的应用方式主要有示范模仿、分析对比、创设情境等。

(三)视听觉媒体

视听觉媒体能为学生提供生动、直观、逼真的事物视觉和听觉形象。对教学内容的表达有相当的"宽容性"和"自由度",可依据教学材料的抽象程度制作成不同形象层次的形式,它比教师的口授具有更为广泛而形象的时空,能使学生较长时间地保持集中而旺盛的精力,能够展现激发学生求知动机、吸引注意力、培养技能、提高思维能力、指导思考等多种刺激,并使其贯穿于整个学习过程中。同时,视听觉媒体不受时空的限制,扩大了教学规模,缩短了教学时间,丰富了教学手段和教学方法,改变了学习方式,从而提高了教学效率。主要有电视机及电视系统、录像机、摄像机、影碟机等设备及相应的教学软件。

视听觉媒体在教学中应用的方式主要有以播放视听教材为主的教学、播放与讲解相结合的教学、示范教学、个别化教学。

(四) 交互型媒体

交互型媒体具有多样化、交互性、网络化、智能化、可控性的特点,主要指以计算机为核心的先进技术媒体,包括多媒体组合教学系统、计算机网络教学系统、微格教学系统、智能教学系统、交互式电子白板系统以及相应的教学软件。

交互型媒体在教学中的应用主要有计算机辅助教学、基于互联网的资源型学习、利用多媒体网络教室进行教学、现代远程教育等。

三、现代教学媒体的特性

对现代教学媒体特性的研究,通常我国从以下 5 个方面加以考察,如表 2-1-1 所示。

表 2-1-1 现代教学媒体的特性

表现力	能准确、直观、生动地表现客观事物的时空、形态、大小、颜色、声音以及运动特性
重现力	不受时空限制,能将信息存储并随时重复使用
接触面	即教学媒体把信息同时传递到学生的空间范围
参与性	应用现代教学媒体开展教学活动时,学习者参与活动的机会分为感情参与、行为参与
受控性	使用者对教学媒体操纵控制的难易程度

随着科技的迅速发展,现代教学媒体的种类越来越多,功能也越来越强大,各类媒体具有不同的教学特性。如表 2-1-2 所示的现代教学媒体特性对 10 种教学媒体,从媒体的表现力、重现力、接触面、参与性和受控性五个方面进行了比较分析。

表 2-1-2　现代教学媒体特性一览表

教学特性	媒体种类	文本	图形	图像	动画	音频	视频	电子公告板	电子邮件	电子白板	聊天室
表现力	时间特性	√				√	√	√		√	√
	空间特性		√	√			√	√		√	
	运动特性				√		√	√		√	
重现力	即时重现					√					√
	事后重现	√	√	√	√	√					
接触面	无限接触					√	√				√
	有限接触	√	√	√	√						
参与性	感情参与			√	√	√	√				
	行为参与	√									
受控性	易控	√	√				√		√	√	
	难控			√	√			√		√	

四、现代教学媒体的选择

各种现代教学媒体具有不同的教学特性和功能，同时也存在一定的不足。尽管不存在一种万能的"超级媒体"，但是对某一个特定的教学目标来说，存在使用某一种媒体的教学效果明显优于其他媒体的情况。因此，我们在教学过程中要依据以下四个方面，合理地选择和利用各种现代教学媒体，以达到预期的教学目标。

（一）依据教学目标

教学目标是教学的出发点和归宿，选择什么样的教学媒体都必须围绕能否实现教学目标来确定。由于教学目标不同，所以媒体的选择也会有所差别。以外语教学为例，掌握语法规则需要教师讲解，并配以板书或投影；而掌握语音则最好选择录音媒体。

（二）依据教学内容

教学内容的性质不同使用的教学媒体会有所区别。例如，学习散文需要能为学生提供某些情境的媒体，而物理中的一些原理、现象则需要选择的媒体能以动态、交互的方式来表现。

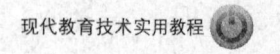

（三）依据教学对象

不同年龄阶段学生的兴趣、动机、认知风格和认知能力不同,所选择的教学媒体也要不同。

（四）依据教学条件

教学中能否选用某种媒体,还要考虑当时当地的具体条件。包括资源状况、经济能力、师生技能、使用环境、管理水平等因素。

除了以上四个方面,我们在选择教学媒体时,还要考虑各种教学媒体自身的特点,根据它们各自的功能特性择优选择。

五、现代教学媒体在教学中的作用

（一）有利于激发学生的学习兴趣

现代教学媒体能以多种形式呈现教学信息,使抽象的信息具体化、直观化、生动化,从而激发学生的学习兴趣,引起学生的求知欲,促使学生积极思考,主动参与。

（二）有利于提高教学效果

现代教学媒体为学习者提供了丰富的教学信息,并能调动学习者的各种器官,有利于学习者对教学内容的理解和记忆,从而提高教学效果。

（三）有利于实施因材施教

现代教学媒体可以为学生的个别化学习提供便利条件,学生可以自主决定学习的内容、进度、时间和地点。当学生直接利用教学媒体进行学习时,教师就有更多的机会根据学生的具体情况加强个别指导,这更符合因材施教的原则。

（四）有利于新型教学模式的建构

利用多媒体技术和虚拟现实技术等新型教学媒体,能为学习者创设丰富多彩的类似真实的学习情境,优化学生的学习环境。例如,教师可以创设学习所需要的学习情境与学习者进行交互,促使学习者主动有意义地建构,构建以"学生为主体,教师为主导"的新型教学模式。

（五）有利于教学改革

现代教学媒体在教学过程中的广泛应用,使得教学手段多媒体化、教学方法多样化、教学过程交互化。为教育的发展提供了新的思路,促进了现代教育思想的形成,推进了素质教育的发展。

拓展学习

教学媒体运用绩效评价指标体系

殷雅竹在其《论教育绩效评价》一文中这样说道:"考虑到信息时代人们对教育的需要,借鉴心理学和管理学的说法,我们认为教育绩效是教育活动综合效果的反映,它应当包括以下三个方面的内容:第一,教育目标的实现情况;第二,实现教育目标过程中资源配置的状况;第三,实现教育目标过程中过程的安排情况。"因此教学媒体绩效评价指标体系结构如表 2-1-3 所示。

表 2-1-3　教学媒体运用绩效评价指标体系

一级指标	序号	二级指标	说明	评语集			
				优	良	中	差
教学要求 0.25	1	教学目标 0.60	明确教学媒体的应用是要解决什么问题,达到什么目的,是否有利于教学目标实现				
	2	教学内容 0.40	教学媒体所呈现的信息是否切合教学内容的性质和特点,是否准确无误地表达教学内容,达到事实的准确性和科学性。是否有利于突出重点、分散难点,深入浅出,易于接受				
教学过程 0.20	3	媒体选择 0.25	教学媒体的选择是否恰当				
	4	教学方法 0.20	教学方法的选择是否正确,是否有利于媒体功效的发挥				
	5	媒体组合 0.30	多种教学媒体的运用是否满足优化组合				
	6	教学调控 0.15	教学过程是否得到有效调控,如教学媒体出示的时机是否恰当,量是否适度				
	7	反馈互动 0.10	教学媒体是否有助于教师和学生的互动和教学效果的反馈				

续表

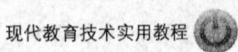

一级指标	序号	二级指标	说明	评语集 优	良	中	差
媒体质量 0.10	8	硬件质量 0.40	在正常条件下,教学媒体的硬件设备能否无故障运行,完成整个预定的教学过程				
	9	软件质量 0.60	印刷类媒体质量有保证;教学软件界面设计简明、布局合理、色彩协调、美观大方、重点突出;音效质量高,图片录像清晰,动画生动准确,技术指标高				
教师技能 0.25	10	对媒体认知度 0.30	教师对各种教学媒体功能、特性等的了解掌握程度				
	11	技术操作能力 0.21	教师对各种教学媒体特别是现代教学媒体的技术操作熟练程度				
	12	对学生的了解 0.23	教师对学生个性特点、学习风格等的了解程度				
	13	教师素质 0.26	教师自身素质是否达到一定水平,是否满足教育技术学一般要求,教师的教学理念、教学思想是否满足现代教育的需要,教师是否扮演好自己的"主导"角色				
学生学习 0.20	14	学生特性 0.32	教学媒体的运用是否符合学生年龄特点、学习风格、认知规律和认知水平				
	15	学习效率 0.40	是否能提高学生的学习兴趣和学习动机。教学媒体的信息呈现是否形象生动,能充分调动学生的视觉、感觉、听觉,便于学习和记忆,能有效提高学习效率				
	16	学生地位 0.28	是否有利于学生主体地位的突出				

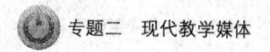

活动实践

1. 请你调查 1~2 所当地学校,这些学校都配备哪些教学媒体?
2. 根据教学媒体的理解,你认为哪些媒体与你的学习生活紧密相关?

第二讲　音频设备

基础知识

音响系统是各种集会活动不可缺少的设备。一般由话筒、调音台(音频处理器)、功放、音箱组成,如果有演出需要,还会有均衡器、效果器等媒体。话筒、调音台、功放有数字和模拟之分、话筒还有有线和无线之分。其常用设备如 2-2-1 图所示:

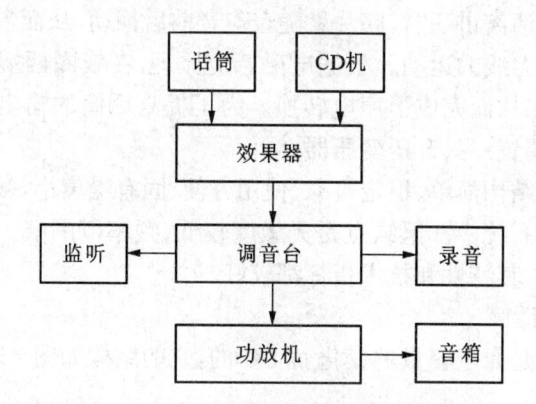

图 2-2-1　常用音响系统设备组成

一、话筒、扬声器原理与性能指标

(一)话筒

话筒是一种将声信号转换为电信号的换能器件。也称话筒、麦克风。话筒的好坏将直接影响声音的质量。

1. 话筒的种类及工作原理

话筒的种类很多,按换能原理可分为电动式、电容式、电磁式、压电式、半导体式话筒;按接收声波的方向性可分为无指向性和有方向性两种,有方向性话筒包括心形指向性、强指向性、双指向性等;按用途可分为立体声、近讲、无线话筒等。下面以常用的话筒为例来介绍其功能。

(1) 动圈话筒

动圈话筒这是一种最常用的话筒,动圈式话筒的外形如图2-2-2所示,它的结构如图2-2-3所示。

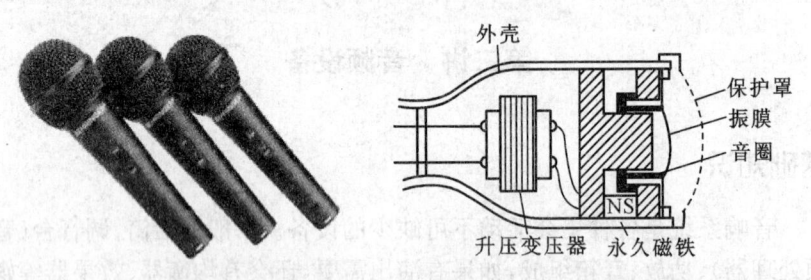

图2-2-2 动圈式话筒的外形　　图2-2-3 动圈式话筒的结构

主要由振动膜片、音圈、永久磁铁和升压变压器等组成。它的工作原理是当人对着话筒讲话时,膜片就随着声音前后颤动,从而带动音圈在磁场中作切割磁力线的运动。根据电磁感应原理,在线圈两端就会产生感应音频电动势,从而完成了声电转换。为了提高话筒的输出感应电动势和阻抗,还需装置一只升压变压器。

动圈话筒结构简单、稳定可靠、使用方便、固有噪声小,被广泛用于语言广播和扩声系统中。但缺点是灵敏度较低、频率范围窄。近几年已有专用动圈话筒,其特性和技术指标都较好。

(2) 电容话筒

电容话筒是靠电容量的变化而工作的,它的结构如图2-2-4所示。

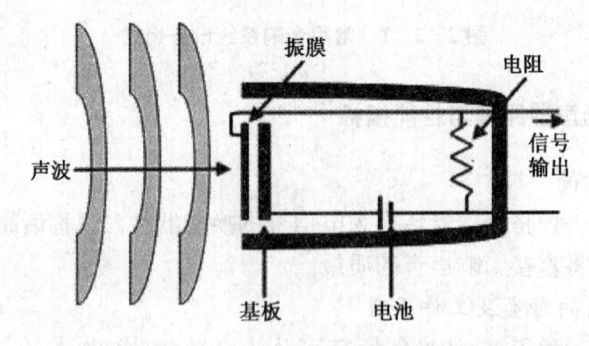

图2-2-4 电容式话筒的结构

主要由振动膜片、刚性极板、电源和负载电阻等组成。它的工作原理是当膜片受到声波的压力,并随着压力的大小和频率的不同而振动时,膜片极板之间的电容量就发生变化。与此同时,极板上的电荷随之变化,从而使电路中的电流也相应变化,负载电阻上也就有相应的电压输出,从而完成了声电转换。

电容话筒的频率范围宽、灵敏度高、失真小、音质好,但结构复杂、成本高,多用于高质量的广播、录音、扩音中。

(3) 驻极体电容话筒

这种话筒的工作原理和电容话筒相同,所不同的是它采用一种聚四氟乙烯材料作为振动膜片。由于这种材料经特殊电处理后,表面被永久地驻有极化电荷,从而取代了电容话筒的极板,故名为驻极体电容话筒。其特点是体积小、性能优越、使用方便,被广泛地应用在盒式录音机中作为机内话筒。驻极体电容话筒如图 2-2-5。

图 2-2-5　驻极体电容话筒

(4) 无线话筒

无线话筒实际上是一种小型的扩声系统。它由一台微型发射机组成。发射机又由微型驻极体电容式话筒、调频电路和电源三部分组成,无线话筒采用了调频方式调制信号,调制后的信号经话筒的天线发射出去,其发射频率的范围按国家规定在 100 MHz～120 MHz 之间,每隔 2 MHz 为一个频道,避免互相干扰。

无线话筒体积小、使用方便、音质良好,话筒与功放之间无线,移动自如,且发射功率小,因此在教室、舞台、电视摄制方面得到了广泛的应用。如图 2-2-6 所示。

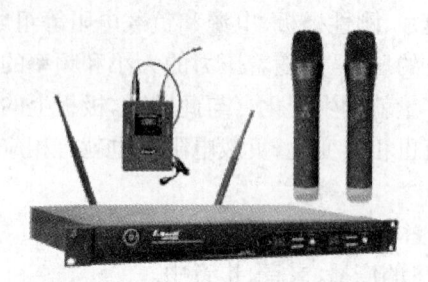

图 2-2-6　无线话筒发送与接收设备

2. 话筒的性能指标

(1) 灵敏度

灵敏度是指话筒在一定强度的声音作用下输出电信号的大小。灵敏度高,表示话筒的声—电转换效率高,对微弱的声音信号反应灵敏。技术上常用在 0.1 pa[μBar(微巴)]声压作用下话筒能输出多高的电压来表示灵敏度。如某话筒的灵敏度为 1 mV/μBar,即表示该话筒在 1 μBar 声压作用下输出的信号电压为 1 mV。

习惯上也常用分贝来表示话筒的灵敏度:
$$灵敏度(dB)=20\,Lg$$

(2) 频率特性

话筒在不同频率的声波作用下的灵敏度是不同的。一般在中音频(如 1 千赫)时灵敏度高,而在低音频(如几十赫)或高音频(十几千赫)时灵敏度降低。我们以中音频的灵敏度为基准,把灵敏度下降为某一规定值的频率范围叫做话筒的频率特性。频率特性范围宽,表示该话筒对较宽频带的声音都有较高的灵敏度,扩音效果就好。理想的话筒频率特性应为 20 Hz~20 kHz。

(3) 输出阻抗

话筒的输出阻抗是指话筒的两根输出线之间在 1 kHz(即 1 千赫)时的阻抗。有低阻(如 50 Ω、150 Ω、200 Ω、250 Ω、600 Ω 等)和高阻(如 10 kΩ、20 kΩ、50 kΩ)两种。

(4) 方向性

方向性表示话筒的灵敏度随声波入射方向而变化的特性。如单方向性表示只对某一方向来的声波反应灵敏,而对其他方向来的声波则基本无输出。无方向性则表示对各个方向来的相同声压的声波都能有近似相同的输出。

（二）扬声器

扬声器是一种把电信号转变为声信号的换能器件，扬声器的性能优劣对音质的高低影响很大。

1. 扬声器的种类与工作原理

扬声器的种类很多，按其换能原理可分为电动式（即动圈式）、静电式（即电容式）、电磁式（即舌簧式）、压电式（即晶体式）等几种，后两种多用于农村有线广播网中；按频率范围可分为低音扬声器、中音扬声器、高音扬声器，这些常在音箱中作为组合扬声器使用。其中电动式扬声器应用最广泛，它又分为纸盆式、号筒式和球顶形三种。这里只介绍前两种。

（1）纸盆式扬声器

纸盆式扬声器又称为动圈式扬声器。

它由三部分组成：① 振动系统，包括锥形纸盆、音圈和定心支片等；② 磁路系统，包括永久磁铁、导磁板和场心柱等；③ 辅助系统，包括盆架、接线板、压边和防尘盖等。当处于磁场中的音圈有音频电流通过时，就产生随音频电流变化的磁场，这一磁场和永久磁铁的磁场发生相互作用，使音圈沿着轴向振动。动圈式扬声器结构简单、低音丰满、音质柔和、频带宽，但效率较低。具体结构如图2-2-7、图2-2-8所示。

图2-2-7 纸盆式扬声器外形　　图2-2-8 纸盆式扬声器内部结构

（2）号筒式扬声器

它由振动系统（高音头）和号筒两部分构成。振动系统与纸盆扬声器相似，不同的是它的振膜不是纸盆，而是一个球顶形膜片。振膜的振动通过号筒（经过两次反射）向空气中辐射声波。它的频率高、音量大，常用于室外及广场扩声。号筒式扬声器如图2-2-9所示。

图2-2-9 号筒式扬声器

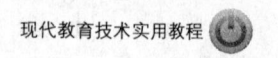

2. 扬声器的性能指标

扬声器的主要性能指标有：灵敏度、频率响应、额定功率、额定阻抗、指向性以及失真度等参数。

(1) 额定功率

扬声器的功率有标称功率和最大功率之分。标称功率称额定功率、不失真功率。它是指扬声器在额定不失真范围内容许的最大输入功率，在扬声器的商标、技术说明书上标注的功率即为该功率值。最大功率是指扬声器在某一瞬间所能承受的峰值功率。为保证扬扬器工作的可靠性，要求扬声器的最大功率为标称功率的 2～3 倍。

(2) 额定阻抗

扬声器的阻抗一般和频率有关。额定阻抗是指音频为 400 Hz 时，从扬声器输入端测得的阻抗。它一般是音圈直流电阻的 1.2～1.5 倍。一般动圈式扬声器常见的阻抗有 5 Ω、8 Ω、16 Ω、32 Ω 等。

(3) 频率响应

给一只扬声器加上相同电压而不同频率的音频信号时，其产生的声压将会产生变化。一般中音频时产生的声压较大，而低音频和高音频产生的声压较小。当声压下降为中音频的某一数值时的高、低音频率范围，叫该扬声器的频率响应特性。

理想的扬声器频率特性应为 20 Hz～20 kHz，这样就能把全部音频均匀地重放出来，然而这是做不到的，每一只扬声器只能较好地重放音频的某一部分。

(4) 失真

扬声器不能把原来的声音逼真地重放出来的现象叫失真。失真有两种：频率失真和非线性失真。频率失真是由于对某些频率的信号放音较强，而对另一些频率的信号放音较弱造成的，失真破坏了原来高低音响度的比例，改变了原声音色。而非线性失真是由于扬声器振动系统的振动和信号的波动不够完全一致造成的，在输出的声波中增加了新的频率成分。

二、功放

功放俗称"扩音机"，它的作用就是把来自音源或前级放大器的弱信号放大，推动音箱发出声音。功放大体上可分为三大类"专业功放"、"民用功放"、"特殊功放"。功放外形如图 2-2-10 所示。

图 2-2-10(1) 功放正面外形图

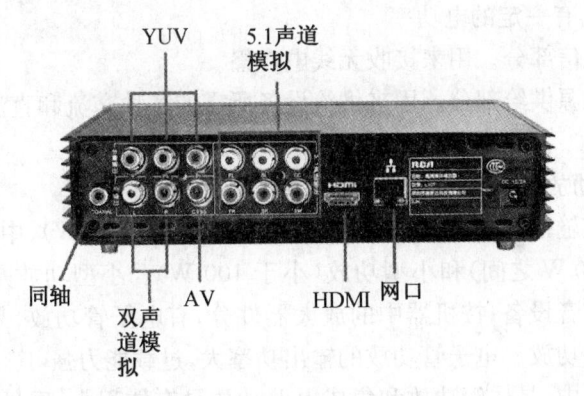

图 2-2-10(2) 功放侧面外形图

（一）功放的组成

功放是用来将微弱的电信号放大成具有一定功率电能的设备，也就是把话筒、拾音器受到机械振动后所产生的信号电压，或由收音机、录音机等接收的信号电压，经过几级放大后，使其具有一定的功率，来推动扬声器，从而发出声音。

功放的组成如图 2-2-11 所示。

功放大致可以分为以下几个部分：

（1）前置放大级。包括话筒放大、混合、电压放大等电路。它们共同的作用是把微弱的电信号放大到具有一定的电压振幅，以推动后面各级

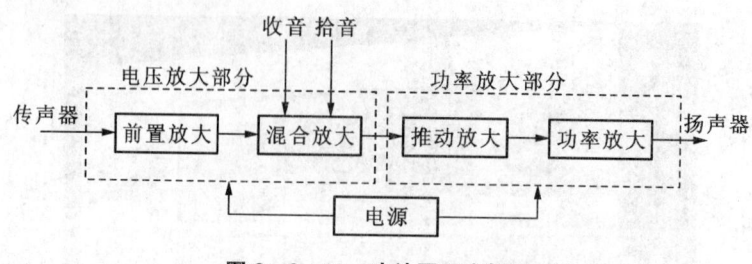

图 2-2-11　功放原理方框图

工作。

(2) 推动级。包括推动、倒相等电路，在一些较小功率的功放中，只有倒相级，而在较大功率的扩音中，都有功率推动级，以供给最后功率放大级所需要的推动功率。

(3) 功率放大级。功放中多数都是推挽放大，将前面各级送来的信号放大到具有一定的电功率。

(4) 收信部分。用来接收无线电广播。

(5) 电源供给部分。用来供给设备所需的各种交流和直流的电压和电流。

(二) 功放的分类和特点

功放按输出功率的大小分，有大型功放(大于 200 W)、中型功放(介于 100—200 W 之间)和小型功放(小于 100 W)。小型功放是电化教学中常用的扩音设备；按机器中的放大器件分，有电子管功放、晶体管功放和集成电路功放。电子管功放的输出功率大，过载能力强，广泛用于学校的有线广播中；晶体管功放和集成电路功放具有体积小，重量轻，携带方便等特点，常用于课堂教学；按输出方式分，有定阻输出和定压输出两种。所谓定阻输出就是功放的输出端子以负载阻抗标称；定压输出就是功放的输出端子以输出电压标称。一般小功率功放常为定阻输出式功放。

(三) 功放的主要性能指标

1. 输出功率

输出功率是功放最根本的指标。输出功率又有额定输出功率、最大输出功率、使用功率之分。

(1) 额定输出功率是指功放能连续正常输出的功率，一般功放上标注的功率为额定输出功率。使用功放时，一般不允许输出功率超过额定功率。

(2) 最大输出功率是指在不过载或谐波失真不超出某规定数值的情况下,功放能输出的最大功率,它是衡量功放最大输出能力的指标。最大输出功率说明了功放有多大的功率容量,而不是正在使用的功率。功放工作时,由于语言和音乐节目是一些振幅变化很大的非正弦信号,瞬间超过额定功率是时常发生的。功放如果没有一定的功率容量,就容易发生过载。功放的最大输出功率一般应达额定功率的 1.2～2 倍。

2. 频率特性

频率特性又叫频率响应。它表示功放的增益与信号频率的关系,是功放的一项重要指标。

频率特性是用功放的高、低频的实际增益与中频增益相比较用分贝数来表示其均匀程度。由于实际声音的频率有高有低(低的只有几十赫兹,高的可达几千赫兹,其泛音甚至可达两万赫兹),各种语言和音乐信号也不是单一频率的正弦信号,而是一种有许多不同频率的正弦信号,因此,要求功放对这些不同频率的电信号要能做大小相同的放大,才能保证复杂信号经过放大器后,不致出现失真。理想的功放,其频率特性应从几赫兹到几千赫兹都是均匀的。

3. 输入灵敏度

功放输出额定功率时所需要的输入信号电压叫做输入灵敏度。如灵敏度低,则正常输入信号时,功放就达不到额定功率输出。一般功放要求话筒插口灵敏度为 3 mV 左右,拾音器插口灵敏度为 100 mV 左右。

4. 谐波失真

谐波失真是非线性失真的一种,它是由放大器放大信号时的非线性引起的。一个正弦波信号经放大器放大后,由于电子器件的非线性,输出信号的波形也会或多或少地产生畸变,即总有一点失真。失真的后果是产生了新的谐波分量,使重放出来的声音失去原来的音色。一个放大器,其元器件选得好、电路设计得当,非线性失真就很小。

普及型功放的失真度在 5%～10%,高保真的功放则可在较宽的频率范围(如 40～1 600 Hz)做到小于 1%。

5. 信号噪声比

任何一个放大器都会产生噪声,只是大小不同而已。当把一个输入信号加给放大器输入端时,输出端信号中即混有噪声信号。我们把输出信号电压与输出的噪声电压之比叫信号噪声比,简称信噪比,用 S/N 表示,习惯上常用分贝(dB)表示。功放的信噪比越大,表明混在信号里的

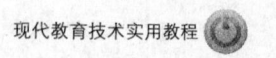

噪声越小,放音质量越高。

(四) 功放的使用

功放是有线广播中的常用设备。使用正确与否,直接影响着机器寿命及听音效果。

1. 使用功放注意事项

(1) 要求电网电压比较稳定,变动范围不能超过额定电压的±10%。在电网电压变化较大的场合要加装稳压装置。

(2) 使用前要按规定接好负载,做好匹配工作。这不仅是影响扩音效果好坏的因素,更是保证功放和扬声器长期安全工作的关键。

(3) 按照一定的顺序开关机器,不得违反操作规程。各音量控制旋钮平时应置于最小位置。开启某一路音量旋钮时,应逐渐由小到大,缓慢均匀,防止机器过荷。功放用完后,要把音量旋钮恢复到最小。

(4) 在会场布置扩音系统时,要注意扬声器与话筒的距离尽量远一些,不能把扬声器布置在话筒后面,更不能正对着话筒,否则容易产生"声反馈"。扩音系统使用中一定要避免出现声反馈,以免产生啸叫或过载损坏功放和扬声器。

(5) 功放的各输入信号源不能插错。话筒插口要求的输入信号约为 3—5 mV,而拾音器插口要求输入信号达 100 mV 以上。如果错把话筒插入拾音器插口,功放会由于输入信号太弱而使音量很小;而如果错把拾音器插入话筒插口,则会由于输入信号太强产生削波失真或使功放超负荷,这两种情况都是要避免的。

(6) 功放的放置地点要清洁、无尘、通风、干燥、严禁雨淋。高温季节使用时,要注意散热。

2. 功放和扬声器的配接

使用功放时,要想得到洪亮的声音和良好的音质,功放本身性能和扬声器的质量固然是很重要的,但功放与扬声器的连接正确与否,也是很关键的因素。如果不按照正确的方法配接,把扬声器和功放的输出随便接通就开机,轻则造成音量小、声音失真等现象,重则会损坏扬声器或功放。因此,对于功放与扬声器的正确连接,就是通常所说的"匹配",必须予以足够的重视。

(1) 定阻抗输出式功放的配接

定阻抗输出式功放配接扬声器时,要遵循以下原则:

①功率匹配原则。要求所接扬声器的额定功率总和略大于或等于功放的额定输出功率,而扬声器的实得功率总和要等于或稍小于功放的输出功率,以防止扬声器过荷而损坏。

②阻抗匹配原则。扬声器连接好以后,负载总阻抗应等于功放的输出阻抗。若条件有限,负载的总阻抗不能恰好等于功放的输出阻抗时,应使负载的总阻抗稍大于功放的输出阻抗,而不能小于功放的输出阻抗,以防止功放超负荷工作。

③功率分配平衡原则。不管扬声器如何连接,每只扬声器的实得功率不得超过它的额定功率。

当使用阻抗相同、额定功率相同的扬声器作串联或并联时,各扬声器的实得功率也是相等的。当满足功率匹配原则时,功率分配平衡也自动得到满足。但如使用不同阻抗、不同额定功率的扬声器连接时,各扬声器的实际功率与连接方式有关,就必须认真考虑这条原则了。

在功放和扬声器配接时,常用到低阻抗配接和高阻抗配接两种方式。

①低阻抗配接。使用功放 32 Ω 以下的输出阻抗称为低阻抗配接。因为扬声器为低阻抗器件,所以低阻抗配接就是把扬声器经适当串、并联后接到功放相应的输出端上。

②高阻抗配接。当功放与扬声器之间的距离较远(一般大于数百米)时,为了减少线路上的损耗,常使用高阻抗配接方式。

(2) 定电压输出式功放的配接

定电压输出式功放在电路中加有深度负反馈,因此它的输出电压基本上不随负载的增减而变化,可以看成是一个定值。这类功放配接时不像定阻式功放那样严格,只要扬声器实得功率总和不超过功放的额定输出功率,就可以像接并联灯泡一样,把扬声器一个个并联接到功放的输出线上。此时要考虑的,主要是功放的输出电压和扬声器的承受电压。

三、数码录音笔

数码录音笔:数字录音器的一种,造型如笔型,携带方便,同时拥有多种功能,如激光笔功能、MP3 播放等。与传统录音机相比,数码录音笔是通过数字存储的方式来记录音频的。数码录音笔通过对模拟信号的采样、编码将模拟信号通过模数转换器转换为数字信号,并进行一定的压缩后进行存储。而数字信号即使经过多次复制,声音信息也不会受到损失,保持原样不变。其外形如图 2-2-12、图 2-2-13 所示。

图 2-2-12　数码录音笔

世界上最小的微型DVR，隐藏在钢笔里面，带有录像录声音的微型DVR。

在15平米内，都可以把声音清晰的录下来，200万高清摄像头，精美的外观，流畅的书写功能，USB2.0标准接口，数据读写速度达到900K/秒，录制之后即可直接播放，无需转换。

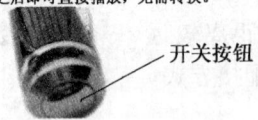

开关按钮　　隐蔽的摄像头　　直插电脑USB接口

图 2-2-13　微型 DVR

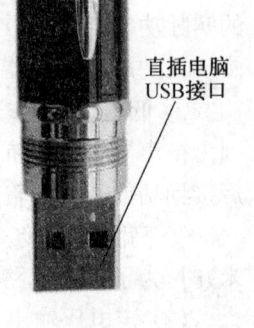

（一）数码录音笔的特点

1. 重量轻、体积小

数码录音笔的主体是存储器，而由于使用了闪存，再加上超大规模的集成电路的内核系统，因此整个器件的重量很轻、体积很小。

2. 连续录音时间长

传统录音机使用的磁带每一盒的录音时间的长度一般是 40～60 分钟，最长的也不过 90 分钟。而目前即使存储容量最小的数码录音笔连续录音时间的长度都在 5～8 小时，几十个小时的连续录音能力的数码录音笔也是很常见的。

3. 与计算机连接方便，即插即用

除了有标准的音频接口之外，数码录音笔基本都提供了 USB 的接口，从而使其能够非常方便地与计算机连接，并且即插即用，非常方便。

4. 非机械结构,使用寿命长

传统的录音设备采用的是机械结构,久而久之会发生磨损,因此寿命有限。就拿磁带来说,一盒磁带,反复的擦、录上几十次也基本上报废了;磁头和传动装置时间长了也会发生磨损。而数码录音笔采用的是电子结构,因此可以做到无磨损,使用寿命也较长。

5. 安全可靠,可进行保密设计

有些使用者使用录音可能有保密的要求,但是如果使用传统的录音机和磁带的话,要实现加密是比较困难的。而数码录音笔由于采用的是数字技术,因此可以非常容易地使用数字加密的各种算法对其进行加密,以达到保密的要求。

(二) 数码录音笔的性能指标

1. 标准录音时间

对于数码录音笔而言最先关注的应该是录音时间了,录音时间的长短是数码录音笔最直观的指标。而录音时间的长短与数码录音笔支持的声音文件存储格式有关,目前常见的有 LP(长时间录音)、SP(标准录音)、HQ(高质量录音)三种基本模式。除了这三种模式外,还有一种 SHQ(超高保真录音)模式,不过有这种模式的数码录音笔很少。而标准录音时间是指在 SP 模式下数码录音笔内存支持的最长录音时间。

以一小时录音为例,LP 格式的文件占内存 1.94MB,SP 格式的文件占内存 3.89MB,HQ 格式的文件占内存相对更大。例如一台 32MB 内存的数码录音笔,以 LP 格式录音长达 1140 分钟,以 SP 格式录音只有 710 分钟,如果以 HQ 格式则降至 140 分钟。

如果需要录音时间很长可以使用高压缩率来压缩录音数据,而这种压缩有时会降低录音的质量。因此我们有时不能盲目地追求较长的录音时间,而应该将录音时间和录音质量均衡考虑。

2. 最大录音数

由于数码录音笔能够录音的时间很长,而且在绝大多数的情况下,它的存储容量不可能一次用完,因此数码录音笔一般提供几个文件夹,每个文件夹中可以存储几十个甚至上百个文件。使用者可以将每一段录音命名后,以文件的形式进行存储,并且可以根据内容进行分类,存储在不同的文件夹中,方便查找和管理。

最大录音数是数码录音笔可以创建的最大的信息文件数目,最大录

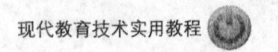

音条数越多,就能创建越多的文件。为了方便管理,一般的数码录音笔都支持多个文件夹。如标注为"4 文件夹×200 文件"这样的格式,表明此数码录音笔会自动分为 4 个文件夹,每个文件夹可以存放 200 个录音文件。

3. 随机内存与外置存储卡

随机内存即内置内存,数码录音笔都是采用模拟录音,用内置的闪存来存储录音信息。闪存的特点是断电后,保存在上面的信息不会丢失。闪存理论上可以经受上百万次的反复擦写,因此反复使用的成本是零。闪存可以说是数码录音笔中最贵的部件,容量越大,录音时间也就越长。内置的 32MB 闪存可以存储大约 710 分钟录音信息。闪存的体积很小,数码录音笔之所以能够做到又轻又小,也是因为它采用了闪存作为随机内存。

现在数码录音笔除了内置内存外,有些高级数码录音笔则提供外置存储卡如 CF、SM 等等,当一张卡的容量用完,这种存储卡就可以随时更换,类似于更换磁带,这样可以得到相当长的录音时间。同时也方便交换共享录音内容及资料传送,还可以利用读卡器将录音数据快速存入计算机。

4. 频率范围

频率响应是指将一个以恒定电压输出的音频信号与系统相连接时,音箱产生的声压随频率的变化而发生增大或衰减、相位随频率而发生变化的现象,这种声压和相位与频率的相关联的变化关系(变化量)称为频率响应。频率响应范围是最低有效声音频率到最高有效声音频率之间的范围,单位为赫兹(Hz)。

从理论上讲,20~20 000 Hz 的频率响应是人耳所能听到的声音频率范围。低于 20 Hz 的声音,虽听不到,但人的其他感觉器官却能觉察,也就是能感觉到所谓的低音力度,因此为了完美地播放各种乐器和语言信号,应将放大器的频带扩展,下限延伸到 20 Hz 以下,上限应提高到 20 000 Hz 以上,放大器要实现高保真目标,才能将音调的各次谐波均重放出来。所以这一范围正好。

5. 显示屏类型

显示屏即数码录音笔显示信息的"设备",通过它可以了解到当前数码录音笔的工作状态。目前大部分的数码录音笔均带有一个液晶显示屏,一般液晶显示屏尺寸根据数码录音笔大小有所不同。液晶显示屏越大,可以显示的信息也就越多。好的显示屏显示的字体比较精致好看,一些显示屏还带有各种背光,方便在光线不足的环境中使用,也显得时尚。

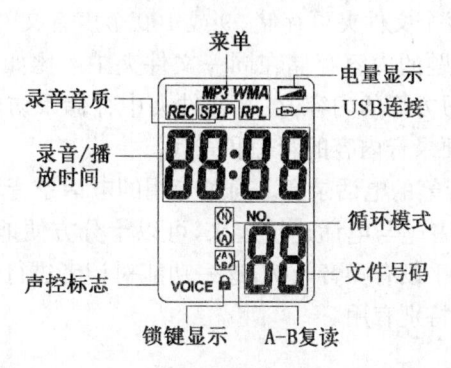

如图 2-2-14。

图 2-2-14 数码录音笔液晶显示屏界面

6. 电池类型

无论是何种数码器件,它的能耗都是非常重要的指标,而这对于数码录音笔也是非常重要的。数码录音笔采用的电池主要有 AA(5 号碱性电池)、AAA(7 号碱性电池)和专用锂离子电池。由于数码录音笔各自的质量不同,其在功耗方面也是有着较大的差距。

7. 电池使用时间

数码录音笔使用原装电池能录音的最长时间。用电池作为电源,不仅更换简单,而且携带方便,操作灵活,电池选择的范围比较大。

8. 输入设备、输出设备

数码录音笔要完成录音,输入设备是必不可少的。输入设备即数码录音笔接受外部信息(仅指声音)的设备,如内置传声器、外接传声器、与电话的连线等等。

数码录音笔通过对模拟信号的采样、编码将模拟信号转换为数字信号,并进行一定的压缩后进行存储输出所需的设备即输出设备。如内置喇叭、耳机、外接有源音箱等等。

(三)数码录音笔的常用功能

1. 数码录音笔的录音功能

数码录音笔最主要的功能是用来记录声音。因此,数码录音笔录音功能的强弱至关重要。数码录音笔常见的录音方式主要分为内置和外置传声器两种录音形式,而外置传声器又分为有线传声器和无线传声器两种,外置传声器由于灵敏度较高,所以录音的效果较好。常见的录音功能主要有以下 5 种。

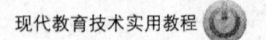

(1) 数码录音笔的分段录音。数码录音笔内置的闪存上一般提供 2～5 个文件夹，每个文件夹可存储 99 或 100 个声音文件，使用者可以根据需要，将相同主题的内容存储在同一文件夹中。比如，在 A 文件夹中存储有关英语学习方面的内容，在 B 文件夹中存储采访内容等等。分段录音的好处是方便录音内容的管理和查找。

(2) 数码录音笔的电话录音。通过专用的电话录音转接器(如图 2-2-15)，将数码录音笔与电话连接起来，可以十分方便地记录通话内容，而且声音纯净，几乎没有噪音干扰，这一功能对记者进行电话采访或特殊用途的人士来讲，特别有用。

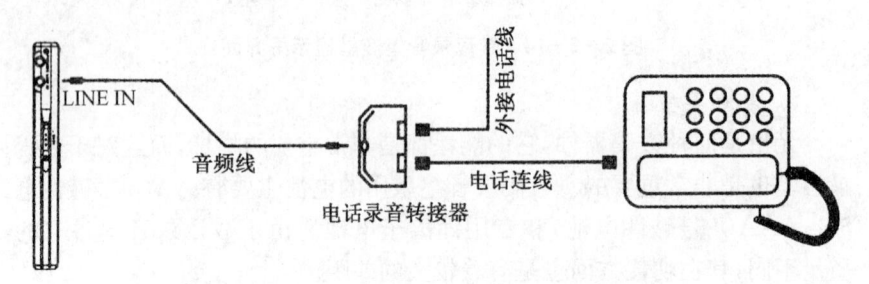

图 2-2-15　数码录音笔的电话录音

(3) 数码录音笔的声探录音(即 VOS 或 ARS 功能)。启用该功能，数码录音笔就能自动感应声音，无声音时，它始终处于待机状态，有声音才启动录音，最大限度地避免存储空间和电能的浪费，相对延长了可录音时间。

(4) 数码录音笔的定时录音。可以根据实际需要，预先设定开始录音的时间，一旦满足条件，数码录音笔自动开启录音功能。适合在一些特殊场合、条件下使用，比如定时录制广播电台的有关节目。

(5) 数码录音笔的外接转录。通过随即提供的音频线，可以将数码录音笔与其他外部的音频设备连接起来，将模拟声音转化为数字信息。比如将以前录制在磁带上的信息(如英语磁带)转化成数字音频信息存储等等。

2. 数码录音笔的播放功能

(1) 数码录音笔的循环播放。可设定单个文件或文件夹中所有内容重复循环播放，直到取消该功能为止，避免了使用磁带录音机时频繁手动操作的麻烦。

(2) 数码录音笔的任意二点间重复播放。可以在某个文件中任意设定两点，使数码录音笔在两点之间循环重复播放，直到取消该功能为止。利用这一功能，可以把数码录音笔作为复读机使用。

（3）数码录音笔的自动搜寻。如果手工从数码录音笔存储的几百个文件中查找某个文件,那实在是件费时费力的事情。利用自动搜索(SCAN)功能,数码录音笔可自动播放每个声音文件的前几秒的内容(如3秒或5秒等),给查找文件提供了极大的方便。

（4）数码录音笔的定时放音功能。与定时录音功能类似,利用该功能,将每天需办的事——记录下来,并设置好时间,一旦满足条件,数码录音笔自动播放预设的声音文件,起到闹铃提醒作用。

3. 数码录音笔的编辑功能

（1）数码录音笔的文件拆分。利用该功能,可以很轻松地把所需要的部分内容从一个较大的录音文件中分离出来,形成另一个独立的文件,为录音文件的整理、归类提供便利。

（2）数码录音笔的文件合并。与文件的拆分正好相反,可以将相邻两个录音文件合并为一个录音文件,一方面可以减少录音文件的总数,在同一个闪存中存储更多的文件个数。另一方面,可以确保使用者在特殊情况下不借助计算机,就能将相同类型的内容合并起来,形成一个语言精练、意思连贯、内容完整的录音文件。

（3）数码录音笔的文件移动。该功能对文件的编辑十分有用。利用该功能,可以将选定的文件在文件夹内或不同文件夹之间任意移动。

（4）数码录音笔的文件保护。由于数码录音笔中存储的文件较多,频繁的操作很难保证文件不会被误删除。为避免重要文件的丢失,多数数码录音笔提供了文件保护功能,被加锁(或保护)的文件,不能对它进行删除操作,直到解除为止。需要特别提醒的是,如果对闪存进行了格式化操作,所有被保护过的文件也会一并删除,所以,要及时做好备份工作。

（5）数码录音笔的文件删除。包括单个文件删除、多个文件删除、格式化删除三种,可以及时将不需要的录音文件清理掉,节省存储空间。

4. 数码录音笔的其他功能

除了以上提到的主功能外,数码录音笔还具有其他一些辅助功能,这些功能是对数码录音笔功能的有益补充,进一步扩大了数码录音笔的使用范围。

（1）数码录音笔的语音邮箱功能。这个功能数码录音笔本身不提供,其实是由它的管理软件来实现的,之所以把它单独写出来,主要是因为这一功能是数码录音作为普通电子邮件来传送,使收件人不安装专门

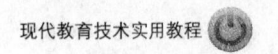

的播放软件也能收听。

(2) 数码录音笔的自动关闭电源。如果在规定时间内(1分钟),没有任何动作或无任务可执行,自动关机功能便开始起作用,电源会被自动关闭,防止因忘记关机而造成电源的浪费。

(3) 数码录音笔的移动硬盘功能。理论上讲,任何具有内置闪存的数码器件均可以作移动硬盘使用,数码录音笔也不例外。但需要注意的是,大多数数码录音笔是用专门的管理软件来实现文件的上传下载,而且这些软件一般只支持固定格式的音频文件。所以,对其他形式的文件,必须要进行适当处理(如:进行改名)使管理软件能够识别,这样才能将数码录音笔作为移动硬盘来使用。

(4) 数码录音笔的即时显示已录音时间、剩余时间和电池容量的功能。具有该功能的数码录音笔,可以帮助使用者直观、准确地了解数码录音笔的使用情况,提前有所准备,最大限度地避免因存储容量、电源不足给数码录音笔工作带来的损失。

(5) 数码录音笔的日历、时间功能。即时显示时间、日期,完全可以作为电子表来使用。

(6) 数码录音笔的 MP3 功能。一般数码录音笔都提供 MP3 功能,支持 MP3 文件的播放,但音质相对专业的 MP3 机要差一些。

(7) 数码录音笔的数码相机功能。集成该功能的数码录音笔还不多,尽管其成像质量不高、像数较低,但对成像要求不高的使用者来讲,还是具有极大的诱惑力的。

(8) 数码录音笔的 FM 收音功能。有了这个功能,不必为了收听广播节目而携带体积庞大的收音机。

(四) 使用数码录音笔的注意事项

1. 长时间进行录音或听音乐,电量显示不足时,要及时更换电池。更换电池时,一定要先关机后再取出电池,否则可能造成信息丢失。长期不使用机器时要取出电池,避免电池腐蚀机器内部零件。

2. 使用时,避免摔落或强烈碰撞机器。不要过分用力压液晶显示屏,否则可能会造成液晶屏损坏,显示异常。如把磁卡置于喇叭附近,受磁场影响,会造成磁卡不能使用。

3. 防潮,防高温,勿靠近火源。

4. 使用前详细阅读说明书。机器维修前注意备份保留录音文件,以免造成录音信息丢失。

拓展学习

调音台

调音台又称调音控制台，它将多路输入信号进行放大、混合、分配、音质修饰和音响效果加工，是现代电台广播、舞台扩音、音响节目制作等系统中进行播送和录制节目的重要设备。

它的作用主要有如图 2-2-16、图 2-2-17 所示：

图 2-2-16 调音台左面板

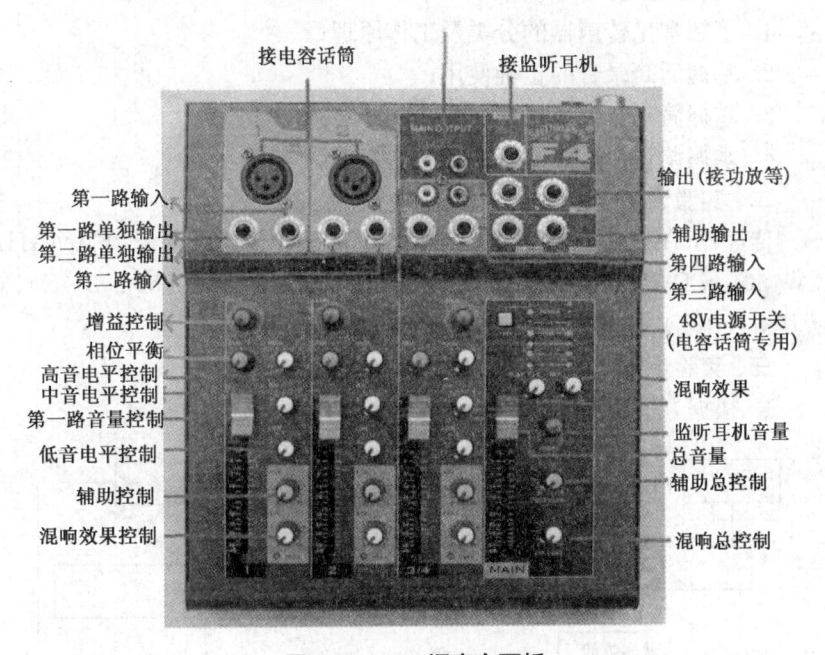

图 2-2-17 调音台面板

(1) 输入信号(如话筒、激光唱机等)匹配。
(2) 信号放大。
(3) 信号高、中、低音音调效果的提升或衰减。

（4）将各路输入信号送入左、右母线，以决定单声或立体声工作方式。

（5）将各路输入信号送入预定工作的辅助母线，以满足艺术加工的需要。

（6）根据现场使用情况调节信号输出电平。

调音台左边的面板如图2-2-16所示。实际上，左边每一路的推杆和旋钮的意义都是一样的。较少路数的调音台有4路和8路的输入控制，而路数最多的有96路甚至更多。

活动实践

实验　音响设备的操作使用

一、实验目的

1. 了解常见传声器的分类及工作原理；
2. 掌握话筒录音的正确使用；
3. 掌握简单音频节目制作系统的连接；
4. 掌握调音台进行直接混录的基本方法。

二、实验设备

传声器（AKG）、调音台（SoundCraft LX7）、硬盘录音机（YAMAHA AW16G）、CD唱机（TASCAM CD-01U）、卡座（TASCAM 202MK）、监听耳机（AKG）、监听音箱（YAMAHA HS50）。

三、实验步骤

1. 根据方框图完成下面音响系统的连线

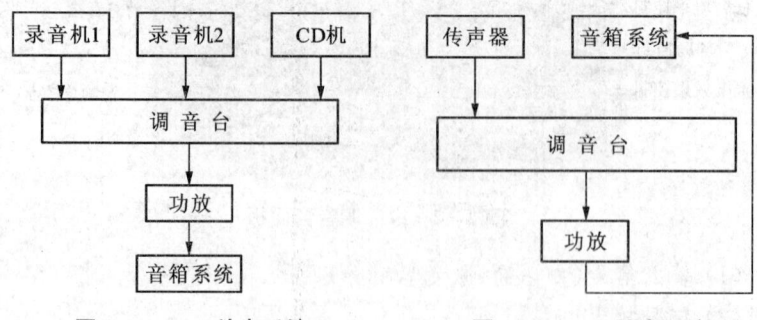

图2-2-18　放声系统　　　　图2-2-19　扩声系统

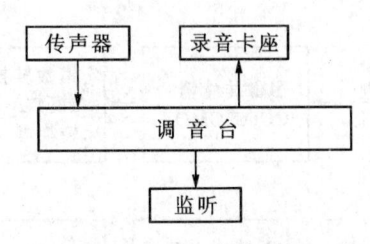

图 2-2-20　录音系统

2. 调试其音响效果

四、讨论下面问题

1. 声源与话筒之间的角度对扩音、录音效果有何影响；
2. 阻抗不匹配会出现什么结果；
3. 改变工作距离与音响系统会产生什么效果。

五、写出实验报告

第三讲　数码相机

基础知识

一、数码相机的原理与基本结构

数码相机的工作原理与传统照相机的工作原理是不同的。传统照相机是以化学的方法将影像记录在卤化银胶片上；而数码相机则用快门来激活光敏图像传感器，光敏传感器由许多单元（又称像素）组成，它们把光信号转换成电信号，然后电信号经过模数转换，变换成数字信号并进行处理，得到的数字图像数据被传送到照相机的另一块内部芯片上，进行压缩后转换成照相机内部存储格式，最后把生成的图像保存在内部存储器或外部存储器上。数字照相机拍摄的图像可直接显示在数字照相机的显示屏上或通过计算机显示器显示，最后由打印机打印出图片。如图 2-3-1。

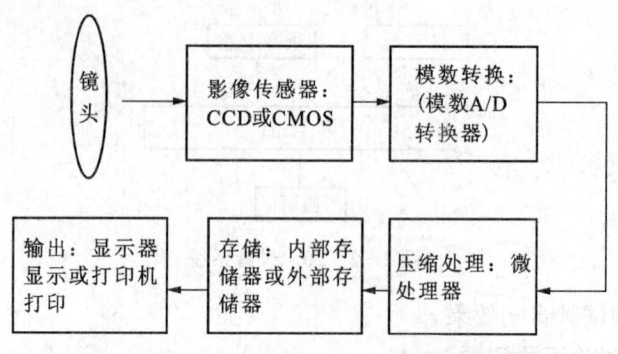

图 2-3-1　数码相机的内部结构

知识卡片 2-3-1　传统相机与数码相机的区别比较

	感光材料	拍摄效果	存储介质	输出方式
传统相机	银盐感光材料	能捕捉连续的色调和色彩，因此质感、层次、色彩的饱和度不会丢失（35 毫米胶片相当于 1 800 万像素）	图像记录在卤化银胶片上	在暗房里冲洗、加工印制
数码相机	电荷耦合器 CCD 元件感光	CCD 元件在较暗或较亮的光线下会丢失部分细节（CCD 所能达到的像素约 1 000 万像素）	图像存储在磁介质上	输入计算机，处理后打印输出或在屏幕上显示

（一）镜头

镜头的作用是将拍摄的景物成像于数码相机中的影像传感器表面，焦距和最大相对口径是其重要性能指标。

1. 焦距

镜头焦距长短，决定拍摄的视场角大小、成像大小、景深大小和画面透视强弱。

2. 快门与光圈

快门与光圈是数码相机控制曝光量的主要部件，与传统照相机的作用相同。

（1）快门。快门是相机上控制感光片有效曝光时间的一种装置。通常普通数码相机的快门大多在 1/1 000 秒之内，以配合不同大小光圈下的程序式自动曝光。为了方便用户，数码相机目前多数都具有自动曝光功能，同时也给出 CCD 的感光度，用相当于感光片的 ISO 表示，一般有

ISO100、ISO200、ISO400 等。许多数码相机的 CCD 的感光度为 ISO100,即使用这种数码相机所需的曝光量相当于使用 ISO100 感光片所需的曝光量。专业数码相机 CCD 的感光度可达到 ISO3200,这对专业摄影非常有利。

(2)光圈。光圈是控制光线进入镜头的多少,在镜头里面有许多金属叶片所构成的圈状开孔,即为光圈。

光圈一般用"相对孔径"的概念来描述。相对孔径＝[镜头焦距]/[入射孔直径]＝f/d。比如某个镜头的焦距为 50 mm,入射孔直径为 25 mm,那么该镜头的相对孔径就是 50/25＝2。

通常表示相对孔径的办法是在相对孔径前面加入[f/],比如 f/1.4、f/2、f/2.8 等,也有用 1：2 来表示 f/2 的。通常镜头标记上用类似 1：2 的方式更多些。

在实际使用中,很少使用"相对孔径"的称呼,通常都是用"光圈系数"来称呼,简称"光圈"或者"f－系数"。在镜头的标记上,通常都是标记镜头的最大光圈系数,如：f/1.4,f/2,f/2.8,f/4,f/5.6,f/8,f/11,f/16,f/22,f/32,f/45,f/64。

一般来讲相对口径大(即比例数值小)的镜头,具有通光能力强,在低照度下仍能徒手持握数码相机拍摄,获得景深小、虚实对比强烈的画面,利于用短曝光时间捕捉动态物体的特点。镜头的相对口径越大,制造工艺越复杂,价格越高。

(二) 影像传感器

影像传感器用得较多的是 CCD 或 CMOS。CCD 是电荷耦合器件,对光敏感,一般为固态拾像器,其作用是将光信号转换为电信号,即将镜头所成的像分解为一个个点加以转换并记录,这一个个的点称为像素(Pixel),拍摄后的影像由数以万计的像素构成。像素量的多少,决定数码相机拍摄记录景物画面的质量。

知识卡片 2 - 3 - 2　CMOS

CMOS 中文学名为互补金属氧化物半导体,它本是计算机系统内一种重要的芯片,保存了系统引导最基本的资料。CMOS 的制造技术和一般计算机芯片没什么差别,主要是利用硅和锗这两种元素所做成的半导体,使其在 CMOS 上共存着带 N(带－电)级和 P(带＋电)级的半导体,这两个互补效应所产生的电流即可被处理芯片纪录和解读成影像。后来发现CMOS经过加工也可以作为数码摄影中的图像传感器,CMOS传感器还可细分为被动式像素传感器与主动式像素传感器。

图 2-3-2　CMOS芯片

像素(Pixel)所表示的分辨率(水平像素 w 乘以垂直像素 h)可以使用以下公式求得：n＝w × h。例如：192万像素对于图像来说就是1 600×1 200 的大小。数码相机的像素多少通常用总量表示,如500万像素、800万像素、1 000万像素等。

多数消费型数码相机的图像宽高比是 4∶3,符合传统电脑显示器的屏幕宽高比例,但是数码单反相机则保留有比较类似 35 mm 银盐底片的传统格式,宽高比接近 3∶2。

一般而言,数码相机像素量越多,才能充分记录被摄景物丰富的细节,才能使记录的画面上包含更多的信息。在数码相机发展之初的确是像素越多越好,然而在像素量达到一定程度的情况下,一味追求数码相机的像素多少是无意义的。

（三）模数转换及压缩

模数转换是将CCD生成信号转换成数字信号,转换时每个像素所用二进制位数的多少,直接决定了数字影像的质量。经过转换的数字图像被传送到相机的另一块内部芯片上。该芯片负责把图像转换成相机内部存储格式(一般是压缩图像格式,比如说 JPEG 格式)。

知识卡片 2-3-3　CCD

CCD 是电荷耦合元件。可以称为 CCD 图像传感器。CCD 是一种半导体器件，能够把光学影像转化为数字信号。CCD 上植入的微小光敏物质称作像素（Pixel）。一块 CCD 上包含的像素数越多，其提供的画面分辨率也就越高。CCD 的作用就像胶片一样，但它是把图像像素转换成数字信号。CCD 上有许多排列整齐的电容，能感应光线，并将影像转变成数字信号。经由外部电路的控制，每个小电容能将其所带的电荷转给它相邻的电容。

图 2-3-3　CCD 芯片

（四）存储器

数码相机中的存储器用于保存图像。数码相机的存储器有以下几种：

1. 只使用内部存储器。低档的数码相机以内装存储器为主，其缺点是当内装存储器存满后，必须暂时停止拍摄，要等到存储的图像数据经处理输出之后才能继续拍摄。举例说明 64M 存储卡当分辨率在 1 280 * 960 情况下大概能存储 80 多张图片。

2. 可以外接使用存储卡。对于存储卡型的照相机，只要有备用的存储卡，就可以像换胶卷一样，拍摄张数不受限制。存储卡属于可移动式的存储介质，其里面的图像数据经处理输出之后，存储卡又可重新使用。

知识卡片 2-3-4　常用的存储卡

(1) CF 卡（Compact Flash）是 1994 年由 SanDisk 最先推出的。CF 卡采用闪存（flash）技术，是一种稳定的存储解决方案，不需要电池来维持其中存储的数据。对所保存的数据来说，CF 卡比传统的磁盘驱动器安全性和保护性都更高。而且 CF 卡的用电量仅为小型磁盘驱动器的 5%。CF 卡使用 3.3V~5V 之间的电压工作（包括 3.3V 或 5V）。这些优异的条件使得大多数数码相机选择 CF 卡作为其首选存储介质。

（2）SD卡（Secure Digital Memory Card）是一种基于半导体快闪记忆器的新一代记忆设备。SD卡由日本松下、东芝及美国SanDisk公司于1999年8月共同开发研制。大小犹如一张邮票的SD记忆卡，重量只有2克，但却拥有高记忆容量、快速数据传输率、极大的移动灵活性以及很好的安全性。

（3）MMC多媒体存储卡（MultiMediaCard）由SanDisk和Siemens公司在1997年发起，与传统的移动存储卡相比，其最明显的外在特征是尺寸更加微缩——只有普通的邮票大小（是CF卡尺寸的1/5左右），外形尺寸只有32 mm×24 mm×1.4 mm，而其重量不超过2 g。这使其成为世界上最小的半导体移动存储卡，它对于越来越追求便携性的各类手持设备形成强有力的支持。

（4）记忆棒（Memory Stick）外形轻巧，由索尼公司开发，这种条形的存储设备几乎可以在所有的索尼影音产品上通用。

（五）输入输出接口

输入输出接口的作用，一是在数码相机与计算机间进行数字文件的传输，或直接将影像输出给打印机。二是将拍摄的影像在电视机、投影机等设备上播放呈现。

二、数码相机的一般使用方法

数码相机是现代摄影设备，自动化功能较多，操作非常容易。下面以数码单反相机 Nikon D90 为例，介绍数码相机的使用方法。

（一）一般记录影像方法

数码相机用以控制拍摄的部件，主要有一个电源开关（on/off），另有一个变焦控制拨杆。拍摄之前，打开数码相机上的存储卡仓盖，将闪存卡直接插入卡仓，插入到位后，再盖上存储卡仓盖。向卡仓中插入闪存卡前，一定要看清前后和正反方向，切忌用力强插。然后装上电池，如果使用交流电，可用交流电源转接器与相机相连。然后按下电源开关，使指示灯亮，将记录/播放开关拨到记录位置，对准被拍物体，半按下快门钮，以锁定聚焦，全按快门钮，即可将物体影像拍摄下来。在拍摄过程中，可随时调整变焦钮以选择拍摄范围，若现场光照不足，可用闪光灯辅助照明

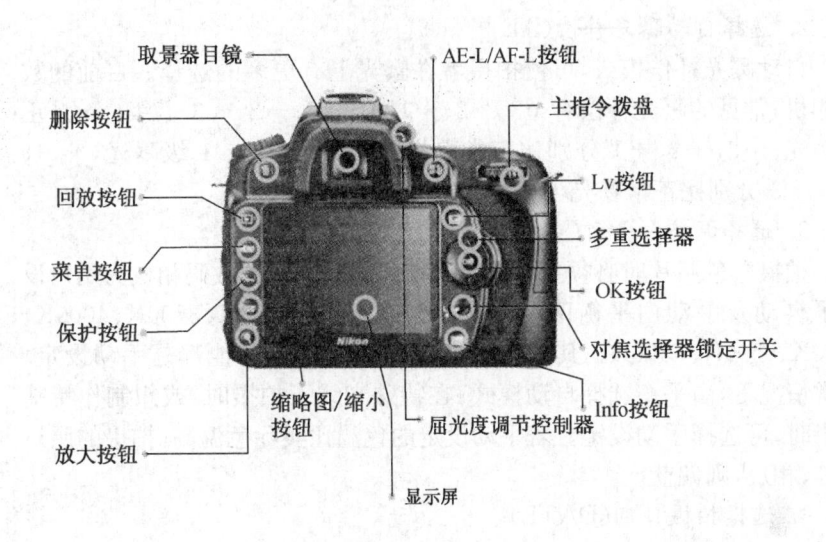

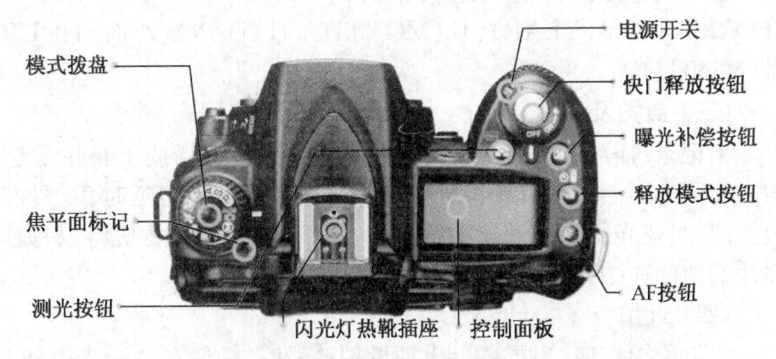

图 2-3-4　数码单反相机(Nikon D90)背面与上面按钮图示

拍照。

（二）功能选择

在拍摄过程中,我们往往考虑到各种因素,要对拍摄的各种模式进行一系列选择,下面介绍几种主要的选择：

1. 选择影像质量

数码相机一般来说可有三种质量选择模式。分别为超高质量、高质量和标准质量。超高质量模式记录下来的像素最多,因而每张存储卡能记录的照片数量最少。高质量模式记录下来像素为其次。标准质量模式记录下来的像素最少,因而其能拍摄的张数最多。在实际工作中,根据需要选择什么质量来拍摄。

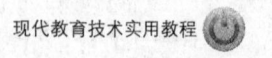

2. 选择自动曝光补偿(AE+/-)

自动曝光补偿模式,可使拍摄者在曝光上有更多的选择。目前的数码相机,常见的曝光补偿有+3、+2、+1、0、-1、-2、-3 七级。0 是正常曝光;+3、+2、+1 分别比正常曝光多 3 级、2 级、1 级曝光。-1、-2、-3 分别比正常曝光少 1 级、2 级、3 级曝光。

3. 选择调整白平衡(WB)

拍摄彩色照片时必须要考虑白平衡问题。一般的数码相机为用户设计了自动及手动白平衡两种模式。如 AUTO、3000K、3700K、4000K、4500K、5500K、6500K。其中 AUTO 是自动设定,其他都是手动设定。正常情况下,白平衡选择自动模式;在特殊光线下拍摄时,或想制作特殊效果时,可选择手动设定。若手动设定的色温比实际色温高,拍摄的照片偏红;相反,则偏蓝。

4. 选择拍摄日期(DATE)

选择此模式,可输入或调整时间(TIME)、打印(PRINT)、编制(FORMAT)、年(YEAR)、月(MONTH)、日(DAY)、小时(HOUR)、分钟(MINUTE)。

(三) 自拍及连拍

当记录/播放开关拨到记录(REC)位置时,反复按下自拍及连拍按钮。当荧光屏上出现自拍符号时,按下快门,相机自动延时 10 秒左右释放快门,当荧光屏上出现连拍符号时,按下快门不动,相机将以每秒数张照片的速度连拍几张。

(四) 近拍

按下近拍按钮,当屏幕上出现近拍符号时,一般在 0.3 米以外至 0.6 米的近距离物体能够拍摄下来。若在此近摄模式下仍然不能拍摄更小物体时,可加用近摄镜拍摄。

(五) 重现影像

将记录/播放开关拨到播放(PLAY)位置,按下电源开关,影像即开始重现。用"+/-"可逐个选择所要重现的影像。

(六) 删除影像

删除影像有两种方法,一种是删除当前屏幕上的影像,方法为按下相机顶部的删除按钮即可。第二种是删除全部影像,方法为打开菜单,找到"ERASE ALL "按下 OK 钮,再按菜单退出即可。

(七) 选择闪光模式

数码相机一般有多种闪光模式,如自动闪光模式、辅助闪光模式、外接闪光模式、辅助闪光模式加外接闪光模式等,可根据拍摄条件选择。具体选择方法,按闪光选择键翻页,直到所选择的闪光模式符号出现即可。

1. 自动闪光模式

它适用于低亮度以及逆光条件下拍摄。闪光灯根据被摄体亮度自动控制闪光发光强度及闪光时间;拍摄逆光照片时,闪光灯对自动聚焦部位发出闪光。使用时要弹起机内闪光灯,待闪光灯充电足够后,按下快门钮正常拍摄即可。

2. 辅助闪光模式

无论摄影现场光线如何,该闪光模式的闪光灯每次都闪光,可用于增强被拍人物阴暗面孔,也可减弱使用人造光或环境光线造成的色彩失真。辅助闪光模式要在闪光灯的有效范围内进行,如有的闪光灯在广角位置时,有效范围为 0.3 至 3.6 米;在远摄位置时,有效范围为 0.3 至 2.5 米。

3. 外接闪光模式

此模式仅适用于需要外接闪光灯时使用,主要用于抓拍机内主闪光灯无法达到的那些较远的拍摄物体。数码相机平时是自动曝光拍照,但加用外接闪光灯拍照时,自动曝光不起作用,故需要拍摄者自己设定外接闪光拍照时的曝光量。为此,数码相机在说明书上会告知应该依据的光圈系数,由摄影者根据此光圈系数确定应有的快门速度。使用外接闪光灯,应将外接闪光灯置于支架上,并将快门连动线插入数码相机的闪光灯同步插口里。

4. 辅助闪光模式加外接闪光模式

此模式在每次拍摄时机内闪光灯和外接闪光灯都闪光,若外接闪光灯对天花板或墙壁闪光,可减少被摄人物的阴影,获得较佳效果。

5. 防红眼闪光模式

闪光灯拍摄人像,眼睛经常在照片中呈现红色,形成红眼现象。为减轻此毛病,可选择防红眼闪光模式。在普通闪光前,照相机会发出一系列低频率的预闪光,使被拍人物的眼球收缩,从而明显减轻红眼现象。此模式除预闪外,和自动闪光模式相同。具体拍摄时,拍摄者要拿稳照相机直到按下快门钮拍照,以便闪光灯对被拍者进行预闪。拍摄时,被拍者未正视闪光灯,或距离闪光灯太远,或对闪光无反应者,红眼现象无法减轻。

(八) 使用聚焦功能

1. 自动聚焦

自动聚焦是数码相机常设的聚焦模式,拍照时将镜头对准要拍摄的

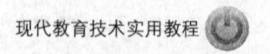

物体,待取景器旁边聚焦指示灯亮时,即已聚焦准确,获得清晰影像。但被拍物主体不在画面中央,或有极强的亮光,或被拍物太暗,或被拍体在近距离内高速运动,自动聚焦会失灵。

2. 聚焦锁定

自动聚焦适用于自动聚焦标志对着的物体,当由于构图的需要,拍摄主体不在镜头主光轴方向,即不在画面中央时,自动聚焦功能无法聚焦。这时,数码相机在自动聚焦模式下,将镜头主光轴对准被拍主体,半按快门钮,待取景器旁边聚焦指示灯亮时,说明已聚焦准确,这时可移开镜头主光轴,取景构图,进行拍摄。当聚焦锁定时,往往曝光亦被锁定(AE锁定)。

拓展学习

摄影构图

摄影构图是摄影家为表达主题思想,在照相机的取景框内,安排和处理人、景、物的布局方法。它直接关系到摄影画面的美观、主体的表现、主题的表达。只要我们拿起照相机,就涉及取景构图的问题。

主体是摄影画面中最主要的表现对象,是画面的主要构成部分,是画面表现内容的主要体现者,是画面结构的中心。取景构图时要有明确的主体,主体不明确或根本就找不到主体的画面,必然是失败的画面。

一、主体的大小

主体在画面中的大小就是景别。在取景构图时,要根据被摄对象的特点和主题表现的需要,选择最具典型性的事物作为被摄主体,确定主体的大小,简洁明了地表现主体。

1. 景别的分类

常见的景别有远景、全景、中景、近景、特写等。

远景:主体人物在画面中极小,以表现环境气氛,展现事物规模、气势为主,主要用于拍摄风光。

全景:能清晰地看到人物的全貌,主要表现主体和环境的位置关系,展示人物的动作。

中景:表现人物膝部以上的活动,它既有利于表现环境特征,又能表现人物的动作。

近景:拍摄人物的小半身画面,主要表现人物的动作、表情,刻画人物的性格。这时环境消失,只留下背景。

特写:拍摄人物的局部,环境和背景完全消失。可表现人物的细节活动和物体的关键部位,主体极为突出,具有极强的表现力。特写画面能以小见大,以局部表现整体,常起到意想不到的作用。

大特写:大特写在构图时最适合对某一物体的细节进行集中地刻画和特别地描写。

2. 光圈与景深的关系

光圈是对景深影响最为明显的因素,光圈大小与景深成反比,即光圈越大,景深越小,反之,光圈越小,景深越大;焦距长短与景深成反比,即焦距越长,景深越小,反之,焦距越短,景深越大;摄距远近与景深成正比,即摄距越远,景深越大,反之,摄距越近,景深越小。光圈越小,景深就越大,反之,f 值越小,光圈越大景深就越小。如打个比方,我们在近视眼看不清东西的时候,通常会把眼睛眯起来,看到的东西就会比较清晰。就相当于小的 f 值,会使景深越小,主体越突出。下面两张图是用大小不一的 f 值光圈拍摄的蜻蜓,在同一条件下两幅图就可以直观的表现大光圈与小光圈的景深效果。

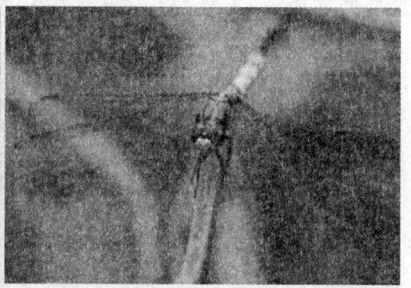

左图使用 5.6 的光圈可以获得较大的景深　　右图光圈 2.8 获得最小的景深

图 2-3-5　蜻蜓

二、主体的位置

视觉中心是画面中观众最感兴趣、最吸引观众注意力的部分。一般情况下,视觉中心就是主体的位置所在。安排主体的位置就是确定画面的视觉中心,它直接影响着读者的视觉效果,影响主体的表现和主题思想的表达。在画面中安排主体位置最为实用的美学原理就是黄金分割律和三分法构图法。

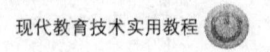

1. 黄金分割律

黄金分割律是传统画家极为推崇的画面分割形式,其分割比为1∶0.618。从物体的几何形状、画框的长宽比例,到画面的内部分割、物体的位置安排等,均可以体现黄金比例1∶0.618。这样的比例能体现一种均衡美感,符合人们的视觉审美心理。在摄影构图中,严格的黄金分割率体现在照片画幅、主体位置上,如图2-3-6所示,画幅的宽高比AB∶BC为1∶0.618。E点为黄金分割点,将底边分割成两部分,EF为黄金分割线,将画面在水平方向上一分为二。同样,G点为黄金分割点,将底边分割成两部分,GH为黄金分割线,将画面在垂直方向上一分为二。两条黄金分割线交叉点为O点。按照黄金分割律,画面中主体的位置安排可以在EF线、GH线、O点上,这样比较符合人们的视觉习惯,也比较容易突出主体。

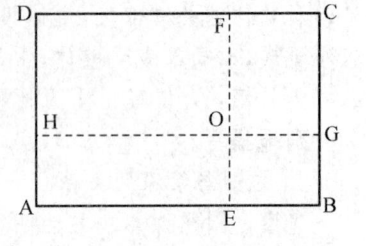

图2-3-6 黄金分割律

利用黄金分割比率进行构图拍摄,可以更好地突出主体对象,使画面效果更加协调,主体明确,如图2-3-7运用黄金分割法构图拍摄的照片。

图2-3-7 黄金分割构图

2. 三分法

三分法实际上是黄金分割法的简化版,其基本目的就是避免对称式构图。对称式构图通常把被摄主体置于画面中央,往往会造成画面呆板死沉。

三分法构图同样适用于纵向构图的画面。将主体对象放置于横向与纵向三等分线条的交点位置处,以达到突出主体对象的效果,更好地表达画面思想。如果将主体的位置放于画面中间,那么画面就会显得死板单调;如果所摄画面被整个主体所填充,就会感觉缺乏灵活性,构图也会显

得很失败,如图2-3-8塞北风光所示。

图2-3-8 塞北风光

左图将树木构成的水平面先作为分割线置于画面三分之一处使画面稳定而和谐,右图不属于三分法。

在实际拍摄时往往不可能做到上述精确的黄金分割比,因此人们也就大概地分割一下,将黄金分割线放在画幅的1/3处来进行分割,就是将画面在水平和垂直方向平均分成三等分,在画面中画出一个井字,如图2-3-9所示。这就是所谓的三分法,或井字构图法。井字的四个交叉点称为视觉中心点,又称趣味中心。井字的交叉点上比较适合放置主体,将主体安排在这个位置上最容易吸引人的视线,画面布局也显得活泼,如图2-3-10所示。

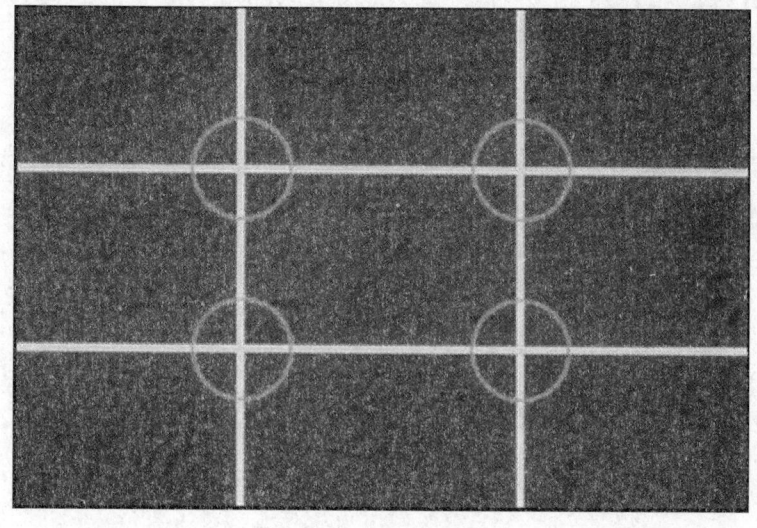

图2-3-9 三分法

图 2-3-10　井字构图法示例

推荐阅读：

摄影主题网站

蜂鸟网。http://www.fengniao.com/

黑光论坛。http://bbs.heiguang.com/

新摄影。http://www.nphoto.net/

大众摄影网。http://www.pop-photo.com.cn

橡树摄影。http://www.xiangshu.com

中国摄影网。http://www.cnphotos.net/

活动实践

1. 以不同的距离拍摄同一主体，体会不同景别。
2. 以不同的焦距拍摄同一主体，体会不同景别。
3. 利用黄金分割定律构图，拍摄人物或景色。
4. 处理好前景、背景、陪体，拍摄人物或景色。

第四讲　数码摄像机

基础知识

数码摄像机就是 DV，DV 是 Digital Video 的缩写，译成中文就是"数字视频"的意思，它是由索尼、松下、胜利、夏普、东芝和佳能等多家著名家电巨擘联合制定的一种数码视频格式。然而，在绝大多数场合 DV 则是代表数码摄像机。按使用用途可分为：广播级机型、专业级机型、消费级机型。按存储介质可分为：磁带式、光盘式、硬盘式、存储卡式。

> **知识卡片 2-4-1　电视制式**
> 世界上主要使用的电视广播制式有 PAL、NTSC、SECAM 三种，中国大部分地区使用 PAL 制式，日本、韩国及东南亚地区与美国等欧美国家使用 NTSC 制式，俄罗斯则使用 SECAM 制式。中国市场上买到的正式进口的 DV 产品都是 PAL 制式。

一、数码摄像机成像原理及种类

（一）成像原理

数码摄像机进行工作的基本原理简单地说就是光-电-数字信号的转变与传输。即通过感光元件将光信号转变成电流，再将模拟电信号转变成数字信号，由专门的芯片进行处理和过滤后得到的信息还原出来就是我们看到的动态画面了。

数码摄像机的感光元件能把光线转变成电荷，通过模数转换器芯片转换成数字信号，主要有两种：一种是广泛使用的 CCD（电荷耦合）元件；另一种是 CMOS（互补金属氧化物导体）器件。

（二）种类

1. 按照使用用途分类

（1）广播级机型

这类机型主要应用于广播电视领域，图像质量高，性能全面，但价格较高，体积也比较大，它们

图 2-4-1　DVCPRO 50M 摄像机

的清晰度最高,信噪比最大,图像质量最好,价格要达到几十万元。例如松下 DVCPRO50M 机型等。

(2) 专业级机型

这类机型一般应用在广播电视以外的专业电视领域,如电化教育等。图像质量低于广播用摄像机,不过近几年一些高档专业摄像机在性能指标等很多方面已超过旧型号的广播级摄像机,图 2-4-2 为 Sony DSR-250P 摄像机。

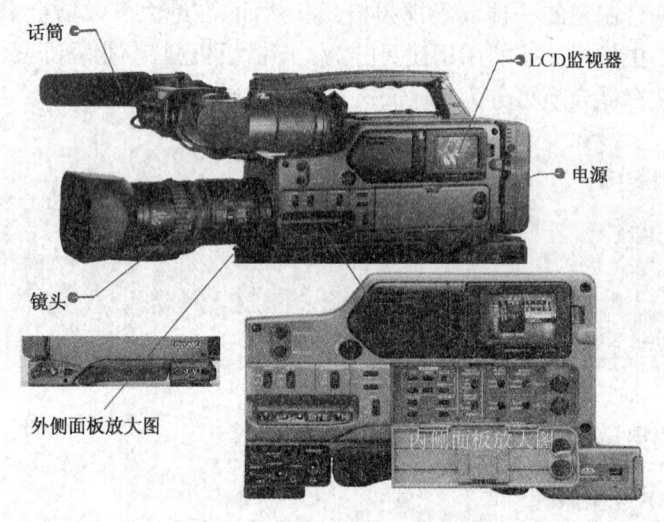

图 2-4-2 Sony DSR-250P 摄像机

(3) 消费级机型

这类机型主要是适合家庭使用的摄像机,应用在图像质量要求不高的非业务场合,比如家庭娱乐等。这类摄像机体积小,重量轻,便于携带,操作简单,价格便宜。在要求不高的场合可以用它制作个人家庭的 VCD、DVD,价格一般在数千元至万元不等。如果再把家用数码摄像机细分类的话,大致可以分为以下几种:入门 DV、中端消费级 DV 和高端准专业 DV 产品。图 2-4-3

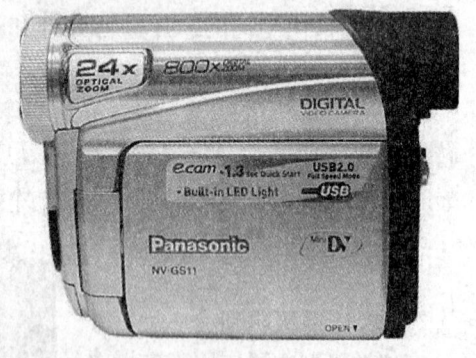

图 2-4-3 Panasonic NV-GS11 摄像机

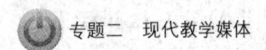

为 Panasonic NV–GS11 摄像机。

2. 按照存储介质分类

（1）磁带式

是指以 Mini DV 为纪录介质的数码摄像机，它最早在 1994 年由 10 多个厂家联合开发而成。通过 1/4 英寸的金属蒸镀带来记录高质量的数字视频信号。

（2）光盘式

是指 DVD 数码摄像机，存储介质是采用 DVD－R，DVR＋R，或是 DVD－RW，DVD＋RW 来存储动态视频图像，操作简单、携带方便，拍摄中不用担心重叠拍摄，更不用浪费时间去倒带或回放，尤其是可直接通过 DVD 播放器即刻播放，省去了后期编辑的麻烦。

DVD 介质是目前所有的介质数码摄像机中安全性、稳定性最高的，既不像磁带 DV 那样容易损耗，也不像硬盘式 DV 那样对防震有非常苛刻的要求。不足之处是 DVD 光盘的价格与磁带 DV 相比略微偏高了一点，而且可刻录的时间相对短了一些。

（3）硬盘式

指的是采用硬盘作为存储介质的数码摄像机。2005 年由 JVC 率先推出的，用微硬盘作存储介质。

硬盘摄像机具备很多好处，大容量硬盘摄像机能够确保长时间拍摄，让你外出旅行拍摄不会有任何后顾之忧。回到家中向电脑传输拍摄素材，也不再需要 MiniDV 磁带摄像机时代那样烦琐、专业的视频采集设备，仅需应用 USB 连线与电脑连接，就可轻松完成素材导出，让普通家庭用户轻松体验拍摄、编辑视频影片的乐趣。

微硬盘体积和 CF 卡一样，和 DVD 光盘相比体积更小，使用时间上也是众多存储介质中最可观的，但是由于硬盘式 DV 产生的时间并不长，还存在诸多不足，如防震性能差等等。随着价格的进一步下降，未来需求人群必然会增加。

（4）存储卡式

指的是采用存储卡作为存储介质的数码摄像机，例如风靡一时的"X 易拍"产品，作为过渡性简易产品，如今市场上已不多见。

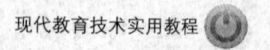

二、数码摄像机的基本操作(以 SONY—190P 为例)

(一)拍摄前的准备

1. 准备电源,安装充电电池

(1) 抬起寻像器(取景器)。

(2) 按电池上的▼标志方向插入并推动充电式电池直至发出咔嗒声,如图 2-4-4 所示。

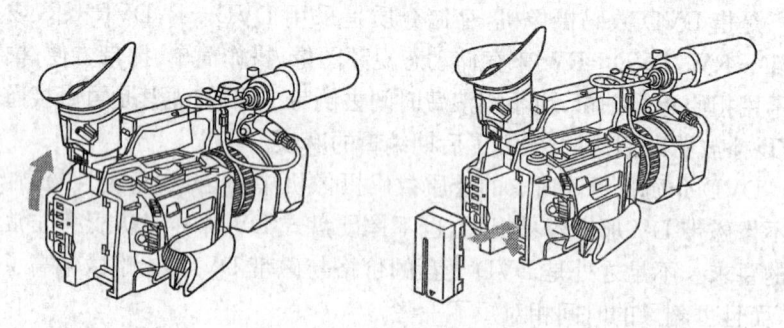

图 2-4-4　安装充电电池

2. 装入录像带

(1) 按着"EJECT"开关上的蓝色小键并朝箭头方向推动以打开录像带盖,录像带舱随后自动打开。

(2) 推录像带背部的中间部位将其装入录像带舱,如图 2-4-5 所示。

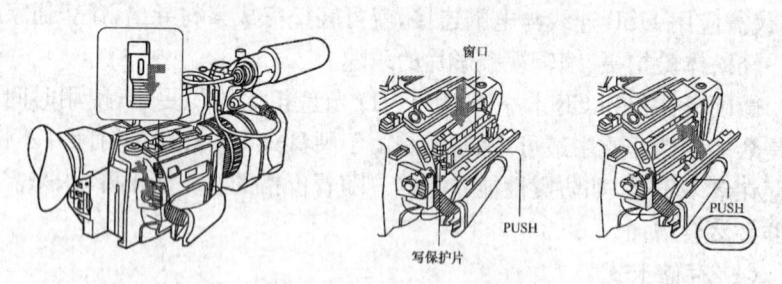

图 2-4-5　装入录像带

(3) 按录像带舱上的"PUSH"标志关闭录像带舱。

(4) 按录像带盖上的"PUSH"标志关闭录像带盖直至发出咔嗒一声。

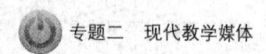

3. 开始摄像

（1）打开镜头盖的镜头罩快门。

（2）在按小绿键的同时将"POWER"开关设定于"CAMERA"位置以使本机进入待机状态。

（3）朝"▶"标志方向推动"OPEN"键以打开液晶显示面板。正在拍摄的图像被显示在液晶显示屏上，并从取景器屏幕上消失。

（4）按"START/STOP"键，本机开始拍摄，出现"REC"指示。位于本机前面的和背面的摄像指示灯点亮。再按一次"START/STOP"键，可停止摄像。也可改用位于手柄上的或前面的"REC START/STOP"键代替背面的"START/STOP"键。

拓展学习

电视制作

（一）摄像技巧

1. 拿稳摄影机

最好是用两只手来把持摄影机，这绝对比单手要稳，或利用身边可支撑的物品或准备摄影机脚架，无论如何就是尽量减轻画面的晃动，最忌讳边走边拍的方式，这也是最多人犯的毛病。这种拍摄方式是针对特殊情况下才运用的，千万记住画面的稳定是动态摄影的第一要素。

2. 固定镜头

简单地说就是镜头对准目标后，做固定点的拍摄，而不做镜头的推近拉远动作或上下左右的扫摄，设定好画面的大小后开机录像。平常拍摄时以固定镜头为主，不需要做太多变焦动作，以免影响画面稳定性，画面的变化，也就是利用取景大小的不同或角度及位置的不同，对景物的大小及景深做变化。简单地说，就是拍摄全景时摄影机靠后一点，想拍其中某一部分时，摄影机就往前靠一点，位置的变换如侧面、高处、低处等不同的位置，其呈现的效果也就不同，画面也会更丰富，如果因为场地的因素无法靠近，当然也可以用变焦镜头将画面调整到你想要的大小。但是切记不要固定站在一个定点上，利用变焦镜头推近拉远的不停拍摄。拍摄时多用固定镜头，可增加画面的稳定性，一个画面一个画面地拍摄，以大小不同的画面衔接，少用让画面忽大忽小的变焦拍摄，除非用三脚架固定，否则长距离的推近拉远，一定会造成画面的抖动。

3. 如何运用变焦镜头

摄录像机和照相机同样具有变焦镜头,但是最大不同点就是,摄影机可以在拍摄的同时做变焦的动作,改变画面大小的取景。例如想拍摄远处某个目标,你可以利用变焦镜头推近来取景,当推到你想要的画面大小时,才按下录像键,摄取你想要的画面,就像固定镜头拍摄的方式一样。那么拍摄的同时做变焦的动作什么时机运用才恰当呢?当你要表达某件物品或人物的位置时,例如:特写一个烛光约3秒,然后慢慢地将镜头拉远,画面渐渐出现原来是一个插满蜡烛的蛋糕。这个动作让画面更为生动有趣。不需要旁白及说明,你可由画面的变化看出,拍摄者所要表达的内容及含义,这就是所谓的"镜头语言"。如果反之以推近的变焦拍摄,用意在说明特定的目标或人物,例如:画面开始是一群小孩在表演舞蹈的全景,几秒钟后画面渐渐推近到其中一个小孩的半身景,然后镜头就跟着他。这种拍法就像在告诉你,这个小孩就是我儿子,用意在引导观看者你在拍什么。以上这两种常用的拍法各有意义,运用得恰当,则具有画龙点睛之功效。反之则不知所云,漫无目标的像一只无头苍蝇,镜头到处乱飞。滥用变焦镜头,画面忽近忽远重复的拍摄,这是目前许多DV族常犯的错误,记得推近或拉远的拍摄动作,每做一次后就暂停,换另外一个角度或画面后,再开机拍摄。从现在开始改变拍摄方式试试看,享受拍摄的乐趣,欣赏拍摄的成果。

4. 摄影机动态拍摄的技巧

相信各位同学常常会碰到一个画面无法将景物的全景拍摄进来,这时候大家一定是将摄影机从右到左或从左到右地扫摄,这也是摄影机的优点之一,但是有许多人在做这个动作时,画面常常摇来摇去、忽快忽慢,总之看起来非常不顺畅。这些问题主要发生在身体转动方式不对,或是转动角度太大,还有就是犹豫不决,没有一气呵成。

正确的做法是以腰部为分界点,下半身不动上半身移动。就像你要过马路时左右观望是否有来往车辆,要头在左右转动肩膀以下是不动。例如你要拍的景物,需要从甲点扫摄到乙点,首先将身体面向乙点后下半身不动,然后转动上半身面向甲点,此时摄影机是对着甲点的方向,接着按下录像键先原地不动录5秒钟,然后慢慢扫摄回到乙点,到了定位时不动继续录5秒后关机。

许多人会问,扫摄的速度到底要多快呢?其实并无一定的准则,配合你所要扫摄的范围内景物的丰富程度而定。如果拍摄的是静态的景物,则速度可稍快一点,但要以看得清楚内容为原则。如果是取景内容是动态的物体及内容相当丰富,则速度可稍慢一点。

以上提供这些方式仅仅是拍摄时的参考,最重要是要实际的练习及体会。另外记住先决定要拍摄什么才开机拍摄,而不是开着摄影机到处找目标。

（二）后期制作

前期规划、实地拍摄和后期制作,这三个阶段是电视节目制作完整过程的主要阶段。前期规划,顾名思义,是把电视制作的脚本和各项注意事项都计划好的一个过程;而实地拍摄就是按照事先计划好的脚本,用摄像机等器材进行实际拍摄的过程。后期制作阶段就是通过各种技术例如电脑二维或者三维技术,把实地拍摄好的节目进行后期的整理、编辑和特效制作,直到最后制作成片。

1. 电视画面后期编辑的规则

要让观众不易察觉画面的连接变化正是编辑的精髓所在。电视画面的剪辑需遵循一些基本的规则：一是动接动,静接静;二是前后两个画面不能是相同景别相似机位,否则画面会有严重的跳跃感;三是不要等画面运动到停住才接,这样会影响流畅感;四是动态画面的衔接要有逻辑性。镜头需要怎样安排才能更清楚地表达情绪或更富感染力,这就需要编辑人员具有较高的蒙太奇意识和综合素质。编辑不当,则会使片中人物表演重复、节奏拖沓,甚至使画面内容违背生活逻辑,让观众感到费解。拍摄画面的时候,运动轴线无论是直线还是曲线,都要保持摄影位置在线的同一侧,如果越过了轴线,就会导致主体的运动方向莫名其妙地改变,从而引起观众认识和理解上的紊乱,这就是"跳轴"。比如说拍两个人,必须在轴线的一侧,不能越过轴线,不然人物就忽左忽右了。后期编辑的时候也是一样的道理,如果剪接的时候不注意这个问题,把不同侧面拍的画面组接在一起,也会出现同样的混乱。假如编辑的是一场足球比赛,本来A队是从左边攻向右边的,如果摄像机的位置被换到足球场的对面去了,那么在屏幕上A队的进攻方向就成了从右边攻向左边,在观众看来,A队也就是在努力进攻自己的球门了。所以,后期编辑的时候把握好屏幕方向的正确性跟前期拍摄的时候是一样重要的。

2. 音乐和音效在后期编制中的运用

电视是一门视听艺术,除了画面以外,音乐和音效无疑是一个非常重要的组成部分,它可以使观众通过自身的体验来对画面展开丰富的联想,从而对电视画面起到一种补充和丰富的作用，使其更加生动、更富有感染力。条件允许的情况下，音乐（包括音效）与电视画面一样，是根据电视节目的创作意图量身定做的。它的题材、风格和画面完全一致，二者相辅相成，在一个优秀的电视节目中起着不可替代的作用。恰如其分的音乐能烘托气氛、揭示剧情，能更微妙地刻画人物的心理，和特定的旁白、场景相配合，更能创造意境、提高节目的感染力。

电视节目后期制作最基本的工作是电视镜头或画面的选择、剪辑与衔接，以及画面与解说词的配置。一般要求通过电视画面的选择组合，反映出事实的原貌，画面表达不了的内容，就用解说词进行补充说明。因此，要提高电视节目质量，必须重视电视节目后期制作。

（三）录播系统

1. 录播系统简介

录播系统指的是能将课堂现场的视频信号、音频信号和 VGA 信号进行同步整合录制，并生成标准化的流媒体文件（如 WMV 格式文件），可用来同步直播、存储、后期编辑和存储的一体化设备。图 2-4-6 为录播系统架构图。

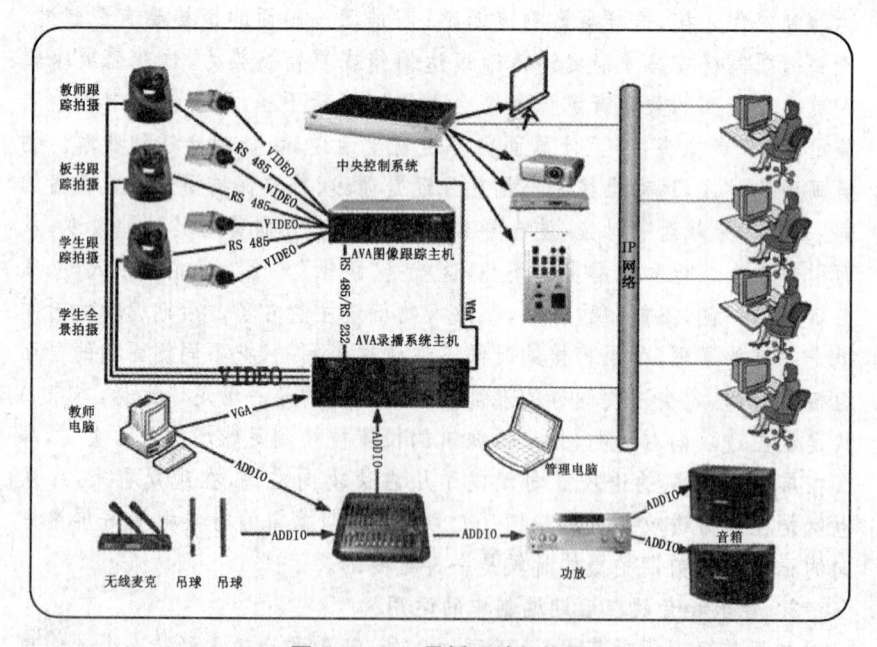

图 2-4-6 录播系统架构图

2. 录播系统的分类
(1) 按录制视频的清晰度
① 标清——视频分辨率在 720 p 以下;
② 高清——分辨率为 720 p 或 1 080 p;
③ 全高清——分辨率为 1 080 p。
(2) 按录播系统的架构
① 分布式;
② 一体式;
③ 移动式。
3. 录播系统的功能
(1) 同步录制
系统可将视频、音频及计算机屏幕同步录制到单个文件中。支持多路信号任意组合,最高支持 8 路高清视频信号或 VGA 信号的任意组合录制。
(2) 实时直播
系统可通过网络将现场的视频、音频及计算机屏幕进行实时直播,用户以 IE 浏览器及 Media Player 即可同步收看现场影音及图文内容。系统独家支持 P2P 应用层组播功能,无须对网络设备进行特殊设置即可实现大规模的并发直播。系统支持 MMS 推送转发功能,用户可自行架设媒体服务器进行网络直播转发服务。
(3) 后期点播
系统内置 VOD 点播功能,录制结束时即可实现在线点播,用户以 IE 浏览器及 Media Player 即可回放录制好的影音及图文内容。
(4) 严谨、全面的用户管理
系统支持多级用户分组及权限管理功能,可通过树形菜单进行权限的灵活分配。
(5) 全方位的文件管理
系统可对录制好的文件进行管理,可进行改名、删除、下载、观看及点播权限、上传总控平台、上传指定 FTP 服务器等操作;用户经授权后可通过 WEB 界面将文件下载到本地电脑。
(6) 简单、实用的在线文字交流
系统支持观看端与主讲端以文字方式实现在线交流功能,打破传统的纯单向直播模式,以最简单的方式满足交互的需求。

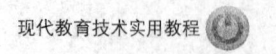

(7) 人性化在线导播

系统可支持网络人工在线导播方式。管理员只需通过网络登陆 WEB 控制界面，即可对现场的主讲视频、听众视频及主讲电脑屏幕中进行在线监看，利用"鼠标点击导播"技术进行在线的多画面实时人工导播控制。

(8) 全面、多样的管理控制

系统支持液晶面板、WEB 界面管理系统及中央控制系统三种方式进行控制，并具备 SDK（软件开发工具包）开发接口，供第三方系统平台进行调用和控制。

(9) 强大、易用的后期编辑

系统支持丰富的后期编辑功能，包括：多流文件拆分、文件剪切、文件合并、片头片尾制作、索引编辑等功能。

活动实践

实验　DV 摄像机的基本操作与使用

一、实验目的

1. 了解数字摄像机的基本原理和工作过程；
2. 掌握数字摄像机的基本菜单设置和基本操作；
3. 掌握数字摄像机操作的基本原则和拍摄技巧。

二、实验器材

数字摄录一体机（1 台）、DV 带（1 盒）、充电电池（1 块）、说明书（1 本）。

三、实验内容

1. 熟悉数字摄像机的功能与规格

数字摄像机品牌和型号：SONY　DSR—PDX10P；

视频与音频记录系统：两个旋转磁头，螺线式扫描系统；PCM 系统（32 kHz：12bit，四声道；48 kHz：16bit，双声道）；

可以使用的磁带：DV CAM 和小型 Mini DV 带；

成像器件：3.8mm（1/4.7 类型）3CCD，CCD 像素 107 万，静态像素 100 万，动态像素 69 万。

2. 熟悉数字摄像机操作面板的按钮和功能

聚焦环：用于手动调整焦距，使被拍摄景物聚焦清晰、准确；

Focus：聚焦开关，有 Auto、MAN、INFINITY 三档可以进行调节，分别为自动、手动、远景拍摄模式,其中 Push Auto 为瞬间自动聚焦触发器。

Auto Lock:有三档,其中 a 将锁定程序曝光,快门速度,白平衡,曝光以及灵活聚光表等;b 解除自动锁定,可以手动调整;c 为保持 b 中的设置。

WHT BAL:三种模式,一次设定白平衡,户外和室内。

PROGRAME AE:用来满足特定的拍摄需要,有肖像模式、体育课程模式、海滩以及滑雪模式、日落以及日光模式、风光模式等选择项。

3. 运用数字摄像机进行推、拉、摇、移等基本镜头的实拍

推镜头:摄像机沿光轴方向向前移动;采取变焦距镜头,从短焦距调至长焦距。

拉镜头:摄像机沿光轴方向向后移动;采取变焦距镜头,从长焦距调至短焦距。

摇镜头:在拍摄一个镜头时,摄像机的机位不动,只有机身作上下、左右的旋转等运动。

移镜头:摄影机沿水平方向作各方面的移动。人不动,摄像机动;人和摄像机都动。(接近"跟",但是,速度不一样)。

四、问题讨论

1. 使用取景框/寻像器和 LCD 液晶屏进行拍摄时,哪一个更容易产生视差,为什么?

2. 在什么情况下更合适运用手动聚焦?

五、实验结论

根据自己的拍摄实践写出心得体会。

第五讲 综合多媒体教学系统

基础知识

一、多媒体教室

多媒体教室也称多媒体演示室,是根据现代教育教学的需要,将多媒体计算机、液晶投影仪、数字视频展示台、中央控制系统、投影屏幕、音响设备等多种现代教学设备组成的综合教学系统。它能使教师方便、灵活地应用多种媒体实施多媒体组合教学,可使教学过程更加符合学生的认知、理解和记忆规律,从而提高教学效果和效率。

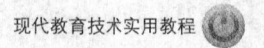

(一) 多媒体教室的组成

目前多媒体教室通常由投影仪、投影幕、多媒体计算机、视频展示台、电子白板、影碟机、录像机、音频卡座、功放、集中控制系统等组成。图2-5-1出示了多媒体教室常见设备。

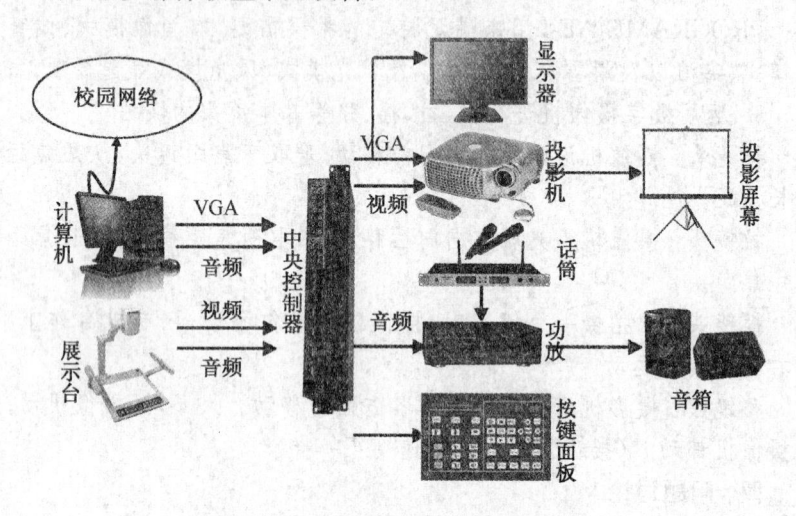

图2-5-1 多媒体教室系统基本结构图

多媒体教室的基本组成可以分成以下几个部分：

1. 计算机系统。运行多媒体教学课件，共享数字教学资源。

2. 视频图像系统。能够对静态或动态视频图像进行播放展示。组成设备有：影碟机、录像机、视频展示台、投影仪和电动屏幕。其中影碟机、录像机和视频展示台、交互式电子白板可根据具体情况选配。

3. 声音系统。对各种设备产生的声音信号进行放大、混合输出，保证室内范围能够通过音箱清晰听到各种媒体所产生的声音。主要设备有音箱、功放机、无线话筒、无线接收器和有线话筒。其中无线话筒、无线接收器和有线话筒可根据情况选配。

4. 控制系统。也叫中央控制器(简称中控器)，是对多媒体教室的各种设备、环境条件进行集中控制的系统设备。设备包括多媒体中央控制系统和控制操作面板，其功能主要有控制电动屏幕升降、投影仪开关、信号选择、计算机开关和音量大小调节等。

(二) 多媒体教室的主要功能

在多媒体教室里，教师可以通过操作计算机和数字视频展示台等设备随心所欲地运用文本、图形、图像、声音等媒体进行教学，也可以运用板书、教材、图表、图片等常规教学媒体进行教学,整个教学过程都可以显示在大屏幕上,摆脱了黑板加粉笔的教学模式。教师利用多媒体教室可以进行的教学内容一般有:

(1) 利用计算机调用多媒体课件;

(2) 播放 VCD、DVD、录像带等音像教学内容;

(3) 利用校园网或 Internet 网络,调出自己需要的教学资料;

(4) 利用数字视频展示台将书稿、教材、图表、图片、实物以及教师即时书写的文字、画图投影到屏幕上;

(5) 利用幻灯片、投影片等常规电教媒体进行教学。

(三) 多媒体教室主要设备的性能及使用

1. 中央控制系统

整个多媒体教室中的全部媒体设备都由中央控制系统集中管理控制。该系统采用单片机多机通信技术和系统集成技术,将被控设备的各种操作功能按照用户实际操作要求进行组合处理,然后将其具体对每一媒体或设备的操作过程集成一体。目前许多媒体教室已经采用了"一键开/关机"功能的集中控制系统来管理多媒体教室的设备,操作十分方便。图 2-5-2 为多媒体中央控制器面板示意图,图 2-5-3 为多媒体中央控制系统设备连接图。

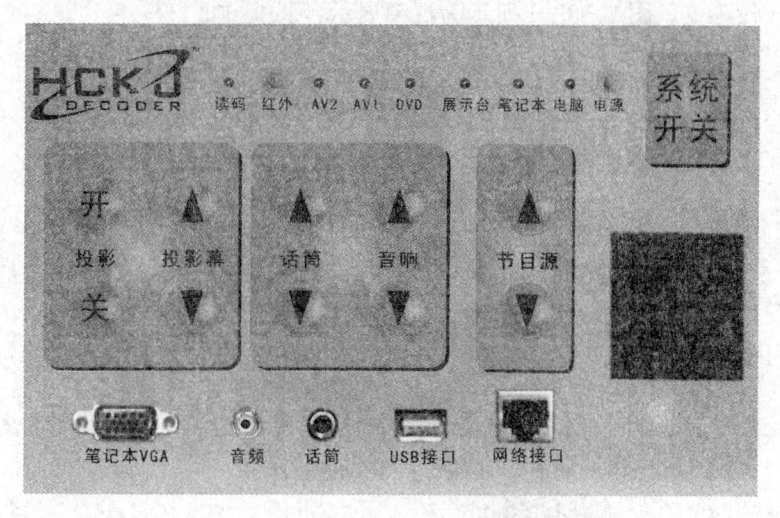

图 2-5-2 多媒体设备中央控制器面板

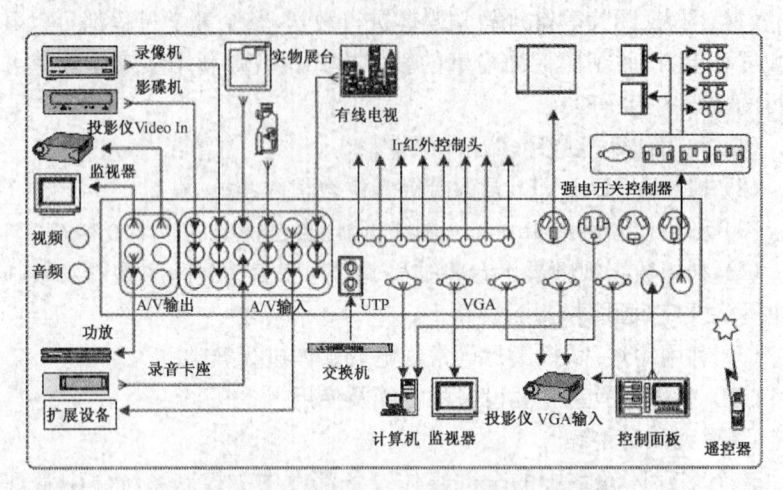

图 2-5-3　多媒体中央控制系统的设备连接

2. 视频展示台

目前实物展示台已渐渐取代了传统的胶片投影仪和幻灯机的大部分功能。视频展示台不但能将胶片上的内容投到屏幕上，而且可以将各种实物，甚至包括可活动的图像投到屏幕上。但是视频展示台只是一种图像采集设备，最终将图像展示出来，还需通过外部设备的参与，例如电视机或投影仪。图2-5-4所示为视频展示台。

图 2-5-4　视频展示台

视频展示台的主要技术指标为CCD(电荷耦合器件)分辨率，目前主流视频展示台的CCD分辨率为150万像素，750线左右，像素越高清晰度越高。

3. 投影仪

投影仪是多媒体教室中计算机、视频展示台、VCD、录像机等设备视频信号的再现设备。多媒体投影仪的产品从技术角度上分为阴极射线管投影仪（Cathode Ray Tube，CRT）、液晶显示投影仪（Liquid Crystal Display，LCD）和数字光路投影仪（Digital Light Processor，DLP）。

CRT即阴极射线管投影仪，该投影仪显示的图像色彩丰富、还原性好，具有较强的几何失真调整能力；缺点是亮度很低，操作复杂，体积庞大，对安装环境要求较高，并且价格昂贵，目前已经基本退出市场。

LCD即液晶投影仪，是目前投影仪市场上的主要产品。液晶是介于液体和固体之间的物质，本身不发光，工作性质受温度影响很大，其工作温度为－55～＋77℃。LCD投影仪色彩还原较好，分辨率可达SXGA标准，体积小，质量轻，操作、携带极其方便，并且价格比较低廉，因此成为投影仪市场上的主要产品。图2-5-5是LCD投影仪的实例。

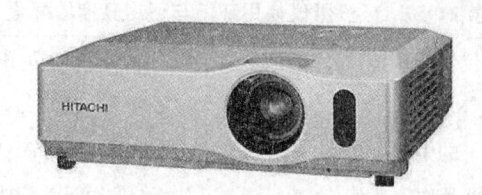

图2-5-5 LCD投影仪

DLP即数码光路处理器技术。DLP投影仪的技术是一种反射式投影技术，其特点是图像灰度等级提高，成像器件的总光效率大大提高，对比度非常出色，色彩锐利。DLP投影仪的特点是体积小巧，可以胜任长时间连续工作，对散热的要求不高，画面对比度高（可达5000∶1）。图2-5-6是DLP投影仪的实例。

图2-5-6 DLP投影仪

一般说来，在选用投影仪时应注意以下几个方面：

（1）输入信号源。一般的多媒体教室使用的投影仪输入源应有Video、S-Video、Audio及1~2个计算机（VGA）接口。为了节约资源，做到恰到好处，可量力选择，若要求较低时则可选购分辨率为800×600（SVGA）；若要求高一些，则要选择XGA（1024×768），或选择SXGA（1920×1080）产品，当显示高分辨率图形信号时，须选择行频在60 kHz以上的投影仪。

（2）使用方式。投影仪使用方式分为桌式正投、吊顶正投、桌式背投、吊顶背投。正投是投影仪在观众的同一侧；背投是投影仪与观众分别在屏幕两端（需背投幕）。如固定使用，可选择吊顶方式。如果有足够的空间，选择背投方式整体效果最好。

（3）使用环境。根据使用环境（房间大小、照明情况），确定机器相应指标（如亮度）。一般情况下可以根据教室面积的大小来确定投影仪的亮度。表2-5-1为使用环境与适用亮度的配置对应表。

表2-5-1 投影仪使用环境与适用亮度的配置

投影仪使用环境	投影仪的适用亮度
50 m² 以下的小会议室	1 000~1 200ANSI流明
50~300 m² 的中型会议室	1 200~3 000ANSI流明
300 m² 以上的大型会议室、教室	3 000ANSI流明以上

在投影仪的安装中必须注意以下几点：

（1）计算投影仪与屏幕之间的距离根据屏幕大小来确定。屏幕吊装的高度及距第一排座位的距离应根据人机工程学原理进行计算，避免学生过分仰视屏幕，而应使屏幕落入学生轻松的视野内，让学生以一个较舒适的姿势观看屏幕和抄写笔记，减少学生的视觉疲劳，提高学习效果和效率。

（2）墙面悬挂的屏幕上边沿应与吊装投影仪镜头在同一水平线。

（3）投影仪镜头中心与投影屏幕中心点在同一垂直线上。

（4）选择尺寸合适的安装吊架。

（5）安装固定用的螺丝、螺栓拧紧到位。

（6）调整安装后投影画面的梯形。

4. 交互式电子白板系统

（1）交互式电子白板

交互式电子白板又称数码触摸屏、互动白板，是可以操作计算机和进行屏幕标注的投影屏,是具备电子书写板和触控功能的交互型触摸屏。交互式电子白板可以和计算机进行信息通信,如通过 USB 接口与计算机相连,配合多媒体投影仪使用,以电子笔代替鼠标,以电子白板代替投影幕布,在电子白板控制系统软件支持下,通过触碰电子白板操作计算机,并能在任何计算机界面上直接进行标注操作。交互式电子白板的基本结构如图 2-5-7 所示。

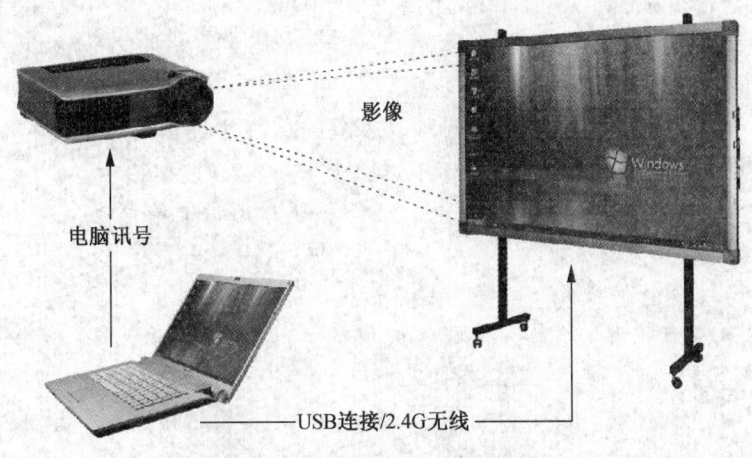

图 2-5-7 交互式电子白板

交互式电子白板除交互功能外,还有实时记录、即时标注和资源管理等功能。这些功能具体通过笔迹书写、图形绘制、文字输入、文件调用、删除、复制及保存图像、强调与遮挡、视频回放、直接打印等操作实现。运行特定的应用程序,配置交互式电子白板及高清摄像头,还可实现远程可视网络会议。

交互式电子白板根据定位技术的不同,分为电磁感应式、红外线感应式、压力感应式、超声波感应式、图像传感式等。目前,市场上采用压力感应技术的电子白板占据市场主导地位,其次是采用红外传感、超声波传感技术。

(2) 交互式电子白板系统

交互式电子白板系统由多媒体教室、交互电子白板和相应的软件组成。伴随着多媒体教学的兴起,中小学应用电子白板辅助教学的案例越来越多,交互式电子白板系统成为沟通传统教学方式与现代化多媒体教学仪器的最佳桥梁。交互式电子白板系统最大的特色是既能如传统的黑板一样在其上面自由板书，还能随时显示、处理各种数字化教学内容，随时保存在电子白板上的操作，形成教学资源库，便于课后备课、学习和复习，提高教学资源的再利用和优质教学资源的共享。

知识卡片2-5-1　交互式电子白板系统的主要功能

● 鼠标操作：用手指或电子笔在电子白板上实现鼠标左、右键功能、单击和双击功能。

● 书写笔：有进行颜色、笔画粗细、透明等各种效果的铅笔、钢笔、毛笔、排笔、彩虹笔等功能书写笔工具。

● 板擦：有大小不同的圆形、方形板擦，可实现区域擦除、对象擦除、闭合区间擦除和全部擦除等功能。

● 绘图：各种二维线条、圆、多边形、任意图形的绘制功能和三维几何图形的构造功能。

● 标注：线段的尺寸标注和扇形线段的角度标注。

● 手写识别：将混合连续输入中英文、标点符号和数字的手写识别为文本。

● 文字编辑：实现文本、表格、图表的输入、编辑和排版等操作。

● 多媒体编辑：支持各类图片、视音频的插入和插播功能。

● 屏幕录制与播放：自动记录电子白板板书的书写过程、对象物件移动的过程，并可以重现回放出来。

● 文件保存和导出：电子白板可以新建、打开、生成各种图片文件、文本文件、网页文件以及相关工程文件。

● 资源管理：提供图形库、模板库、资源库等资源管理功能。图形库包括丰富的基本形状、装饰线、装饰框、各学科符号和日常常用图形。模板库为工程文件的模板资源。资源库包括矢量图库、背景模板、视音频课件等各种资源，可覆盖各个学科。

典型的交互式电子白板教学系统结构如图2-5-8所示。在这一系统中主要包括以下设备：交互式电子白板、投影机、教学计算机、视频展示台、多媒体讲台、中央控制器、DVD、调音台、无线话筒、功放和音箱等。

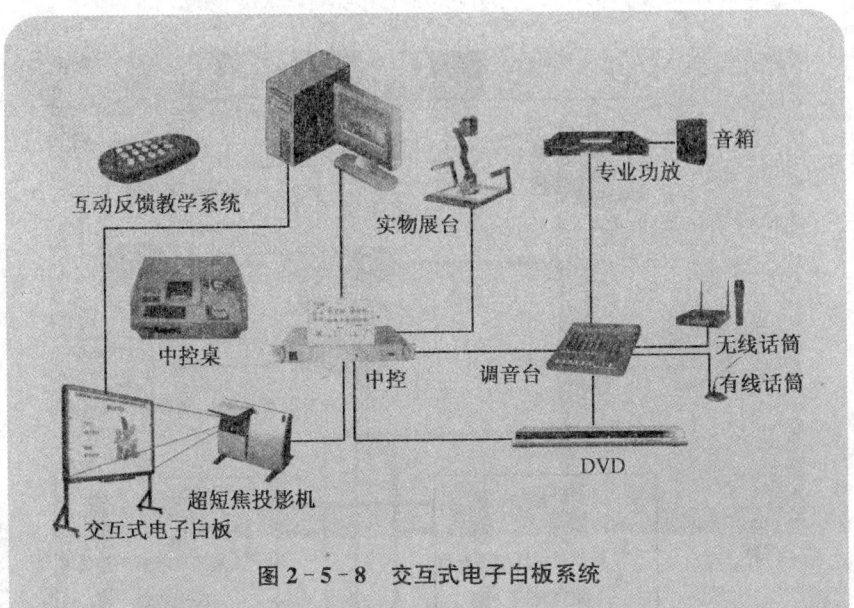

图 2-5-8 交互式电子白板系统

　　交互式电子白板是系统的主体,将交互式电子白板连接到计算机,并利用投影机将计算机上的内容投影到电子白板屏幕上。在专门的应用程序的支持下,它既是感应笔书写与操作的界面,又是计算机的显示器和投影器的幕布。感应笔具有书写笔和计算机鼠标的双重功能。

二、多媒体语言实验室

　　语言实验室是由多种现代化教学媒体装备起来,主要用于语言教学、语音训练的现代教育应用系统。语言实验室按照功能的不同,分为听音型、听说型、听说对比型、视听对比型和多媒体型五种。

(一) 多媒体语言实验室的组成

　　多媒体型语言实验室是在视听型语言实验室的基础上,以网络技术为基础、以多媒体计算机为核心的视听媒体系统。教师控制台配置多媒体计算机,学生座位配置计算机显示器。图 2-5-9 为多媒体语言实验室设备构成图。

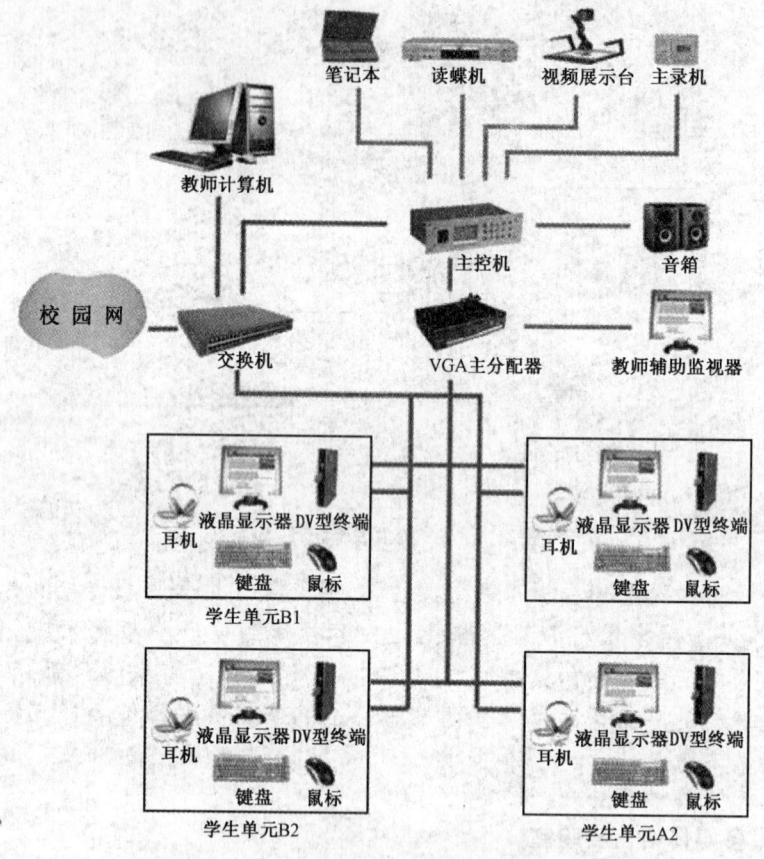

图 2-5-9　多媒体语言实验室设备的构成

多媒体语音教室的建设方案不同，拓扑结构也会有所不同，表现在语音教室的风格上各有特色。图 2-5-10 是国内一个比较典型的多媒体语音教室拓扑结构简图。

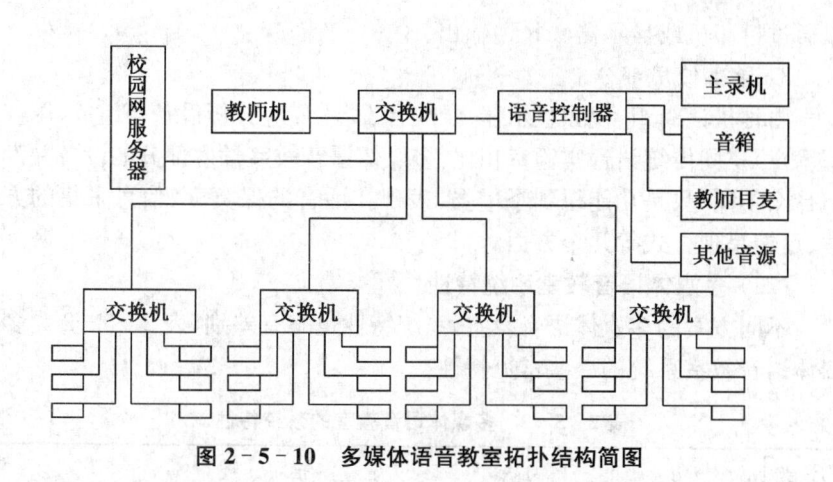

图 2-5-10　多媒体语音教室拓扑结构简图

多媒体语音教室分为教师控制部分、信息处理部分和学生处理三部分。

1. 教师控制部分

教师控制部分是多媒体语音教室的决策与控制中心,集成了各种多媒体信息控制与处理媒体,在多媒体计算机控制协调下传递教学信息。教师控制部分使用的媒体一般有教师机、主录机、教师音源、教师耳麦等。教师控制部分针对教师操作的角度而言应具有简单操作的特性,目前一般通过如下两种途径实现:第一种方法是利用光笔。这种方法是使用特制的光笔工具,教师只需将它点向所需操作的功能即可控制多媒体语音教室的运行。第二种方法是利用触摸屏进行控制。

2. 信息处理部分

信息处理部分(服务器、交换机、视听设备等)主要是对多媒体语音教室各种信息的处理与传递,构成了多媒体语音教室的躯体,同时也是多媒体语音教室强大功能的体现。信息处理模块可分为媒体信息处理与教学信息处理两个部分。媒体信息处理部分的功能是在控制中心(教师控制部分)的指挥下,将音频、视频或控制信息传递给每一位学习者,包括音频、视频分配与控制指令等。教学信息的处理则利用一些类似心理测试类媒体从学习者中采集信息,以对教学过程教学量化控制,如学生学习的注意度、对问题的反应时间、问题的理解度、教学内容的难易程度等。一般说来,教学信息处理都是借助了各种最新的教学理论,在具有可操作性、可量化的算法公式的支持下,通过计算机类媒体完成,因而具有很高的效度与信度,可以据此对教学过程进行控制。教学信息的处理结果可以通过打印机或显示器(CRT)输出。

3. 学生使用部分

由耳机话筒组、视频显示器、录放音设备、反应分析设备等组成(用方框示意)。同传统语音实验室相比,多媒体语音教室学生部分的设备并没有什么不同,只是功能得到了增强,表现在话音的保真度、信息采集的方法、反馈呈现方式等几个方面。

(二) 多媒体语音教室系统特性

不同方案的多媒体语音教室,系统特性也略有差别,表 2-5-2 为多媒体语音教室系统的一些常见特性。

表 2-5-2 多媒体语音教室的系统特性

序号	功　能	描　述
1	智能分析技术	可自动分析文章结构,提供声音激活录音和停止功能,例如使用者停止发音录音便会自动暂停
2	老师全权控制	允许老师全权控制学生的操作
3	多媒体学习	支持大部分音响器材,可用于对其他的多媒体素材进行教学
4	可视化音频点播	学生能查询并点播教学资料库中丰富的语音及文字资源,自主控制播放进度
5	支持多种教学模式	实时教学——提供实时录制材料(语音、影像和语法练习)及播放功能 课件教学——利用现在多媒体教材进行教学,包括语音文件、影片和各种练习等 自学模式——让学生在教室以外的任何地方利用台式计算机或手提电脑学习语言
6	多路音频实时广播	教师能根据学生层次任意编组,指定其收听的音频节目源(多路可选),做到因材施教。数字音频和外部模拟音频(如录音机、录像机、VCD 等)都可作为节目源使用
7	全数字化语音传输	支持多种音频编解码格式(ADPCM、PCM、MP3 等),效果达 CD 音质。对光盘资源、网络下载资源直接兼容,无须转换
8	支持重复录/播学习	可重复录音及播放某一句子而不影响前/后一句的句子

续表

序号	功能	描述
9	自动化操作	自动同步整合语音、影像和文化练习,并可加入无限个书签及位置编辑
10	影音/文字同步结合	可实时把字幕或文字信息与影音或书签同步整合
11	实现与校园网互联	可接入校园网或将多个语音室互联,以共享网络资源
12	操作软件国际化	多语种操作界面,适应不同需要,满足世界范围的语言学习
13	外挂程序	可作为多媒体学习系统功能模块,扩展多媒体教室的功能

(三)多媒体语音教室的教学应用

多媒体语音教室是一个多功能的语音教学系统,具有特殊的教学作用。系统结构能实现教师对学员机的多功能的操作,可实现多路语音信号的实时传送,使教师和学生之间、学生和学生之间任意交换信息,构成多种信息通道并存的多媒体语音系统。系统兼具同步通信和异步通信的可能性。学生既可以同步与教师交流,也可以按个人需要选择不同时间进行交流。

多媒体语音教室的教学功能一般都包括三大部分:课堂教学功能、自主学习功能和考试功能。在软件上,每个产品都会有配套的教学工具软件,如语音字幕编辑器、考题编辑器、考题分析器、语音变速播放器等。

下面列举多媒体语音教室教学上的一些常见功能(见表2-5-3),每个学校可结合本校的实际状况和需求,有针对性地建设本校的多媒体语音教室。

表2-5-3 多媒体语音教室的基本功能

课堂教学功能
全立体声数字音视频节目播放
全班通话、组通话、个别通话、多人通话
学生示范及软件自动监听
任意编组,可同时广播多路节目
即时测试,授课过程中的单题考试,可以迅速检验教学效果
学生呼叫响应

续表

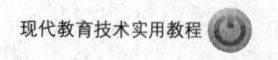

自主学习功能
教学资源库浏览点播,播放过程中可暂停、快进、快倒和设定标签 可视化点播,即语音字幕同步显示,附带一些教学资料库 学生录音数据统一保存在教师机硬盘上,实现超长时间录音,并可跟读对比
考试功能
考试文本可前后翻动,学生答题也能回退修改,真正实现自由考试 邻座学生考 A、B 两套不同试卷,有效防止抄袭行为 考试过程中教师能随时播放听力磁带和音频文件,轻松模拟四、六级考试 支持答案多项选择,满足各种题型需要 考试结果可自动分析,即时发布成绩,学生无须再等待 口语考试,答卷集中管理,有效提高阅卷速度

三、微格教学

微格教学,英文为 Microteaching,又被译为微格教学、微观教学或小型教学等。微格教室是 20 世纪 60 年代起源于美国斯坦福大学、最早用于师范类学校毕业生实习和试讲的一种教学模式。即在试讲的教室内通过摄像机进行摄像,在课后根据录像带资料与试讲人一起分析、学习试讲内容,纠正其错误和不良习惯,以提高试讲人的授课水平和心理素质。1986 年,我国在上海、北京等师范院校也陆续开设了微格教学,通过对师范生教学行为的记录和分析,训练师范生的教学技能。现在,微格教学已成为培训教师综合素质的一种教学手段,广泛应用于师范院校和中小学。

微格教学一般需要在微格教室中进行。现在的微格教室已经发展成为中小学和其他培训机构教学质量检测的一种先进手段。它可以给校长及主管教学工作的领导提供教学全过程的可信资料,尤其对培养年轻教师有双向促进作用。另外,也可以应用到制作教学录像带中,通过将优秀教师课程实时全程录下来,编辑成为以后教学的样带,为学校的教学节目积累更多素材。

(一)微格教学程序

微格教学系统主要用于技能训练、示范教学、观摩教学和教学实况转播与录像等方面。微格教学系统的应用需要按一定的技能训练程序进行,经过多年的研究和实践已基本形成一定的程序模式,一般包括以下几个步骤:(1)确定训练目标;(2)设计技能训练方案(或教案);(3)观摩

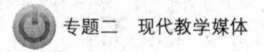

技能示范;(4) 模拟技能实践(或教学实践);(5) 反馈评价;(6) 修改教案。微格教学的基本程序如图 2-5-11 所示。

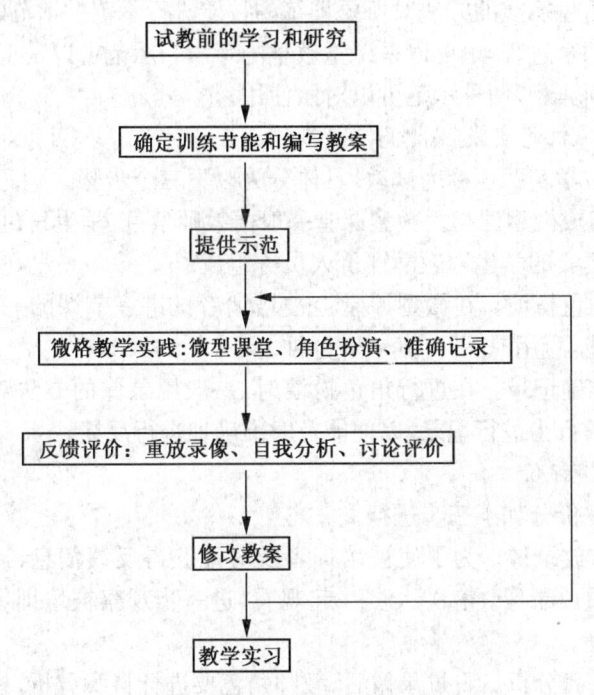

```
试教前的学习和研究
        ↓
确定训练节能和编写教案
        ↓
    提供示范
        ↓
微格教学实践:微型课堂、角色扮演、准确记录 ←┐
        ↓                                    │
反馈评价:重放录像、自我分析、讨论评价         │
        ↓                                    │
    修改教案 ─────────────────────────────────┘
        ↓
    教学实习
```

图 2-5-11 微格教学的基本程序

1. 确定训练目标,进行试教前的学习和研究

微格教学是在现代教育理论指导下的实践活动。因此,在进行微格教学的试教前进行教育理论的学习和研究是非常必要的。学习的内容主要有:教学设计、教学目标分类、教材分析、教学技能分类、课堂教学观察方法、教学评价和学习者的特点等。

2. 分析技能特点,确定训练技能和编写教案

微格教学是把课堂教学分为不同的单项教学技能分别进行训练,每次只集中培训两三个技能,以便容易掌握。如英国的特洛特(A. J. Trott)提出六种教学技能,即变化、导入、强化、提问、例证、说明等。当培训技能确定后,被培训者就要选择恰当的培训内容,根据所设定的教学目标和技能进行教学设计,并编写出较为详细的教案。微格教学的教案具有不同与一般教案的特点,它要详细说明教师的教学行为(即所应用的技能)和学生的学习行为(包括预想的反应)。

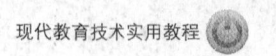

3. 观摩技能示范

在正式训练前,为了使被培训者明确训练的目标和要求,通常利用录像或实际角色扮演的方法对所要训练的技能进行示范。示范的内容可以是一节课的全过程,也可以是课堂教学的片段。示范可以是正面典型,也可以是反面典型,两种示范可以对照使用。

4. 模拟机能实践(或教学实践)

微格教学实践也称为试教,具体分为以下三个步骤。

(1) 组成微型课堂。微型课堂一般由教师角色、学生角色(被培训者的同学或真实的学生)、教学评价人员等组成。

(2) 角色扮演。在微型课堂上被培训者试讲一节课的一部分,练习两三种技能,所用时间为 15～20 分钟。

(3) 准确记录。在进行角色扮演时,一般用录像的方法对教师的行为和学生的行为进行记录,以便能及时准确地进行反馈。

5. 反馈评价

反馈评价分如下三步进行。

(1) 重放录像。为了使被培训者及时地获得反馈信息,当角色扮演完成后要重放录像。有关人员一起观看,进一步观察被培训者达到培训目标的程度。

(2) 自我分析。看过录像后,教师角色要进行自我分析,检查试教过程是否达到了自己所设定的目标,所培训的教学技能是否掌握。

(3) 讨论评价。作为学生角色、评价人员要从各自的立场来评价试教过程,讨论所存在的问题,指出努力的方向。评价的方法主要有三种:① 漫谈讨论评价;② 制作评价表量化评价;③ 把角色行为范畴化,然后输入计算机进行评价。

6. 修改教案

被培训者根据自我分析和讨论评价中所指出的问题修改教案,准备进行微格教学的再循环,或进入教学实习阶段。

(二) 微格教学的评价实施

微格教学在技能评价时,以小组为单位,重放角色扮演的录像,采取学员自评、互评和指导老师点评相结合的方法进行评价,最后参与评价者填写技能评价单,使评价趋于量化。指导老师根据量化成绩对培训对象做出是否合格的判断。

在评价过程中,指导教师应注意提高学员的评价意识,让他们学会对

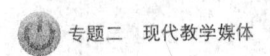

教学技能的观察与鉴赏,还可通过技能评价过程提高学员的评价水平。

1. 分等评价法

首先准备好小组角色扮演的录像资料和各项技能的评价记录。在播放某一段微格教学的录像资料前,可以先请执教者向小组全体成员介绍自己设计这一教学片断的意图,包括教学目标、教学技能、教学方法等,然后一起观看录像。小组观摩完毕后进入讨论评议阶段。执教者本人可以做观看后的自我评议,评述自己设想的教学目标哪些达到了、哪些没有达到。小组评议可以根据每一项课堂教学技能的评价量表来对照分析讨论。要启发和鼓励每位学员积极参加小组评议,让学员懂得课堂教学技能评价能力的提高对于提高课堂教学质量的重要意义。通过讨论,大家一起定性地评述运用某项教学技能的情况,肯定优点,提出改进意见。在定性评价的同时,也可以采用定量评价的方式。在观摩微格教学片段时,每位小组成员都是评价员。学员可以利用事先设计好的各种微格教学技能评价记录量表,在每一评价项目旁边的对应等级处画上"√"。然后,利用教学评价统计软件,将每份评价单的测量值逐一录入计算机,经过计算机运算处理后形成分数值。这种分等评价法运用了定性和定量相结合的方式,比较客观。最后,由指导者根据小组评议情况和定量结果进行小结,书写评语。

在采用分等评价法时,应注意以下几点。

(1) 每位学员在微格教学实习前要了解每项技能的要点。

(2) 每位学员在观摩微格教学片段前要阅读有关技能指标体系中的各项评价内容。

(3) 在观摩评价过程中,对微格教学片断中没有涉及的项目以评中间等级为宜。

(4) 不必将各项的等级相加,因为它们没有相加性。必须强调的是微格教学的评价目的不是看最后得分多少,而是看学员在整个微格教学实施过程中对运用课堂教学技能的理解和掌握程度。

2. 统计评价的方法

评价统计是在评价记录完成后,由统计员完成以下步骤:① 由统计员制定好统计用的表格;② 参与者填写统计表格;③ 进行统计运算。这种方法也能在一定程度上反映出试讲者运用技能的情况。

3. 统计程序设计

使用人工计算微格教学的评价统计比较繁琐,有条件的地方可以借

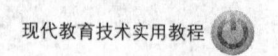

助于计算机强大的数据处理予以实现,或者根据上述原理使用数据库程序或其他计算机语言编制微格教学评价统计软件等。

(三) 微格教室的分类与组成

1. 微格教室的分类

由于需求和应用上的差异,微格教室也多种多样。根据使用情况的不同,微格教室可以分为不同的类型。

从训练的规模来看,微格教室可分为标准型和集中控制下的分布式训练型。标准型微格教室一般由模拟教室(微型教室)、观摩研讨室、控制室、准备室和声锁间五部分组成,分布微格教室一般由示范观摩室、控制室和多间模拟教室(微型教室)组成,其结构布局如图 2-5-12 所示。

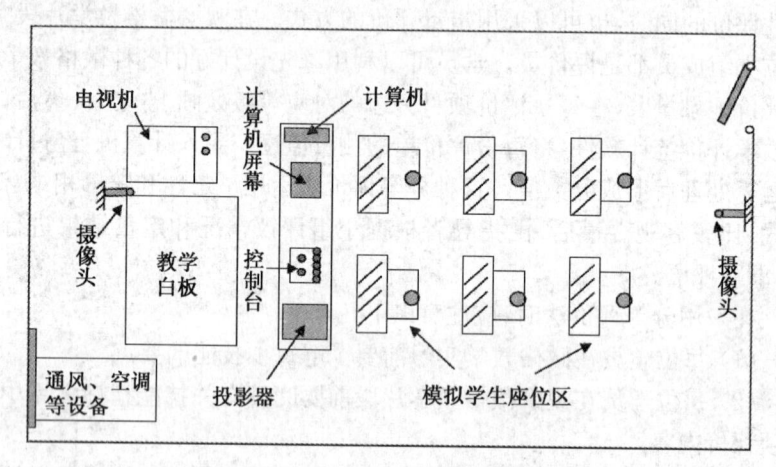

图 2-5-12　集中控制下分布式训练微格教室结构布局示意图

从技术模式来看,微格教室可分为视听型和多媒体型。视听型微格教室一般由摄像机、录像机、视音频切换器、混音器、监视器、云台控制器和话筒等多种视听设备构成,并通过视听技术手段实现教学实况录像、播放、转播、监控和示范教学等功能。多媒体型微格教室是在视听技术基础上引进多媒体技术和通信控制技术,通过多媒体计算机事先对各功能室的录像、播放、转播和监控,以及对各功能摄像机云台的控制。图 2-5-13 为数字化微格教室实体示意图。

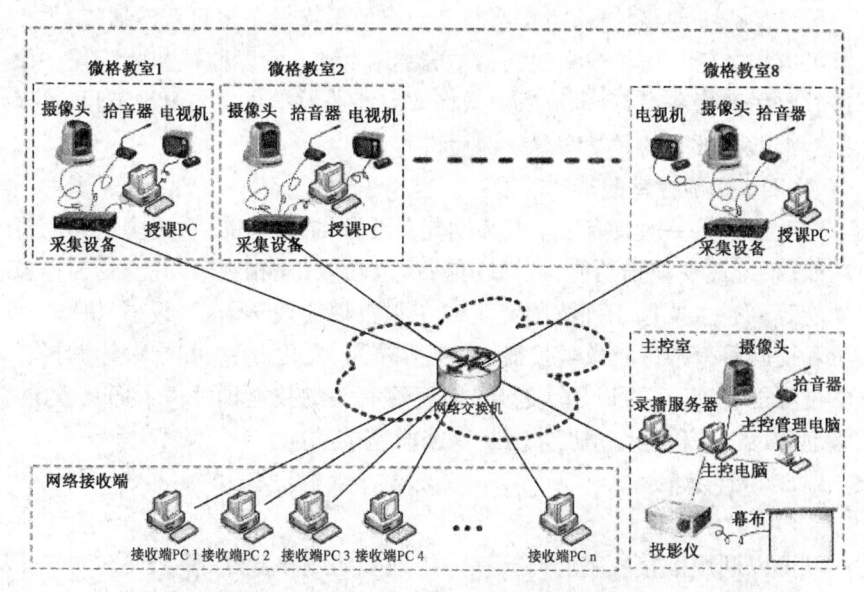

图 2-5-13　数字化微格教室实体示意

从训练的内容来看,微格教室可分为教学技能训练型、实验技能(主要是理工科实验)训练型、运动技能训练型和音乐技能训练型等。

2. 基本组成

理想的微格教学系统是一个集微格教学、多媒体编辑、影视音像制作、多媒体存储、视频点播、数字化现场直播为一体的数字化网络系统。不同类型的微格教室,其系统结构有所不同,但微型教室(模拟教室)和主控室(控制室)是其最核心组成,这里进行详细介绍。

(1) 微型教室(模拟教室)

微型教室(模拟教室)是一间专门化的教室。微格教室中的设备一般包括分控机、摄像头及其他教学设备。在微格教室中可以呼叫主控室,并与主控室对讲。微格教室中可以控制本室的摄像系统,录制本室的声音和图像,以便对讲课情况进行分析和评估。分控机可以遥控主控室内的录像机、VCD 机等其他影像输出设备,并能控制自己所选设备的播放、停止、暂停、快进、快退等。在模拟教室内还可以安置一套录放像机以及大屏幕电视机,用来重放已记录的教学过程录像,供听众分析评价。

(2) 主控室(控制室)

主控室内一般配有视音频遥控系统、视音频切换机、监视器等。借助

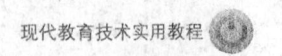

主控室的先进网络结构,主控室与各间模拟教室设备均可双向遥控,主控室可以控制任一微格教室中的摄像云台和镜头,可以监视和监听任一微格教室的图像和声音,也可以对微格教室播放教学录像与电视节目,可以把某个微格教室的教学实况供课后讲评。

(四) 微格教室的基本功能

微格教室一般具有以下几大功能：摄像、录像功能；系统多媒体监视功能；系统巡视扫描功能；评课功能、示范功能；互相观摩功能；受控播放功能等。它主要用于训练师范生或在职教师的教学语言、板书、讲解、演示和提问等教师课堂教学技能,也包括导入、强化、组织和结束等调控教学过程的技能,还可以用于音乐、体育等有关的技能训练。下面从教学、管理和反馈评价三个角度来分析微格教室的功能。

1. 教学功能

（1）教学模拟

可以利用微格教室同时开展一组或多组微格教学活动,同时对一个或多个教师进行模拟教学（或其他技能）训练。要训练的课堂教学基本技能包括：导入教学技能、应变教学技能、讲解教学技能、板书教学技能、媒体演示操作教学技能、提问教学技能、反馈强化教学技能、归纳总结教学技能、课堂组织教学技能等。微格教室都应该具备这些技能的功能。

（2）示范观摩

利用示范观摩室（也可兼做模拟教室使用）可以让全体学员（师范生或被培训的教师）集中观摩指导教师的教学示范。往往在学员模拟教学之前,指导教师通过示范观摩室进行示范讲解,分析典型课例,组织学员观看优秀教师课堂教学录像,给受训学员或教师提供示范,以便仿效。

2. 管理功能

（1）实况录像与播放

微格教室具有实况录像与播放功能,在主控室可以对各个模拟教室进行教学实况录像,并重播录像节目供各模拟教师观看,各教室可以播放同一节目内容,也可以根据需要,不同教室播放不同节目内容。

（2）教学转播

微格教室具有转播功能,在中心控制室可以转播任一模拟教学现场供其他模拟教室或示范观摩室的师生观看。

（3）监视

微格教室具有全方位的监视功能,在控制室的监视器中,可监视各模拟教室的教学活动实况。

（4）控制

在控制室中，利用云台控制器可以控制各模拟教室的摄像头上下、左右移动和摄像头的调焦、变焦及光圈大小；利用矩阵切换器和录像播放系统，可以实现各路视频、音频信号的切换、转播和录像等功能。所有的控制器操作均在控制台上完成。

（5）对讲

在控制室，教师可以与任一模拟教室进行双向对讲，以便在学生遇到问题时，教师能提供及时指导。

3. 反馈评价功能

（1）反馈

在微格教室中，指导教师借助摄像监控系统可以实时掌握每一组学员的训练情况，学员在模拟教学训练后，通过及时重播录像，也可了解自己训练的情况。

（2）评价

在微格教学训练过程中，具有多种形成性评价方式：可以是"教师"角色扮演者通过重播自己训练的录像，肯定成绩，分析问题，进行自我纠正和评价；也可以是同组训练的"学员"角色扮演者通过听课、一起观看重播录像，对"教师"角色扮演者的模拟教学情况进行全面的分析、评价、并提出改进意见。这些评价方式，对于帮助"教师"角色扮演者提高教学技能是及时有效的。

（五）微格教室的管理与维护

微格教室的管理虽然与多媒体教室类似，但也有一些特殊的要求，如：

（1）要保持微格教室的通风防潮，以避免重要设备的氧化；

（2）要经常为摄像头除尘，以保证拍摄的清晰度；

（3）微格教室硬件设备昂贵，需要规范和专业的管理；

（4）要定期检查软件系统，保证微格教学系统的正常运行；

（5）做好教学录像、音像资料的编目、整理和备份工作。

微格教室的系统管理及录像资料管理最好由专人负责。系统管理人员需要负责微格教室的调配、管理和培训工作，并协助搞好试教工作和教学资料的播放工作。录像资料管理人员则需要做好音像资料的收集、编目、整理和师生的借阅工作。

拓展学习

移动微格教学系统的实现

传统的微格教学常在固定的微格教室中进行,对于那些需要特定设备、特定器材、特定条件的专业或课程无法使用微格教学系统,如化学教学常需进行实验,实验室的布局和微格教室不同,各种仪器设备无法搬到微格教室,更重要的是微格教室的排气系统不利于化学教学。那么在这种情况下,化学教学就无法利用现有的微格教学系统。但随着 3G 及其 Wi-Fi 等无线互联技术的日新月异,移动微格教学已经成为一种可能。

1. 3G 无线视频传输系统

3G 视频传输实现视频完全数字化、网络化,使用户随时随地都能通过网络进行远程监控和集中管理,彻底解决了地域的限制,特别适合于分布式监控、集中管理等应用领域。系统对网络传输进行全面优化,以适应满足不同带宽需求;支持专有动态域名解析和通用动态域名解析,使用方便简捷,大大拓宽产品的适用领域,3G 视频监控系统也广泛应用于教育行业。

2. Wi-Fi 无线视频传输系统

IEEE802.11 标准定义物理层和媒体访问控制(MAC)规范,其物理层定义数据传输的信号特征和调制,工作在 2.4~2.483 5 GHz 频段。IEEE802.11 是 IEEE 最初制定的一个无线局域网标准,主要用于难以布线的环境或移动环境中计算机无线接入,由于传输速率最高只能达到 2 Mbps,所以业务主要被用于数据的存取。此系列主要包括 IEEE802.11a/b/g/n 无线局域网标准,其中目前使用较多的是 IEEE802.11b 标准,即 Wi-Fi。此标准规定无线局域网工作频段在 2.4~2.483 5 GHz,传输速率达到 11 Mbps,是对 IEEE802.11 的一个补充。真正适合高带宽视频传输,是目前应用最为广泛的无线传输技术。据了解,Wi-Fi 的信号半径可达 100 米左右,在办公室甚至整个大楼都可以使用,且传输速度也非常快。随着 Wi-Fi 的大量普及应用,802.11n 在今后几年会逐步成为主流。802.11n 目前是最高的无线带宽标准,单个 802.11n 基站可以实现无线带宽 300 Mbps、有效带宽超过 200 Mbps 传输,可实现 200 路 D1/1 Mbps 图像的传输,优于市面上最常见的百兆光纤传输。

对于上面提到的化学试验教学如果采用 Wi-Fi 方案,只需要在化学实验室前后两端各架设一部无线 H.624 的 Wi-Fi IP 网络摄像机,然后就近找一个校园网 RJ45 接口,把无线 AP 连上此接口,那么化学实验室的视音频就可以通过网络摄像机采集后,通过 AP 连入校园网,从而最终接入到已有的微格教学系统,轻松实现化学实验课的微格教学。

随着教育信息化的发展,微格教学将继续成为教师教学技能训练的一种有效方法,微格教学系统将呈现网络数字化、高清化、移动化的发展趋势。

推荐阅读:

1. 微格教室模拟方案。http://www.gonglan.com/fangan/weige/weige.htm

2. 微格教学实验室。http://jkxy.shnu.edu.cn/bkjxzx/jkxy-2/wgjxsyzx

3. 优秀电子白板课例。http://www.youku.com/playlist_show/id_4462888.html

4. IT.COM.CN。http://www.it.com.cn/.

活动实践

任务一:实验 多媒体教室的使用

一、实验目的

1. 掌握液晶投影仪的使用方法;
2. 掌握视频展示台的使用方法;
3. 了解多媒体教学系统的基本构成及其功能;
4. 了解多媒体计算机组合教学系统设备的基本配置和连接方法;
5. 学会多媒体教学系统的简单维护。

二、实验要求

1. 完成多媒体投影仪与计算机、视频展示台、VCD 等设备之间的连接;

2. 正确操作视频展示台,完成开机、关机、调焦、信号切换以及调整画面大小、颜色、灯光、显示模式等基本操作;将透明胶片、负片以及书本等材料正常投影出来;

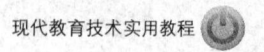

3. 正确操作投影仪,完成开机、关机、调焦、选择信号源、调整画面大小与显示模式等基本操作;

4. 会使用控制面板,将电脑、影碟机及视频展示台三路信号切换,分别投影到屏幕上。

三、实验内容

1. 认识多媒体投影仪上镜头、主电源开关、按钮（Power 按钮、Lens Shift 旋钮、Menu 按钮等）,了解它们各自可实现哪些控制功能;认识各种输入/输出控制接口,掌握连接方法。

◆ 多媒体投影机的使用步骤

（1）将多媒体计算机或视频展示台音视频输出端与多媒体投影机的音视频输入端连接。

（2）打开多媒体投影机的镜头盖,放下银幕。

（3）将电源线连接 220 V 交流电源。此时,多媒体投影机上的红色指示灯长亮。

（4）打开多媒体投影机的电源开关。开机时,绿灯闪烁说明仍处于启动状态,绿灯不再闪烁时,方可进行下一步操作。

（5）进行投影内容展示。

（6）使用过程中,若使用了菜单中的某些功能后,画面效果不如先前,可以找到菜单中的"出厂设置",按"确定"键恢复出厂设置。

（7）使用完毕,按下电源开关,多媒体投影机会提示是否确认关机,再按一下电源开关即可关闭多媒体投影机。关机时,待多媒体投影机的风扇不再转动、闪烁的绿灯变为橙色后,方可切断电源。

（8）正常关机后,如仍需再次启动,最好等投影机冷却 2—5 分钟后再进行。若在使用过程中,出现意外断电等导致投影机关闭的情况,但仍需启动投影机时,最好等投影机冷却 5—10 分钟再进行。

2. 对照说明书,熟悉视频展示台上电源开关、侧灯、底灯开关,控制面板按钮（如手动调焦、自动调焦、放大/缩小按钮、信号切换按钮、彩色/黑白调节按钮、正负像调节按钮等）,了解它们各自可实现哪些功能;熟悉各种输入/输出接口,掌握连接的方法。

◆ 视频展示台的使用

（1）视频展示台与多媒体设备的连接

① 视频展示台与多媒体投影机、电视机的连接

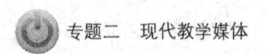

用音视频线连接视频展示台的音视频输出端口（AUDIO OUT/VIDEO OUT）与多媒体投影机、电视机的音视频输入端口（AUDIO IN/VIDEO IN）。在视频展示台有分离视频信号输出口（S-VIDEO OUT），且多媒体投影机有分离视频信号输入口（S-VIDEO IN）时，用多芯电缆将它们连接起来可以获得更好的效果。

② 视频展示台与录像机等记录设备的连接

用音视频线连接视频展示台的音视频输出端口（AUDIO OUT/VIDEO OUT）与录像机等记录设备的音视频输入端口（AUDIO IN/VIDEO IN）。

③ 视频展示台与多媒体计算机的连接

如多媒体计算机有视频采集卡，用视频线连接视频展示台的视频输出端口（VIDEO OUT）与多媒体计算机的视频输入端口（VIDEO IN）。

（2）视频展示台的使用步骤

① 将视频展示台音视频输出端与多媒体投影机的音视频输入端连接。

② 打开视频展示台的顶盖及微型摄像机的镜头盖。

③ 将电源线连接 220 V 交流电源，打开视频展示台的电源开关。

④ 展示一般非透明材料时，打开台灯开关。

⑤ 展示透明材料（幻灯片或投影片）时，打开底灯开关。

⑥ 展示材料放在展示台上，旋转变焦环，在银幕上选择投影的尺寸。

⑦ 调整聚焦环，使影像最清晰。

⑧ 使用后，须按照与开机相反的顺序关闭视频展示台。

3. 将多媒体投影仪与视频展示台、计算机、VCD 等设备连接好。

4. 开启总电源，开启多媒体投影仪，将光学投影区调整到适当大小并聚焦，调节镜头使图像清晰，调节撑架和 lens Shift，将投影区调整到相应高度。

5. 开启计算机，将投影仪输入信号选择为 RGB 输入端，在计算机上进行相关操作演示。

6. 开启视频展示台，将投影仪输入信号选择为视频输入端，将视频展示台输出信号选择为 CCD，在视频展示台上调节自动（或手动）对焦按钮，使用图像清晰，调节放大/缩小按钮，将展示对象的图像调整到适当的大小，对透明胶片、实物及彩色图文资料的展示进行操作，展示物体的细微结构,或者直接在白纸上书写并投影。

7. 开启 VCD,将投影仪输入信号选择为视频输入端,将视频展示台输出信号选择为 AV1 端,播放教学录像带或光盘等视音频材料。

8. 训练完毕,先用遥控器关闭投影仪灯泡(或按投影仪上 Power 开关按钮),再关闭计算机等其他设备,5 分钟后关投影仪主电源,关闭总电源。

四、注意事项

◆ 使用多媒体投影仪注意事项

(1) 接上电源,打开开关,启动多媒体投影仪,此时出风口应该有风送出,否则不能使用。

(2) 不要用手或不干净的布去擦拭放映镜头。

(3) 不要让障碍物挡住出风口,否则容易烧毁灯泡。

(4) 放映完毕后注意关机顺序:先停止放映,关闭灯泡电源,5 分钟后关闭电源总开关。

◆ 使用视频展示台注意事项

(1) 不要用手或不干净的布去擦拭视频展示台的摄像机镜头。

(2) 在实物载板面上不要放置重物,不要直接在实物载板面上书写文字、画图,更不可让有棱角的物品在实物载板面上拖动,以免损坏实物载板。

五、实验结果

(1) 完成实验报告。实验目标、实验器材、实验内容、实验步骤、实验结论和分析。实验报告的格式在网络中下载。

(2) 就实验内容在本班交流。思考:通过视频展示台和投影仪放映一幅满意的图像需要做哪些方面的调整。

注:Lens Shift 旋钮可以实现不动机身,而直接调节镜头上下的位置。

知识卡片 2-5-2　多媒体教室的常见问题

表 2-5-4 列举了多媒体教室的一些常见故障及可能的原因,管理员除认真学习各设备的使用说明书外,还要注意积累经验,培养快速找出故障的能力。

表 2-5-4 多媒体教室常见故障及其排除方法

现象		原因	排除方法
投影机	投影机不工作	断电或电源接触不良	重新接通电源后再开机
		投影机散热不良	清洗空气过滤器
		投影灯泡坏了	更换灯泡
	屏幕不显示图像	投影机盖头盖未取下	取下投影机镜头盖
		投影机不支持计算机显示	重新设置计算机显示模式,减低分辨率
		笔记本电脑 VGA 信号没有输出	调整笔记本电脑的 VGA 输出功能
视频展台	屏幕不显示图像	视频展台的镜头未取下	取下视频展台的镜头盖
		中控器切换不正确	按正确步骤操作中控器
	显示图像严重失真	视频展台未调整好或灯光不足	调整视频展台,开启灯光
录像机、DVD等	无法录制视频	摄像头没有工作;视频连接线故障或松动,相应软件没有成功开启	先检查软件运行情况,再检查摄像头和相关连接
	工作正常但无画面	中控器切换不正确	按正确步骤操作中控器
	录制的噪音太大	麦克风音量太大;话筒离音箱太近	降低音量;远离音箱
	无声音	功放输入通道不正确	检查功放的输入选择开关

任务二:实验 交互式电子白板系统的使用
一、实验目的及要求

1. 了解交互式电子白板系统组成及设备的连接,如图 2-5-14 所示;

2. 掌握交互式电子白板系统的基本操作方法,体会其功能;

3. 掌握交互式电子白板主要功能的使用(主要功能包括:书写;批注;交互;触摸;手势识别)。

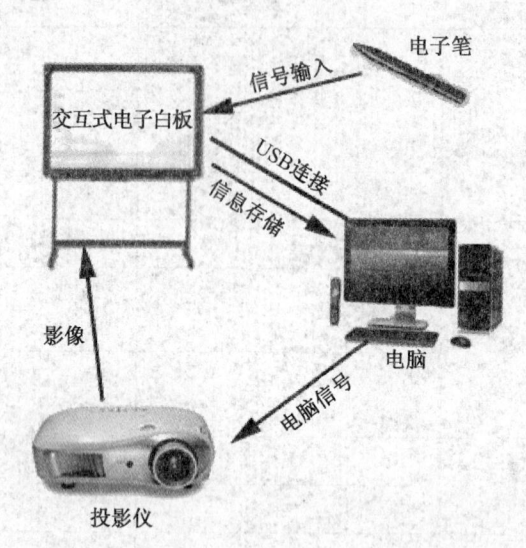

图 2-5-14 交互式电子白板系统的设备连接图

二、实验任务

1. 交互式电子白板的基本操作

(1) 启动白板应用程序
- 系统参数设置
- 校验设备

(2) 熟悉 HiteBoard 工具栏

图 2-5-15 HiteBoard 软件工具栏

2. 用书写笔或者手指尝试在交互式电子白板上直接进行书写、绘图等操作：新建黑板页、白板页、蓝板页、教学页等页面，尝试在不同的页面上书写、翻页并比较其差别。

3. 新建一个空白页，尝试插入一张图片，拖曳到不同的位置，改变大小，为图片注明图片名称。

4. 在交互式电子白板前，切换到"桌面工具栏状态"，打开一个 Power-

Point 教学课件并播放,尝试对播放的 PowerPoint 课件进行翻页和批注。

任务三:微格教室的设计

时间:40 分钟
目标:能够根据学校实际情况设计微格教室的拓扑图及设备配置方案 　　　能够科学地管理和维护微格教室,并排除使用中的常见故障

活动:设计微格教室的拓扑图及设备配 　　　置方案 　　　起草微格教室的管理条例	主要学习作品: 　　　微格教室的拓扑图 　　　微格教室的设备配置方案 　　　微格教室的管理条例

活动一:设计微格教室的拓扑结构图

首先,让小组成员(最好是来自同一学校的老师)一起讨论学校未来对微格教学的需求;然后一起设计微格教室的拓扑结构图;最后以小组为单位汇报各自设计的微格教室的拓扑结构图,全班交流。

活动二:设计微格教室的设备配置方案。

在自主阅读本教材的过程中,为了提高学习的效果,您可以开展如下学习活动(可选)。

通过网络调查微格教室的解决方案和报价,根据自己学校的实际情况设计一份微格教室设备配置方案,并搜索相关设备的最新信息。

以前面设计的微格教室拓扑图为基准,设计微格教室的设备配置方案并说明用途,如表 2-5-5 所示。

表 2-5-5　微格教室配置方案

产品名称	配置	单价	数量	小计	用途
主控电脑					
视频采集卡					
解码器					
摄像机					
镜头					
云台					

续表

产品名称	配置	单价	数量	小计	用途
监听头					
无线麦克					
音视频切换矩阵					
录像机					
线缆					

知识结构

现代教学媒体
- 现代教学媒体概述
  - 现代教学媒体的概念
  - 现代教学媒体的分类
  - 现代教学媒体的特性
  - 现代教学媒体的选择
- 音频设备
  - 话筒、扬声器
  - 功放
  - 数码录音笔
- 数码照相机
  - 数码照相机的原理与基本结构
  - 数码照相机的一般使用方法
- 数码摄像机
  - 数码摄像机的原理与种类
  - 数码摄像机的基本操作
- 综合多媒体教学系统
  - 多媒体教室
  - 语言实验室
  - 数字化微格教室

专题三　数字化教学资源的获取与处理

学习目标

1. 了解数字化教学资源的分类和标准。
2. 了解数字化教学资源常用文件格式。
3. 掌握数字化教学资源的获取途径。
4. 掌握数字化教学资源的加工和处理的方法。
5. 学习将数字化教学资源与学科课程教学进行有效整合。

专题引言

数字化教学资源建设是教育信息化的一个重要环节,是推进学校教育教学改革、构建新型教学模式的首要前提。获取、处理并有效利用数字化教学资源开展日常的教育教学工作是每一位教育工作者应具备的基本能力,更是每一位教师信息素养的外在体现,其最终目的是优化教育教学,促进教师和学生的共同发展。本专题系统介绍了文本、图片、声音、视频、动画等数字化教学素材的采集与处理的过程,并通过若干实例对数字化教学素材的采集与处理的方法加以说明,旨在培养学生开发和加工处理数字化教学资源的能力。

第一讲　数字化教学资源概述

基础知识

一、数字化教学资源分类

（一）教学资源的分类

教学资源通常有两种分类方法：

1. 按教学资源所涉及的人、物关系来分：教学资源可以分为人力资源及非人力资源。人力资源是一种非常重要的学习资源,它不仅可以使学习者在认知能力上获得帮助和指导,还可以通过与人交往使学习者的组织能力与合作能力也得到培养和锻炼。人力资源一方面包括教学过程中所涉及的教师、学生、协作小组、教辅人员以及教学管理人员,另一方面还包括通过计算机网络向学习者提供帮助的远方的学者、专家及同仁。非人力资源主要包括教学的材料和教学的环境两个部分。教学的材料包括可利用的各种教育信息资源以及教育教学软件;教学的环境则包括了硬环境及软环境两个部分。其中硬环境包括教育资源的环境和教学传递的环境;软环境包括宏观的教学模式所创造的教学环境依据。

2. 按照参与教学的表现形式来分:教学资源可以分为硬件资源和软件资源。硬件资源是指在教学过程中所需的设施、设备、场所等的物质设备。软件资源是指教学过程中涉及的各类媒体化的材料、支持教学活动的工具软件等。各类媒体化的材料主要是指计算机辅助教学软件、教学投影片、电子讲稿等与教学内容有关的程序,还可以进一步将媒体化教学材料分为与教学高度关联的软件资源和与教学一般关联的软件资源。高度关联的软件资源是根据具体教学内容而设计的教学资源,通常带有明确的教学目标,而与教学一般关联的软件资源并没有明确的教学目标,它们与教学只有间接关系,可能包含了课程之外的大量内容。

(二) 数字化教学资源

数字化是指通过计算机信息处理技术把光、电、声和磁等模拟信号转换成数字信号,或者把文字、图像、音频、视频等信息转变为数字编码,用于数字形式下的传输与处理过程。与模拟信号等非数字信号相比,数字信号(信息)具有容量大、传输速度快、不失真、抗干扰能力强、保密性好、便于计算机操作和处理等优点。

数字化教学资源是指经过数字化处理或者经过数字化加工和制作的、可以在计算机或计算机网络上运行的多媒体教学材料。其具有以下显著特点:

1. 处理技术数字化。数字化处理技术将声音、文本、图形、图像、动画、音频和视频等信号经过转换器抽样量化,使其由模拟信号转换成数字信号。数字信号的可靠性远比模拟信号高,对它进行纠错处理也容易实现。

2. 处理方式多媒体化。指利用多媒体计算机技术存储、传输、处理多种媒体形成的教学资源。与传统的纯文字或图片处理信息的方式相比，经多媒体计算机处理的教学资源更加丰富多彩。

3. 信息传输网络化。数字化教学资源可以通过网络实现远程传输，学习者可以在异地任何一台上网计算机上获取自己需要的信息。

4. 教学资源系列化。指数字化教学资源可由资源管理人员或教学人员对其进行系统分类管理，在教学过程中向不同的使用者提供所需的资源。

5. 资源建设可操作化。指教学资源允许学生和教师运用多种信息处理方式对其进行运用和再创造，师生还可将自己制作的资源（如电子作业）加入到数字化资源库中。

（三）数字化教学资源的来源、分类及作用

1. 数字化教学资源的来源

数字化教学资源的来源主要有四个途径：一是搜集互联网上的教学资源；二是利用已有的教学资源；三是师生创作的电子作品；四是由专业人员开发建设的教学资源。

（1）搜集互联网上的教学资源

随着网上信息的急剧膨胀，互联网已成为获取数字化教学资源的一个主要途径。通过在互联网上查询和搜索可以广泛收集网络上的数字化教学资源，如可到互联网上的一些专业性很强的网站上搜集专业文献和图片，丰富数字化教学资源库。

（2）利用已有的教学资源

目前，我国有大量的数字化教学资源服务中心（如电化教育馆、高校等）都积累了大量的电教资料，如教学录像片、音像资料等等。这些电化教学素材，由于受到学习场地和时间的限制，利用率不高，如果将这些素材资源经数字化处理后再添加到数字化教学资源库中，教师和学生通过网络就能随时调用这些数字化教学资源。

（3）师生创作的电子作品

电子作品是在数字化学习环境中产生的一种新型教学资源，主要来源于：一是学生在学习过程中制作的电子作品，教师可选择最优秀、最典型的学生电子作品，将其发布到网上供其他同学观摩学习、使用。二是教师根据教学需求开发的课件或作品。三是教师和学生在教学过程中的生成性文档或多媒体资料。

（4）由专业人员开发建设的资源

这是数字化教学资源的主要来源，其开发和建设一般由学科教师和

专业资源建设者共同完成，主要包括网络课程、课件、视音频资料、学科教学工具等。

2. 数字化教学资源的分类

按照不同的标准，数字化教学资源可以分为不同的类别。

（1）按信息的呈现方式划分。数字化教学资源可分为数字化文本、图形图像、动画、数字化音频、数字化视频等。

（2）按照来源划分。数字化教学资源可分为专门设计的资源和可利用的资源。专门设计的资源是指为某一教学目标而专门准备的数字化教学资源；可利用的资源，是指本来并非为某一教学目标而设计，但发现可用来为教学服务的数字化教学资源，特别是网上传输的多种多样的网上信息资源，主要包括：电子图书、电子期刊、网上数据库、百科全书、通信新闻组、虚拟软件库等。

3. 数字化教学资源的作用

在信息化教学系统中，数字化教学资源处于非常重要的地位，教师的教学离不开数字化教学资源，学生的学习同样也离不开数字化教学资源。

（1）数字化教学资源有利于提高教学和学习的效率

数字化教学资源在教育信息化和教育现代化发展的进程中发挥了重要的作用。数字化教学资源的多媒体特征改变了教学内容的呈现方式，使教学个性化、学习自主化、活动协作化、学习环境虚拟化得以实现，激发了学习者的学习兴趣。

（2）数字化教学资源有利于促进教师角色的转变

现有的网络技术、多媒体技术拓宽了学习者获取信息的渠道，浩如烟海的数字化教学资源给学习者提供了除传统教材外更为广泛的学习资料。学习者不一定要从教师传授中获取知识，教师不再是学生获取信息的唯一来源，教师的重要职责是掌握信息的线索，从而为学习者提供支持和帮助。教师的角色也从知识的传授向引导者、帮助者转变。

（3）数字化学习资源有利于改变学习者的学习方式

数字化教学资源扩展了人们相互交流和获取知识的渠道，同时转变了教育观念，改变了学习者的学习方式。多媒体网络技术为学习者提供了丰富多彩的信息，使学习者的自主学习、协作学习得以随时随地进行。学习者可以利用手机、PDA（掌上电脑）、Table PC 等便携式电子设备进行移动学习。数字化教学资源还满足了终生学习的需求，可以说终生学习是与数字化学习紧密相连的。

二、数字化教学资源相关标准

数字化教学资源建设是教育信息化的基础,是需要长期建设与维护的系统工程。由于数字化教学资源的复杂性和多样性,使得人们对它的理解各不相同,也就出现了大量不同层次、不同属性的教学资源,因而不易于管理与利用。为了更有效地建设好各级各类数字化教学资源库,促进各类数字化教学资源库系统之间的数据共享,提高教育资源检索的效率与准确度,保证资源建设的质量,制订数字化教学资源建设规范标准是十分必要的。下面介绍几个数字化教学资源的标准。

(一) CELTS 标准

我国从 2001 年开始启动了中国网络教育技术标准(CELTS)研究项目,在教育部科技司的领导下成立了中国教育信息化技术标准委员会(CELTSC:Chinese E-Learning Technology Standardization Committee,简称标委会)。该项目以国际国内网络教育的大发展与大竞争为背景,以促进和保护我国网络教育的发展为出发点,以实现资源共享、支持系统互操作、保障网络教育服务质量为目标,通过跟踪国际标准研究工作和引进相关国际标准,并根据我国教育的实际情况修订与创建各项标准,最终形成具有中国特色的网络教育技术标准体系(Chinese E-Learning Technology Standards,简称 CELTS)。

中国网络教育技术标准体系目前包含 27 项子标准,分为总标准、教学资源相关标准、学习者相关标准、教学环境相关标准、教育服务质量相关标准五大类。此外,还设立了 4 个跟踪研究项目。

(二) 教育资源建设技术规范(CELTS-31)

CELTS-31 是 CELTS 标准体系的子标准,目的是为资源的开发者提供一致的标准,以统一开发者的行为,达到资源基本属性结构的一致性,以实现资源在区域内的广泛共享,并为学习者或教育者等对教育资源的查找、评估、获取和使用能获得最大效率而提供支持。同时也为不同资源库系统实现数据的共享和互操作提供支持。

该规范所面向的资源主要包括以下几类:媒体素材、题库、试卷素材、课件与网络课件、案例、文献资料、常见问题解答、资源目录索引、网络课程等,基本结构如图 3-1-1 所示。

此结构分为严格遵守的必须数据元素、作为参考的可选数据元素和针对资源特色属性的扩展数据元素三大部分。

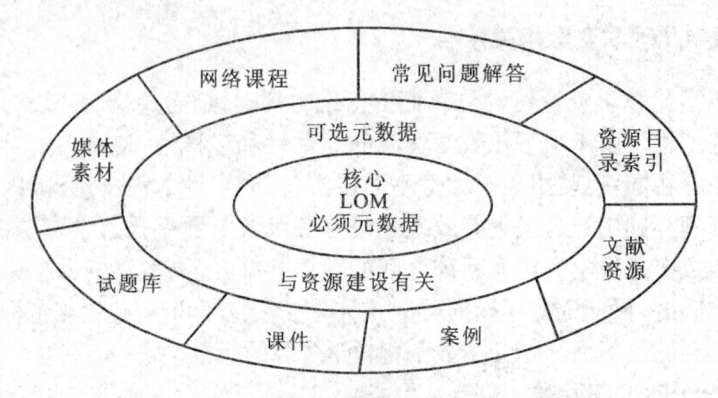

图 3-1-1 教育资源建设技术规范的基本结构

（三）我国现代远程教育资源建设技术规范

《国家远程教育工程资源建设技术规范》是一个较为宽泛的标准，主要侧重点在于统一资源开发者的开发行为、开发资源的制作要求、管理系统的功能要求，而不是规定软件系统的数据结构，主要从三个角度进行规定：一是资源的技术开发的角度，提出一些最低的技术要求；二是从使用用户的角度，为方便地使用这些素材，需要对素材标注哪些属性，并从可操作性的角度规范了属性的数据类型及编写类型，这一部分主要参考了IEEE(国际电气电子工程师协会)的 LOM 模型(网络教育资源数据模型)，从制作素材简便性，使用素材方便性的角度上选取了一些最为普通的元素，选取的属性基本上是 LOM 模型的一个小子集；三是从管理者的角度，提出了管理这些素材的管理系统以及远程教育工具的教学平台所应具备的一些基本功能。

教学资源建设可以有四个层次的含义：一是素材类教学资源建设，主要分四大类：题库、素材库、课件库和案例库；二是网络课程库建设；三是教育资源管理系统的开发；四是通用远程教学系统支持平台的开发。在这四个层次中，网络课程和素材类教学资源建设是重点和核心，第三和第四个层次是工具层次的建设，网络课程和素材类资源的具体内容千变万化，各具特色，对应的管理系统和教学系统必须适应这种形式的变化，充分利用它们的特色。

拓展学习

数字化教学资源的评价标准

1. 《E-learning certification Standards》(在线学习的认证标准)

《E-learning certification Standards》是由以 Lynette Gillis 博士为主创者的著名教学设计与适用专业委员会建立的认证标准,由美国南伊利诺斯大学的测量专家使用 Angoff 方法创建。这一标准从三个方面对在线学习进行了评价。分别为:可用性、技术性和教学性。可用性共包括 8 个子项,主要针对用户在网上学习时操作的方便性,如导航、界面、帮助、提示信息和素材内容在视觉和听觉方面的质量。技术性包括 6 个子项。这部分内容提出了网络课件安装和运行时的技术指标。教学性在这一标准中所占比重最大,它从教学设计的角度,对目标、内容、策略、媒体、评价等各个方面提出了 18 个子项。

2. 《A Framework for pedagogical Evaluation of Virtual Learning Environments》(虚拟学习环境的教育评价框架)

《A Framework for pedagogical Evaluation of Virtual Learning Environments》是由英国 Wales-Bangor 大学的 Sandy Britain 和 Oleg Liber 共同完成的。该报告从评价策略的角度介绍了两种不同的模型。

一种是 Laurillard 提出的会话模型(The Conversational Framework),主要把教师和学生、学生之间及学生与环境通过媒体进行交互的活动情况作为评价对象,从所提供的各种学习工具的交互性上考察一个虚拟环境的优劣。报告从线性的会话进程分析了 WebCT(一种创作网络课程的写作工具)和 Virtual-University(模拟校园的风格而构建的基于客户端/服务器的综合学习环境)各自的特性。又从会话原则的角度分析了 TopClass(一种根据学习材料的单元而构建的在线学习环境,可以方便地导入、导出课程,并对学生的学习情况进行跟踪记录)和 COSE(英国斯塔福德大学基于练习的建构主义教学理论而开发的学习环境)在通讯性能、灵活性能、交互性能和反馈性能四个方面的对比。

另一种是控制论模型,主要依据 Stafford Beer's 的管理控制论中的可视化系统模型而改造成教育领域中应用的模型。从资源流通、协作、监控、个性化、自主组织、结构的可变动性六个方面对 CoMentor(Huddersfield 大学以促进讨论和协作学习而开发的基于 Web 的网络软件)、Librarian(以层次化的树状模型提供了对学员、学习活动模块化的管理功能的一种网上工具)、Learning Landscapes(英国 Wales-Bangor 大学开发的 Java 应用程序,支持师生间的在线交互和商讨、创建、管理学习程序)进行了性能的分析。

3.《Quality On The Line》(在线学习质量)

由美国高等教育政策研究所和 BlackBoard 公司联合发布的基于互联网的远程学习评价标准。这一标准包括:体系结构、课程开发、教学/学习、课程结构、学生支持系统、教师支持系统、评价与评估系统这 7 个方面,又将这 7 个方面细化为 24 个必要的核心子指标项和 21 个非必要的可选子指标项,同时提供了采用这一标准对六所学院的网络课程进行评价的案例研究。

4. 网络教育服务质量框架研究

网络教学评价注重评价的过程性。强调利用及时反馈信息来指导、监控甚至补救网络教学与学习活动;对运用教育技术实施智能教学以及对利用探索、发现、竞争、协作、角色、扮演等一系列策略教学效果进行有效的评价;对学生在学习中的主动性、自控性、学习的效果进行评价;评价对象的广泛与网络教学支撑效果无缝结合;充分运用互联网技术缩短评价周期;模型因物而异。

活动实践

1. 查阅有关资料并思考:数字化教学资源与传统教学资源有何区别。

2. 阅读我国教育技术标准委员会(CELTSC)研究制定的一系列标准(即 CELTS 标准),讨论从技术上研究把 CELTS 标准应用于数字化教学资源建设、管理具有哪些重大而现实的意义。

3. 结合数字化教学资源的有关概念,列举在教学或学习中你接触到的数字化教学资源并填入表 3-1-1 中。

表 3-1-1　数字化教学资源

序号	资源名称	特点	获取的途径	应用情况

第二讲　数字化教学资源的获取与处理

基础知识

一、文本素材的获取与处理

（一）文本素材的常见格式

目前用来处理文本的软件非常多，不同的文本处理软件生成的文件格式也不尽相同。每一种文本处理软件通常都有自己的默认文件格式。Windows操作系统自带的文本处理软件"记事本"其默认的文本格式为".TXT"。Microsoft Office办公软件中的"Word"其默认文本格式为".DOC"，不过该软件还支持其他一些文本文件格式，如".TXT"、".RTF"等等。常见的文本文件格式如表3-2-1所示。

表3-2-1　文本文件常见格式

扩展名	编辑工具	特　点	用　途
TXT	记事本	也叫纯文本，是无格式的，即文件里没有任何有关字体、大小、颜色、位置等格式信息	快速地清除文本的格式
RTF	写字板	拥有字体、大小、颜色等部分格式	很好的文件格式转换工具
DOC	Word	拥有最丰富的格式	能满足各类编辑、排版的需求
WPS	WPS Office	金山公司开发的Office，能兼容Microsoft Office	同上
PDF	Adobe Acrobat	Adobe公司开发的一种电子文件格式，用于Internet上进行电子文档发行和数字化信息传播	数字化信息事实上的工业标准，广泛用于电子图书、产品说明、公司文告、电子期刊等

（二）文本素材的获取方式

与其他数字化教学素材相比，文本素材输入方便、容易处理。从操作层面来看，文本素材的采集主要有两类方式：自然输入和键盘编码输入。

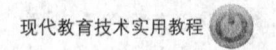

通过构建 OCR 文字识别系统和语音识别系统，可以实现文字的自然输入，这是文字输入的最理想和快捷的方式。但目前技术上还不够完善，还不能完全满足实际需要。而键盘编码输入则是根据文字的读音或文字的基本结构将文字编成与之对应的数字代码或字母代码输入计算机。

1. 键盘输入法

键盘输入法是利用键盘，按照一定的编码规则来输入汉字。这是最早采用的文本输入方法，也是现在计算机进行文字输入最普遍的方式。其中，英文字符可以直接从键盘输入，无需编码；汉字输入则必须对汉字编码，可以根据汉字的读音或基本形状用数字或英文字符编码。常见的有"微软拼音输入法"、"搜狗拼音输入法"、"五笔字型输入法"等。

2. 手写输入法

手写识别是指将在手写设备上书写时产生的有序轨迹信息化为汉字内码的过程，实际上是手写轨迹的坐标序列到汉字内码的一个映射过程，是人机交互最自然、最方便的手段之一。随着智能手机、掌上电脑等移动工具的普及，手写识别已进入规模化应用的时代。

手写识别能够使用户按照最自然、最方便的输入方式进行文字输入，易学易用，可以取代键盘或鼠标。用于手写输入的设备有许多种，如电磁感应手写板、压感式手写板、触控板等。图 3-2-1 是几款比较流行的手写板。

图 3-2-1　几款比较流行的手写板

手写识别属于文字识别和模式识别范畴，从文字识别过程来说分成脱机识别和联机识别两大类，从识别对象来说又分为手写体识别和印刷体识别两大类，我们常说的手写识别是指联机识别。

3. 语音输入法

语音输入法，是将声音通过话筒输入计算机后直接转换成文字的一种输入方法。利用语音识别技术，计算机能迅速、自然地把读入计算机的声音信息转换成计算机中的文本。

语音输入法在硬件方面要求电脑必须配备能正常录音的声卡和录音设备,安装语音识别软件。在调试好麦克风后,即可以对着麦克风进行朗读录入。如果普通话不标准,可用语音识别软件提供的语音训练程序,进行一段时间的训练,让软件熟悉您的口音后,就可以通过讲话来实现文字输入。

语音输入方法的优点是可以快捷、自然地完成文本录入,可减轻用户使用键盘输入的疲劳;缺点是错字率仍然比较高,特别是一些未经训练的专业名词及生僻字,因此要求录入者发音比较标准,还需先使系统适应录入者的语音语调。

目前,语音识别技术整合较好的软件有 IBM 公司的 VIA Voice,VIA Voice 标志大词汇量、非特定人和连续语音识别技术正在趋于成熟。

4. 光学字符识别(OCR)技术

OCR 是光学字符识别技术的英文缩写。扫描仪+OCR 识别输入就是将印刷品类纸张上的文字以图像的方式扫描到计算机中,再用 OCR 软件将图像中的文字识别出来,并转换为文本格式的文件。现在对印刷体汉字的识别率最高可达 99% 以上,可识别宋体、黑体、仿宋等多种简体、繁体字体。

扫描仪本身没有文字识别功能,它是将文稿扫描到计算机中后保存为图片,也可以用清晰度相对较高的数码相机把文稿中的文字拍成图片,由 OCR 软件识别成为文本文件。识别软件主要有"尚书 OCR"、"汉王 OCR"、"紫光 OCR"等。

5. 混合输入方法

混合输入法就是以上介绍的各种自然输入法的结合。

(三) **文本素材的处理**

录入的文字资料,需要经过编辑和排版,才能处理成数字化教学所需要的文字形式。文字处理软件种类较多,各具特色,下面介绍几款常用的文本处理软件:

1. Microsoft Word

中文 Microsoft Word 是基于 Windows 平台的中文字处理软件,是 MS Office 的重要组件,它提供了良好的图形用户操作界面,具有强大的编辑排版功能和图文混排功能,可以方便地编辑文档、生成表格、插入图片、动画和声音,可以生成 Web 文档。其操作实现了"所见即所得"的编辑效果。Word 2003 的向导和模板能快速地创建各种业务文档,提高文档编辑效率,如图 3-2-2。

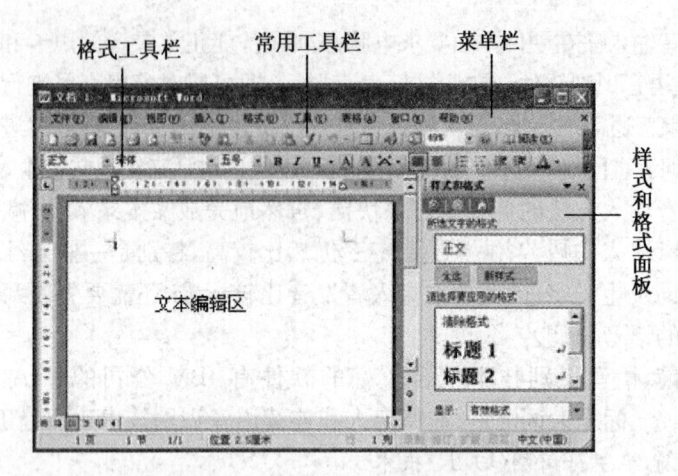

图 3-2-2　Word 2003 应用程序主界面

2. WPS Office 2003 金山文字处理软件

　　WPS Office 2003 也是深受用户欢迎的中文字处理软件,它是金山公司从中国用户特点出发,开发的类似于 MS Office 的国产办公软件。经过多年的不断改进,现在的 WPS Office 2003 已经是一款功能强大、方便实用、并且富有民族特色的文字处理软件,如图 3-2-3。WPS Office 2003 作为 MS Office 的竞争对手,有着与其一一对应的功能。在 WPS Office 2003 中,含有四大功能模块:金山文字 2003、金山表格 2003、金山演示 2003、金山邮件 2003。

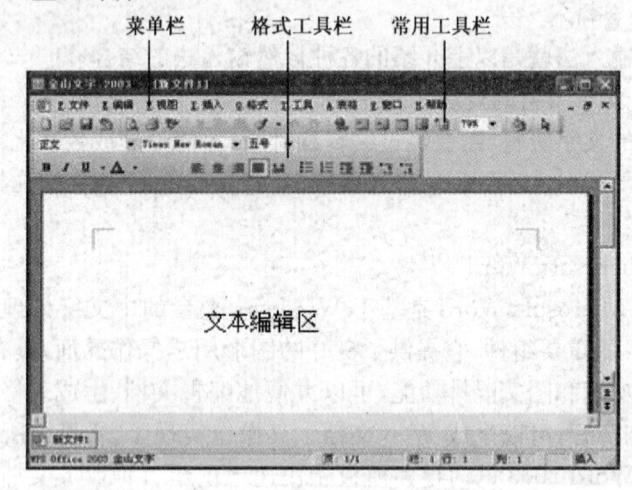

图 3-2-3　金山文字 2003 应用程序主界面

3. Ulead COOL 3D 三维文字制作软件

台湾友立(Ulead)公司推出的 COOL 3D 是一款优秀的三维立体文字特效工具，它可以非常方便地将文本素材转变成文字动画，因此被广泛应用于多媒体作品设计和网页制作领域。COOL 3D 操作简单，不需要掌握复杂、高深的技术，即可制作出精美、专业的 3D 标题文字和动画特效，因而该软件成为网页、影片、多媒体、简报制作人员所喜爱的工具。

使用 COOL 3D 制作三维文字和动画非常简单，其基本操作过程是：首先在新建的文件窗口工作区中，用文字工具输入要制作动画或特效的文字，再用程序提供的多种效果设置工具进行文字修饰，然后保存文件，如图 3-2-4。

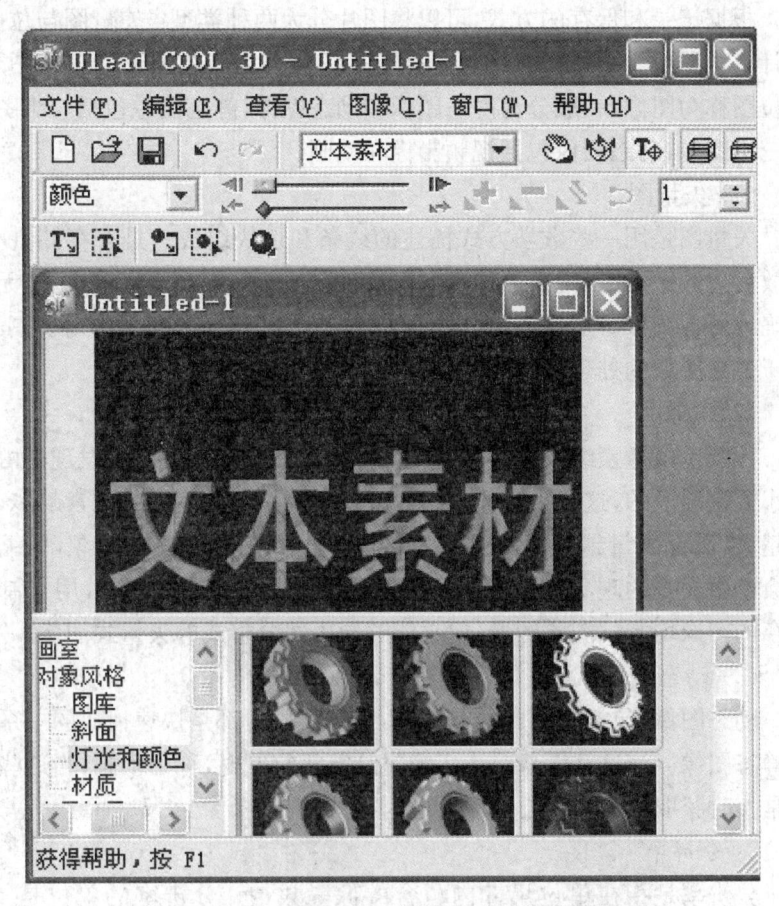

图 3-2-4　利用 Ulead COOL 3D 制作文字动画

二、图片素材的获取与处理

图片是数字化教学中应用最多的媒体元素,也是学习者最容易接受的信息形式之一,一幅图片能够生动、直观、形象地表现出大量的信息,可以提供非常有效的感知材料。图片的获取主要有扫描仪扫描、数码相机拍摄、视频单帧捕捉、屏幕拷贝、网络下载、图像素材光盘调用等。这些方法获得的图像一般不能直接应用于数字化教学中,还必须结合不同的需要对图像的储存格式、像素大小、亮度、色彩等进行适当的处理,才能获得好的表现效果。

(一) 基本概念

1. 图片的类型

根据记录和保存的方式,可以将图片分为两种类型:矢量图与位图。在计算机图形学中,把矢量图称为图形,一般分为二维图形和三维图形;把位图称为图像,一般分为静态图像和动态图像,静态图像包括二维图像和三维图像,动态图像包括视频影像和动画。

(1) 矢量图

矢量图是用一些数学方式描述的线条和色块组成。具有存储量小、缩放后边缘平滑、不失真的优点。但这种图像不能表现丰富的色彩,无法精确地再现物象。适用于制作企业标志、广告招贴、卡通插画等。Flash属于矢量图像的处理软件。

(2) 位图

位图是由像素组成的。将此类图像放大到一定程度就会发现是由很多小方块组成的,这些小方块就是像素。图像单位长度内的像素越多,文件越大,图像质量越好。位图可以制作出色彩丰富、逼真的物象,但缩放时会产生失真的现象。Photoshop 属于位图式图像处理软件,用它制作保存的图像均为位图式图像,但它能够导入部分格式的矢量式图像。

(3) 动态图像

动态图像,包括视频影像和动画,它们实质上都是快速播放的一系列的静态图像。当这些图像是人工通过计算机绘制时,称为动画;当这些图像是实时获取的人文和自然景物图时,称为视频影像。

2. 分辨率

分辨率是指在单位尺寸内包含的像素数量。分辨率的单位是 ppi

(点/英寸),如:图像的分辨率是 1 200ppi 就表示该图像每英寸长度内包含 1 200 个像素。同一单位内包含的像素越多,图像分辨率就越高,图像细节就越丰富。图像的分辨率和图像大小之间有着密切的关系,分辨率越高,所包含的像素越多,文件占用空间也就越大,所需的图像处理时间也就越多。

因此在制作图像时,应根据图片不同的用途,合理设置分辨率,用于印刷打印的分辨率需要高一些,只是用于屏幕显示的就可以低一些。

3. 颜色深度

颜色深度又称颜色位数,是表示色彩或灰度细腻程度的指标。色彩位数以二进制的位(bit)为单位,用位的多少表示色彩数的多少。如颜色深度为 1 位的像素有两个可能的值:黑色和白色。

在三原色 R(红)、G(绿)、B(蓝)的颜色中,各自分为 256 级色彩梯度,组合出来的 $256 \times 256 \times 256 = 16\ 700$ 万色,也就是通常说的 24 位。常用的颜色深度有 1 位、8 位、24 位、32 位等。颜色深度越大意味着图像具有越多颜色信息可以用来显示或打印像素。

4. 常见图像格式

(1) BMP 格式。BMP 格式是 Windows 系统使用的一种标准的位图式图像文件格式。压缩率低,占用空间大,图像色彩极其丰富。

(2) JPEG 格式。JPEG 格式是一种高度压缩率位图式图像格式,文件较小。是目前所有格式中压缩率最高的,由于其压缩技术先进,对图像质量影响不大。因其占用空间小、图像质量较好成为目前互联网上的主流图片格式。

(3) GIF 格式。GIF 格式 是一种最多可以支持 256 色的压缩图像格式。因其占用空间小、传输速度快,主要运用于互联网上。但该格式可表现的色彩较少,不能表现逼真的物象。

(4) PSD 格式。PSD 格式是 Adobe 公司开发的图像处理软件 Photoshop 专用的标准内定格式,也是唯一可以支持所有图像模式、格式的软件,包括位图、灰度、索引颜色、RGB、CMYK、Lab 等,同时还可以存储图层、通道、路径等信息。

(5) TIFF 格式。TIFF 格式最初用于扫描仪和桌面出版业,是工业的标准格式。这种格式有利于原稿的复制,几乎被所有绘画、图像编辑和页面排版应用程序所支持。

（6）PNG格式。PNG格式具有32位色彩深度，采用无损压缩方式来减少文件的大小。另外，PNG格式也支持透明图像的制作，可以让图像和背景很好地融合在一起，是多媒体作品中常用的素材格式。与GIF格式不同，PNG图像格式不支持动画。

（二）图片素材的获取

1. 从光盘中获取或截取

图形、图像资源的获取，一方面可以购买现成的图形、图像素材光盘。已经出版的各种教学素材光盘已有很多，可以从中直接获取图形图像素材资源，或者将它们拷贝到相应的存储设备中以备用。

影视光盘中的内容，可以借助播放器来截图，并保存为相应格式的图像文件。

2. 通过外部设备获取

报刊、书籍中的图形、图像可用扫描仪扫描下来，存为相应格式的图形、图像文件。用数码照相机和数码摄像机可以直接拍摄数码照片成为图形图像素材。拍摄下来的照片可用相应的连接设备存储到计算机中。

3. 通过互联网获取

互联网提供了大量的图形图像资源，从相关网站上查找和获取图形图像资源已成为获取图形、图像资源的基本途径。百度图片号称全球最大的中文图片库，利用百度中文搜索引擎提供的图片搜索功能可以搜索查找到大量的图形图像资源。

4. 用屏幕抓图软件截取图形、图像

Windows操作系统为我们提供了两个用来抓取屏幕的快捷键："Print Screen"和"Alt"+"Print Screen"。按键盘上的"Print Screen"键，可以抓取全屏幕到剪贴板；用"Alt"+"Print Screen"可以抓取当前窗口到剪贴板。然后把抓取到的内容粘贴到Windows画图或Photoshop中，即可保存成图片文件。

如果需要更多的设置必须借助于屏幕抓图软件，当前常用的屏幕抓图软件有HyperSnap、SnagIt、PrintKey等。

（三）图片素材的处理

1. 用画图软件处理图片

画图软件是 Windows 操作系统自带的绘图软件。利用画图软件可以绘制彩图、卡片、插图等等，也可以制作比较复杂的艺术图案（图3-2-5）。画图软件与目前非常流行的平面设计软件 Photoshop 和网页图片制作软件 Fireworks，无论是在界面上还是工具的使用上都非常相似。学习了画图软件后再去学这些专业的图片设计与制作软件，将能够达到事半功倍的效果。

图3-2-5 用"画图"软件绘制的图片

2. 用 Photoshop 处理图片

Photoshop 是 Adobe 公司旗下最为出名的图像处理软件之一。从功能上看，该软件可分为图像编辑、图像合成、校色调色及特效制作部分等。图像编辑是图像处理的基础，可以对图像做各种变换如放大、缩小、旋转、倾斜、镜像、透视等；也可进行复制、去除斑点、修补、修饰图像的残损等。

图像合成则是将几幅图像通过图层操作、工具应用合成完整的、传达明确意义的图像,这是美术设计的必经之路;该软件提供的绘图工具让外来图像与创意很好地融合,使图像的合成天衣无缝。

校色调色是该软件中深具威力的功能之一,可方便快捷地对图像的颜色进行明暗、色偏的调整和校正,也可在不同颜色进行切换以满足图像在不同领域如网页设计、印刷、多媒体等方面应用。

特效制作在该软件中主要由滤镜、通道及工具综合应用完成。包括图像的特效创意和特效字的制作,如油画、浮雕、石膏画、素描等常用的传统美术技巧都可由该软件特效完成。而各种特效字的制作更是很多美术设计师热衷于该软件研究的原因。

利用 Photoshop 处理图片的操作过程见本专题活动二。

3. 用看图软件 ACDSee 处理图片

ACDSee 可以支持 WAV 格式的音频文件播放,可以将图片放大缩小、调整视窗大小与图片大小配合、全屏幕的影像浏览、支持 GIF 动画,还可以将图片转变成 BMP、JPG 和 PCX 格式。

ACDSee 本身也提供了许多影像编辑的功能,包括数种影像格式的转换,简单的影像编辑,复制至剪贴板,旋转或修剪影像,设定桌面,并且可以从数码相机、数字摄像机输入影像等。

三、声音素材的获取与处理

(一) 常见数字音频格式

数字音频,是指一个用来表示声音强弱的数据序列,由模拟声音经抽样、量化和编码后得到的。简单地说,数字音频的编码方式就是数字音频格式,我们所使用的不同的数字音频设备一般都对应着不同的音频文件格式。常见的数字音频格式有:

1. WAV 格式。标准 Windows 声音文件,是微软公司开发的一种声音文件格式,也叫波形声音文件,是最早的数字音频格式,被 Windows 平台及其应用程序广泛支持。WAV 格式支持许多压缩算法,支持多种音频位数、采样频率和声道,采用 44.1 kHz 的采样频率,16 位量化位数,跟 CD 一样,对存储空间需求太大不便于交流和传播。

2. MIDI 格式。MIDI 是 Musical Instrument Digital Interface 的缩写,又称为乐器数字接口,是数字音乐/电子合成乐器的统一国际标准。它定义了计算机音乐程序、数字合成器及其他电子设备交换音乐信号的方式,规定了不同厂家的电子乐器与计算机连接的电缆和硬件及设备间数据传输的协议,可以模拟多种乐器的声音。MIDI 文件就是 MIDI 格式的文件,在 MIDI 文件中存储的是一些指令,把这些指令发送给声卡,由声卡按照指令将声音合成出来。

3. CDA 格式。这是大家熟悉的 CD 音乐格式,扩展名是 CDA,其取样频率为 44.1 kHz,16 位量化位数,跟 WAV 一样,但 CD 存储采用了音轨的形式,又叫"红皮书"格式,记录的是波形流,是一种近似无损的格式。

4. MP3 格式。MP3 全称是 MPEG-1 Audio Layer 3,它在 1992 年合并至 MPEG 规范中。MP3 能够以高音质、低采样率对数字音频文件进行压缩。换句话说,音频文件(主要是大型文件,比如 WAV 文件)能够在音质丢失很小的情况下(人耳根本无法察觉这种音质损失)把文件压缩到更小的程度。

5. WMA 格式。WMA(Windows Media Audio)是微软在互联网音频、视频领域的力作。WMA 格式是以减少数据流量但保持音质的方法来达到更高的压缩率的,其压缩率一般可以达到 1∶18。此外,WMA 还可以通过 DRM(Digital Rights Management)方案加入防止拷贝,或者加入限制播放时间和播放次数,甚至是播放机器的限制,可有力地防止盗版。

(二) 音频素材的获取

1. 从已有的素材库(如光盘音效库、网上音乐站点等)中获取。这些大都是 WAV 或 MIDI 格式的声音文件。

2. 利用声卡及软件进行录制和编辑。利用 windows 系统中的"附件"自带的"录音机",只要连接话筒就可以进行简单的录制和编辑了,但是录制时要注意时间的限制,因为此录音机一次最多只能录制一分钟。若要进行长时间的录制和较复杂的编辑,可选用专业声音软件如 Goldwave、Cool Edit 等。

3. 从 CD 唱片中抽取声音和分离电影文件中声音,如用超级解霸等,也可到网上下载软件。

4. 通过录音笔等设备进行录音。

(三) 声音素材的处理

1. 用 Windows 自带的"录音机"软件进行录音和编辑处理。

2. 利用 Audition3.0 处理数字音频。Adobe Audition 软件提供了专业化音频编辑环境。Adobe Audition 专门为音频和视频专业人员设计,可提供先进的音频混音、编辑和效果处理功能。Adobe Audition 具

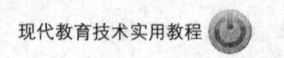

有灵活的工作流程，使用非常简单并配有绝佳的工具，可以制作出音质饱满、细致入微的最高品质音效。利用 Audition3.0 进行数字音频的处理操作过程见本专题活动三。

四、视频素材的获取与处理

（一）常用的视频文件格式

传统的影像视频（如.AVI 和.MPEG 格式等）一般体积较大且清晰度较差，比如在电脑中播放的 VCD 格式。流式媒体（Streaming Video）技术可以非常方便快捷查阅自己任何需要的影像视频资料并且用户甚至不需要下载整部或整段视频就可以对视频资料的任意指定片段进行预览。

目前，视频格式可以分为适合本地播放的本地影像视频和适合在网络中播放的网络流媒体影像视频两大类。流媒体影像视频在播放的稳定性和播放画面质量上没有本地影像视频高，但它们正被广泛应用于视频点播、网络演示、远程教育等互联网信息服务领域。

1. 本地影像视频

（1）AVI 格式。它的英文全称为 Audio Video Interleaved，即音频视频交错格式。这种格式的文件将视频和音频交织在一起进行同步播放，其优点是图像质量好，可以跨多个平台使用，其缺点是体积过于庞大，而且因为压缩标准不统一，高版本 Windows 媒体播放器播放不了采用早期编码编辑的 AVI 格式视频，而低版本 Windows 媒体播放器又播放不了采用最新编码编辑的 AVI 格式视频。

（2）DV-AVI 格式。DV 的英文全称是 Digital Video Format，是由索尼、松下、JVC 等多家厂商联合提出的一种家用数字视频格式。目前非常流行的数码摄像机就是使用这种格式记录视频数据的。它可以通过电脑的 IEEE 1394 端口传输视频数据到电脑，也可以将电脑中编辑好的视频数据回录到数码摄像机中。这种视频格式的文件扩展名一般是.AVI，所以也叫 DV-AVI 格式。

（3）MPEG 格式。它的英文全称为 Moving Picture Expert Group，即运动图像专家组格式，VCD、SVCD、DVD 均采用这种格式。MPEG 文件格式是运动图像压缩算法的国际标准，它采用了有损压缩方法减少运动图像中的冗余信息，从而达到压缩的目的（其最大压缩比可达到200∶1）。目前 MPEG 格式有五个压缩标准，分别是 MPEG-1、MPEG-2、和 MPEG-4、MPEG-7 和 MPEG-21。

（4）DivX 格式。采用 MPEG-4 的压缩算法同时又综合了 MPEG-4 与 MP3 各方面的技术，其画质直逼 DVD 而体积只有 DVD 的几分之一。这种格式对机器的要求不高，号称 DVD 杀手或 DVD 终结者。

（5）MOV 格式。美国 Apple 公司开发的一种视频格式，默认的播放器是苹果的 QuickTime Player。具有较高的压缩比率和较完美的视频清晰度等特点，但是其最大的特点还是跨平台性，不仅支持 Macintosh 操作系统，同样也能支持 Windows 系列操作系统。

2. 网络影像视频

（1）ASF 格式。它的英文全称为 Advanced Streaming Format，它是微软为了和现在的 Real Player 竞争而推出的一种视频格式，用户可以直接使用 Windows 自带的 Windows Media Player 对其进行播放。

（2）WMV 格式。它的英文全称为 Windows Media Video，也是微软推出的一种采用独立编码方式并且可以直接在网上实时观看视频节目的文件压缩格式。WMV 格式的主要优点包括：本地或网络回放、可扩充的媒体类型、部件下载、可伸缩的媒体类型、流的优先级化、多语言支持、环境独立性、丰富的流间关系以及扩展性等。

（3）RM 格式。Real Networks 公司所制定的音频视频压缩规范称为 Real Media，可以使用 RealPlayer 或 RealOne Player 对符合 RealMedia 技术规范的网络音频/视频资源进行实况转播，并且 RealMedia 可以根据不同的网络传输速率制定出不同的压缩比率，从而实现在低速率的网络上进行影像数据实时传送和播放。这种格式的另一个特点是用户使用 RealPlayer 或 RealOne Player 播放器可以在不下载音频/视频内容的条件下实现在线播放。另外，RM 作为目前主流网络视频格式，它还可以通过其 Real Server 服务器将其他格式的视频转换成 RM 视频，并由 Real Server 服务器负责对外发布和播放。RM 相对于 ASF 格式通常更柔和一些，而 ASF 视频比 RM 视频更清晰一些。

（4）RMVB 格式。这是一种由 RM 视频格式升级延伸出的新视频格式，它的先进之处在于 RMVB 视频格式打破了原先 RM 格式那种平均压缩采样的方式，在保证平均压缩比的基础上合理利用比特率资源。相对于 DVDrip 格式，RMVB 视频也是有着较明显的优势，一部大小为 700MB 左右的 DVD 影片，如果将其转录成同样视听品质的 RMVB 格式，最多也就 400MB 左右。不仅如此，这种视频格式还具有内置字幕和

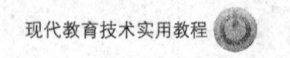

无需外挂插件支持等独特优点。

（二）视频素材的获取

视频（video）指的是内容随时间变化的一个图像序列，也称为活动图像（motion picture）。视频是多媒体素材资源中最具表现力的媒体，也是最难获取和处理的媒体。获取视频素材常用的方法有以下几种。

1. 用视频采集卡采集

常见的电视、电影、录像都是视频，但它们是模拟信号的视频，而计算机中使用的是数字信号的视频，即数字视频。为了将电视、电影、录像等模拟信号的视频转换为数字视频，需要采用视频采集卡。视频采集卡（简称视频卡），是PC机中用于视频信号数字化的插卡，其功能是将模拟视频信号（及伴音信号）数字化并存储在硬盘中。数字化后的视频图像，经彩色空间转换（从YUV转换为RGB），与计算机图形显示卡产生的图像叠加，显示在屏幕上。通常，在获取数字视频的同时使用数字信号处理器（DSP）进行音频和视频数据的压缩编码，成为数字视频文件。

2. 数字摄像机和数字摄像头采集

数字摄像机和数字摄像头是直接采集数字视频的设备。

数字摄像机是一种离线的数字视频获取设备。其原理与数码相机类似，但功能更多，可以将视频图像及伴音采用M-JPEG或MPEG-2压缩编码，并记录在磁带或硬盘等记录介质上，并通过USB或IEEE1394接口与计算机连接与传输。

数字摄像头则是一种在线获取数字视频的设备。它通过光学镜头采集图像，然后直接将图像转换成数字信号并输入到PC机，不需视频采集卡进行模数转换。

3. 数字视频的截取

（1）利用豪杰超级解霸播放器截取

从VCD、DVD视频光盘中截取需要的视频片段，已成为获得视频资源的重要途径和方法。许多播放软件提供了视频片段的截取功能。豪杰超级解霸播放器不但提供播放VCD、DVD的功能，而且提供了视频片段的截取功能，并且将截取后的视频转换为MPG格式，图3-2-6为豪杰超级解霸相关界面。

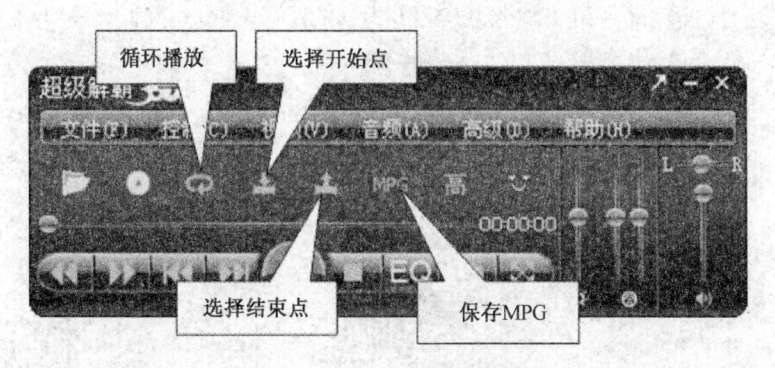

专题三 数字化教学资源的获取与处理

图 3-2-6 豪杰超级解霸界面

实例 3-2-1：运用超级解霸 3500 软件从"2012 伦敦奥运首枚金牌颁奖"视频中截取五星红旗升起的片断。步骤如下：

第一步：从教材网站上下载的"专题三素材\视频素材"中，打开"2012 伦敦奥运首枚金牌颁奖"视频，点击播放器面板上的"循环播放"，这时播放进度指示条变成黄色。

第二步：用鼠标左键按住游标并拖曳游标到想要录取区域的起始位置，单击"选定开始点"，再将游标拖至想要录取区域的终止位置，单击"选择结束点"，录像区域（剩下的标尺中的黄色区域）便确定了。

第三步：单击"保存 MPG"，在弹出的"保存数据流"对话框中选择保存路径并输入文件名，并注意选择所需的文件类型，一般选择 MPG 格式。

至此，一段影像就被截取下来了。

(2) 网上视频资源的获取

网上有大量的视频资源，但是这些视频的容量大，下载需要的时间比较长，而且比较分散，收集起来比较麻烦。许多网站的视频往往只提供在线观看，不提供下载，有些在观看视频时还需要安装相应的播放软件和插件，有些网站虽然可提供下载，但需要注册和收取一定的费用，这些都给我们收集视频资源带来了一定的困难。可以通过网际快车、迅雷、网络蚂蚁、维棠视频下载等专用下载工具下载这些资源。

知识卡片 3-2-1　互动型数字化课程录播系统

全自动录播系统主要用于学校精品课程建设、微格教学、优秀课堂资源的建设和数字化远程教育的建设。它能够记录教师课堂授课的整

139

个过程,表现教师授课的技术与艺术。录制的课堂教学录像通过计算机保存下来,并能够通过网络共享,展现优质教学资源和水平,并用于教学交流、教学评估。

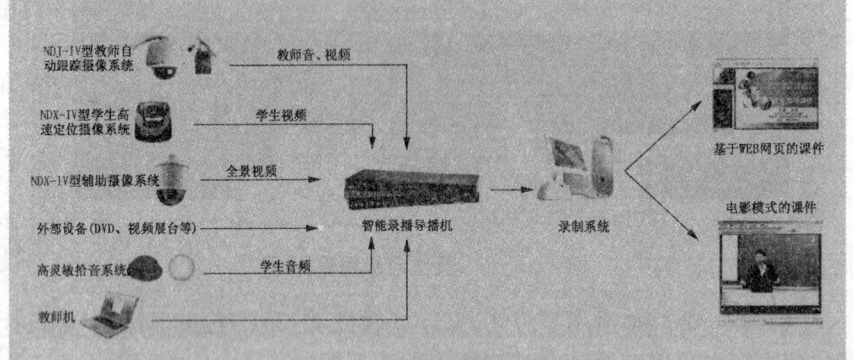

图3-2-7 互动型数字化课程录播系统拓扑图

系统的现代教育教学作用。

● 精品课件制作:按照精品课程建设要求,学校可以不使用专业的设备就轻松便捷制作精品教学课件。

● 网络观摩:学校领导、教师在线直播观看授课情况,起到网络教学观摩的作用。

● 新教师培训:任何教师培训机构和学校通过此系统都可以方便进行教师的培训工作,参与培训的教师通过实况自动录像可清楚了解自身授课的过程和不足。

● 教学教研:各地教研组及教研单位可通过此系统方便教学教研。

● 课程回顾:对于重要录制过的课程,自动发布校园网,学生可点播回顾。

系统核心优势。

录:将上课过程自动录制到服务器上;

播:学生可以在网上听直播课;

点:学生可以在网上点播录制下来的课件;

动:学生在互动教室不仅可以听课,还可以与教师实时互动音频交流;

监:控制中心可以方便远程控制系统运行;

评:对发布的教学课件进行网上点评。

（三）视频素材的编辑

通过前面的方法获得的视频片段往往还需要经过编辑加工才能成为有价值的视频教学资源，这就需要适当掌握视频素材的后期制作与处理技术。数字视频后期制作与处理的软件有 Adobe premiere、Movie Maker、会声会影等。

会声会影是一款简单易用的视频编辑软件，它不仅完全满足家庭或个人所需的影片剪辑功能，甚至可以挑战专业级的影片剪辑软件。它提供了最为完整的影音规格支持，独步全球的影片编辑环境，令人目不暇给的剪辑特效，最撼动人心的 HD 高画质新体验。同时创新的影片制作向导模式，只要三个步骤就可快速做出 DV 影片；会声会影操作简单、功能强大，会声会影编辑模式，从捕获、剪接、转场、特效、覆叠、字幕、配乐到刻录，让用户全方位地剪辑出好莱坞级的影视作品。利用会声会影编辑处理视频的过程见本专题活动四。

五、动画素材的获取与处理

（一）计算机动画概述

计算机动画是指采用图形与图像的处理技术，借助于编程或动画制作软件生成的一系列可连续播放的运动图像的集合。

计算机动画分为二维动画和三维动画。二维动画是平面上的画面，可以在二维空间上模拟真实的三维空间效果。而三维动画则是具有正面、侧面和反面效果的动画，可通过调整三维空间的视点（主视图、侧视图、俯视图），能够看到不同的内容。

二维动画通常通过输入和编辑关键帧，计算和生成中间帧，定义和显示运动路径，画面上色，产生特技效果，实现画面与声音同步，控制运动系列的记录等方法来生成。

三维动画是根据数据在计算机内部生成的。制作三维动画首先要创建物体模型，然后让这些物体在三维空间产生运动，如移动、旋转、变形、变色等，再通过灯光效果设置等生成栩栩如生的画面。

常用二维动画制作软件有 Ulead GIF Animator 和 Macromedia Flash 等。常用三维动画制作软件有 3D Studio MAX 等。

（二）计算机动画资源的获取方法

1. 从本地光盘、硬盘获取计算机动画

直接获取计算机动画资源的方法是从多媒体素材光盘中获取。一般的多媒体素材光盘、课件光盘中都包含一定数量的计算机动画素材,它们以一定的格式文件存放,可以将需要的计算机动画文件直接复制下来。

从计算机硬盘中也能找到一些动画资源。因为在安装各种计算机、软件时,会有一些相应的计算机动画被安装在计算机硬盘中,通过操作系统的搜索功能,可以在计算机中找到这些计算机动画(例如:查找".GIF",可以通过"开始"菜单→"搜索"→动画的文件类型"*.GIF"→"开始搜索")。

2. 从互联网获取

(1) IE 浏览器浏览过一些带有计算机动画的网页,那么网页中的 GIF 动画、Flash 动画将保存在临时文件夹 Temporary Internet Files 中。打开该文件夹,就可以找到这些动画。

(2) 通过下载工具下载。

(三) 计算机动画的制作

1. 制作 GIF 动画

Ulead GIF Animator 是友立公司出版的动画 GIF 制作软件,内建的 Plugin 有许多现成的特效可以立即套用,可将 AVI 文件转成动画 GIF 文件,而且还能将动画 GIF 图片最佳化,能将你放在网页上的动画 GIF 图档减肥,以便让人能够更快速地浏览网页。

实例 3-2-2:用 Ulead GIF Animator(版本 v5.05)制作"跳跃的青蛙"GIF 动画(有关素材在"专题三素材"中),如图 3-2-8。

图 3-2-8 跳跃的青蛙

第一步:打开"Ulead GIF Animator""文件"菜单中的"动画向导",出现图 3-2-9,并设置图中参数(素材图像的尺寸大小为 75×63 像素)。

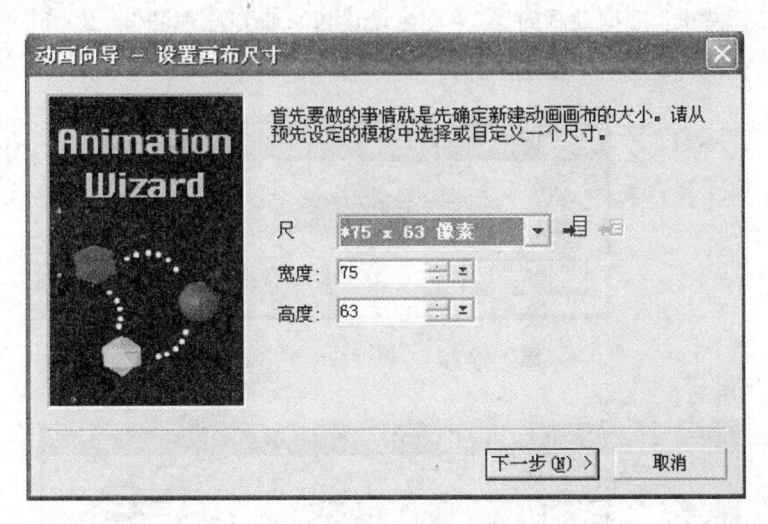

专题三　数字化教学资源的获取与处理

图 3-2-9　动画向导

第二步：点击"下一步"，在出现的"动画向导"对话框中，点击"添加图像"按钮，如图 3-2-10，选择 5 个图像素材。

图 3-2-10　添加图像对话框

143

第三步：根据动画向导（采用默认设置），直到出现图 3-2-11 的对话框，选择"否"后出现如图 3-2-12 所示。

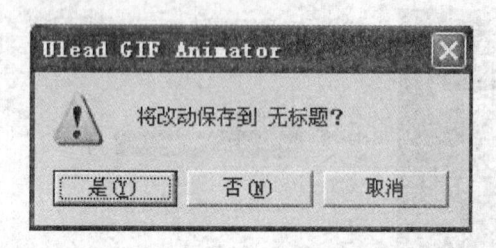

图 3-2-11　保存动画对话框

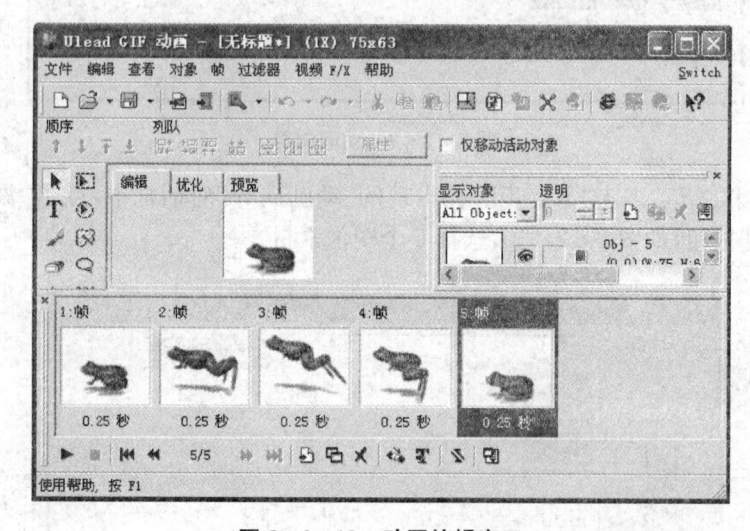

图 3-2-12　动画编辑窗口

第四步：保存动画。选择菜单中的"文件→另存为→GIF 文件"在"另存为"对话中输入文件名及保存路径。

2. 制作 FLASH 动画

Flash 是目前影响最为广泛的动画设计与制作软件，其具备了从动画的绘制、动作的实现到编程控制及动画输出一整套功能，可以满足用户的动画创意、动画设计、动画制作以及动画发布等所有要求。FLASH 动画是矢量动画，其特点是制作简单、快捷、文件小、形式活泼，比较适合在网上使用，能实现网络互动功能，非常适用于网络传输和课件制作。

Flash 动画制作的基本步骤是：

(1) 前期策划

在制作动画之前,应首先明确制作动画的目的、知道动画的最终效果应达到什么样的效果和反响、动画的整体风格应该以什么为主以及应用什么形式将其体现出来。在制定了一套完整的方案后,就可以为要制作的动画做初步的策划,包括动画中出现的人物、背景、音乐及动画剧情的设计、动画分镜头的制作手法和动画片段的过渡等构思。

(2) 搜集素材

完成了前期策划之后,应开始对动画中所需素材进行搜集与整理。搜集素材时应注意不要盲目地搜集一大堆,而要根据前期策划的风格、目的和形式来有针对性地搜集素材,这样就能有效地节约制作时间。

(3) 制作动画

创作动画中比较关键的步骤就是制作 Flash 动画,前期策划和素材的搜集都是为制作动画而做的准备。要将之前的想法完美地表现出来,就需要作者细致地制作。动画的最终效果很大程度上取决于动画的制作过程。

(4) 后期调试与优化

动画制作完毕后,为了使整个动画看起来更加流畅、紧凑,必须对动画进行调试。调试动画主要是针对动画对象的细节、分镜头和动画片段的衔接、声音与动画播放是否同步等进行调整,以此保证动画作品的最终效果与质量。

(5) 测试动画

制作与调试完动画后,应对动画的效果、品质等进行检测,即测试动画。因为每个用户的计算机软硬件配置都不尽相同,而 Flash 动画的播放是通过计算机对动画中的各矢量图形、元件等的实时运算来实现的,所以在测试时应尽量在不同配置的计算机上测试动画。然后根据测试后的结果对动画进行调整和修改,使其在不同配置的计算机上均有很好的播放效果。

(6) 发布动画

Flash 动画制作的最后一步就是发布动画,用户可以对动画的格式、画面品质和声音等进行设置。在进行动画发布设置时,应根据动画的用途和使用环境等进行设置,以免增加文件的大小而影响动画的传输。

具体利用 Flash 设计制作动画的操作过程参见本专题活动五。

拓展学习

信息化教学资源的选择

在选择和设计信息化教学资源时,若现成的资源中已有适合使用的,应尽可能地选取和运用,这样可以节省时间、经费和精力;当已有的资源不适合使用时,可先考虑对资源略作修改,以满足教学需要;如果选取、修改都不行,就要设计、编制新的、符合要求的教学资源或学习资源。在选择和设计学习资源或教学资源时,应遵循以下基本原则:

(1) 目标控制原则

教学目标是贯穿教学活动全过程的指导思想,它不仅规定教师的教学活动内容和方式,指导学生对知识内容的选择和吸收,而且还控制资源类型和资源内容的选择。以外语教学为例,让学生掌握语法规则和要求学生能就某个情景进行会话,是两种不同的教学目标。前者往往通过文字讲解并辅以各种实例来帮助学生形成语法概念;后者则往往通过反映实际情景的动画和声音使学生在具体的语言环境中去掌握正确的言语技能。不同的教学目标决定不同的媒体类型和媒体内容的选择。若不遵守这一原则,效果将会适得其反。

(2) 内容符合原则

学科内容不同,适用的教学资源也不同;即使同一学科,各章节的内容不一样,对教学资源的要求也不一样。以语文学科为例,散文和小说体裁的文章最好通过能提供活动影像的媒体来讲解,使学生有亲临其境的感觉,以加深对人物情节和主题思想的理解。对于数理学科中的某些定理和法则,由于概念比较抽象,最好通过动画过程把事物的运动变化规律展现出来(或把微观的、不易观察的过程加以放大),以帮助学生加强对定理和规律的掌握。同是化学学科,在讲解化学反应时最好用动画一步步模拟反应的过程;而在讲解分子式、分子结构以及元素周期表等内容时则以图形或图表的配合为宜。总之,对教学资源的选用和设计应以符合教学内容为原则。

(3) 对象适应原则

不同年龄阶段的学生其认知结构有很大差别,教学资源的设计必须与教学对象的年龄特征相适应,否则不会有理想的教学效果。按照皮亚杰的儿童认知发展理论,小学生(6~11、12岁)正好处于认知发展的第三阶段即"具体运算阶段",其认知结构属"直觉思维模式";而初中学生(12~15岁)则处于认知发展的第四阶段即"形式运算阶段",其认知结构属"运算思维图式",处于这一阶段的学生思维能力有了较大发展,且抽象思维占优势地位。但是对初中学生来说,这种抽象思维仍属经验型,还需要感性经验的直接支持;而对高中学生(16~18岁)来说,其抽象思维能力已得到进一步发展,逐渐由经验型过渡到理论型,即能在有关理论的指导下分析处理某些实际问题,并能通过对外部现象的观察归纳出关于客观世界的某些知识。

在进行教学材料的设计时必须充分考虑上述不同年龄段的认知特点,绝不能用某种固定的模式。在小学低年级阶段各学科资源设计的重点应放在如何实施形象化教学以适应学生的直觉思维图式,因而应多采用图形、动画和音乐之类的媒体使图、文、声并茂;在小学高年级阶段则要把重点放在如何帮助学生完成由直觉思维向抽象思维的过渡,因而这一阶段的形象化教学可适当减少;在中学阶段则应着重引导学生学习抽象概念,学会运用语言符号去揭示事物的内在规律,逐步发展学生的逻辑思维能力。在初中阶段尽管形象化教学仍不可缺少,但是只能作为一种帮助理解抽象概念的辅助手段,而不能像小学那样以形象化教学为主,否则将会喧宾夺主,达不到教学目标的要求,而出现从形式上看很生动、美观,而内容却无助于学生认知能力的发展的情况。

(4) 最小代价原则

研究表明,人们总是根据最小代价律来选择信息的。这就是说,接受者对信息的预期选择率=可能得到的好处÷需要付出的努力。为增加信息让人接受的可能性,要么增大分子值,即接受者可能有的收获;要么减少分母值,即接受者可能有的困难。接受者将得到的好处主要属于教学需求方面,如学生在某一特定情境中,通过教学软件获取的信息能在多大程度上满足学习的需要。接受者将付出的努力主要涉及获得信息的途径是否便利,如学生为了满足学习需要,必须花费多少时间和精力来获取这些信息。这就告诉我们,开发的学习资源不仅应该包含较多的信息量,而且应该深入浅出,通俗易懂,以使学生能够只花较少时间就获得这些信息。

判断一个教学资源是否有效,关键在于看它能否将所要表达的信息有效地呈现给学习者。要做到这一点,除了必须遵循前述基本原则之外,还应运用心理学原理,尤其是视听心理学原理和规律指导教学材料的设计和开发，才有可能设计出符合学习者认知特点和视听心理特点的教学材料。

活动实践

任务一：数字化教学素材的获取

1. 运用所学知识，利用网络搜索引擎分别搜索有关 2012 伦敦奥运会文字、图片、动画、视频等资源，并分类保存。

2. 通过学习，我们了解了文本、图片、声音、视频、动画等数字化教学素材的常见格式、获取方法以及有关的编辑处理软件，请加以归纳总结，并完成下表：

媒体类型	常见格式	获取的途径	常用编辑软件
文本			
图片			
声音			
视频			
动画			

3. 使用尚书七号 OCR 文本识别软件识别图片内容，输出保存为文本文件，如图 3-2-13 所示。

（1）打开尚书七号 OCR 文本识别软件，点击常用工具栏上的"打开文件"按钮或选择"文件→打开图像"。

（2）在打开的图像上选择需要识别的文本区域。

（3）点击"识别→开始识别"。

（4）选中区域的内容被识别成文本，根据提示修改识别结果。

（5）点击"输出→到指定格式文件"，保存输出文件。

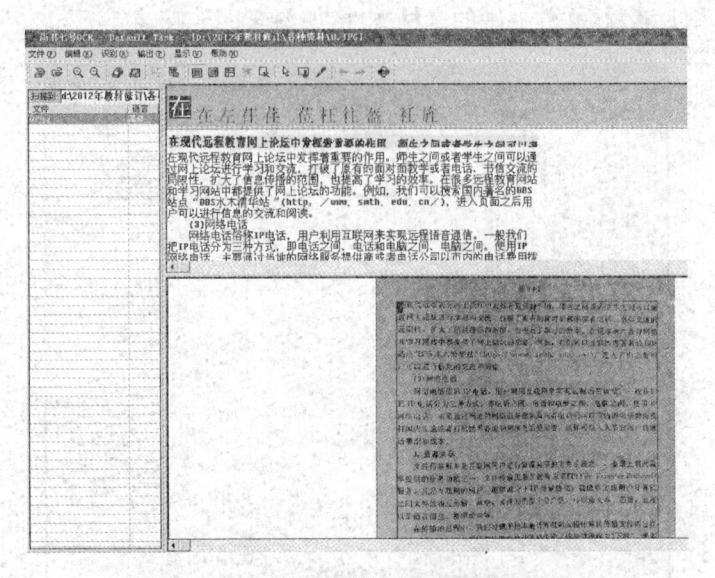

图 3-2-13　尚书七号 OCR 文本识别界面

任务二：运用 Photoshop CS4 进行图片处理与创作

1. 运用 Photoshop CS4 合成"狼和小羊"图像。

（1）打开 Photoshop CS4 程序，执行"文件→新建"命令，打开"新建"对话框，输入"狼和小羊"，设置图像尺寸，如图 3-2-14。

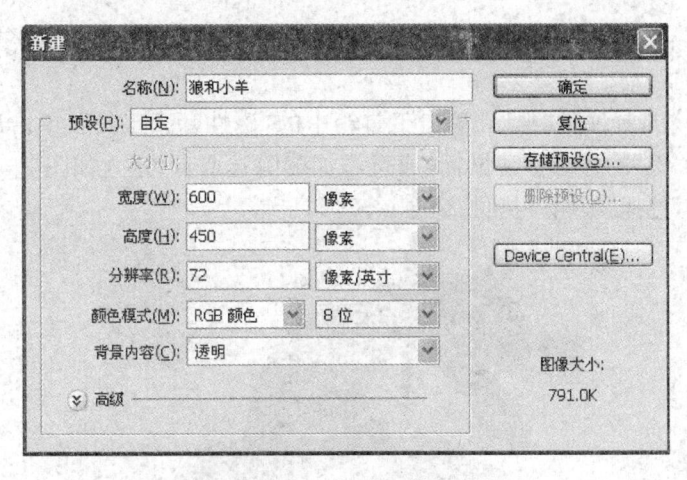

图 3-2-14　新建图片对话框

（2）执行"文件→打开"命令，打开"打开"对话框，选择"D：\专题三\

素材\图片素材"文件夹中的素材文件,如图3-2-15。

图3-2-15 选择打开的素材

(3) 点击"打开"按钮,打开3个图像文件,单击选择文件"小河",执行"选择→全部"命令,选择整个文件,再执行"编辑→拷贝"命令,复制图像。

(4) 在文件"狼和小羊"中,执行"编辑→粘贴"命令,并关闭文件"小河"。

(5) 选择文件"狼"。单击工具箱中的"磁性套索工具",单击后松开鼠标沿"狼"的边缘移动鼠标,通过添加删除选取点,建立如图3-2-16的选区,选择"编辑→拷贝"命令。

图3-2-16 "建立选择区"效果

(6) 在文件"狼和小羊"中,执行"编辑→粘贴"命令,如图3-2-17,并关闭"狼"文件。

图3-2-17 "粘贴"命令效果

(7) 选取"狼"所在的图层,再选择"编辑→变换→缩放",调节"狼"的大小(调整大小时,按住"shift"键,这样可以按比例缩放),如图3-2-18。

图3-2-18 "调节大小"效果

(8) 同样,选择文件"小羊"。单击工具箱中的"磁性套索工具",单击后松开鼠标沿"小羊"的边缘移动鼠标,通过添加删除选取点,建立如图

3-2-19的选区,选择"编辑→拷贝"命令。

图 3-2-19　建立选择区效果

(9) 在文件"狼和小羊"中,执行"编辑→粘贴"命令,如图 3-2-20,并关闭"狼"文件。

图 3-2-20　"粘贴"命令效果

(10) 同第七步一样调整"狼"的大小,如图 3-2-21。

图 3-2-21 "调节大小"效果

（11）添加文字"狼和小羊"。在工具箱中选择"文字工具"，在编辑区输入"狼和小羊"，设置文字为"黑体"和"60点"，颜色为"红色"，在图层浮动面板上右击图层"狼和小羊"，在出现的菜单中选择"混合选项"，设置"图层样式"对话框，如图 3-2-22。

图 3-2-22 "图层样式"对话框

153

(12) 按"确定",得到最终合成的图像,如图 3-2-23。

图 3-2-23　最终合成效果

(13) 执行"文件→存储"命令,弹出"存储为"对话框,输入文件名"狼和小羊",保存格式为"Photoshop（*.PSD;*.PDD）",并在"存储选项"中选中"图层",这样就保存了图层信息,以便于下次修改。当然也可以执行"文件→存储为"命令,将图像存储为"*.jpg"格式,这种格式文件容量很小。

2. 制作光盘盒封面

(1) 新建背景

① 启动 Photoshop CS4 程序,执行"文件→新建",打开"新建"对话框,输入名称"光盘盒",设置图像尺寸为 600px*600px,其他选项为默认值。

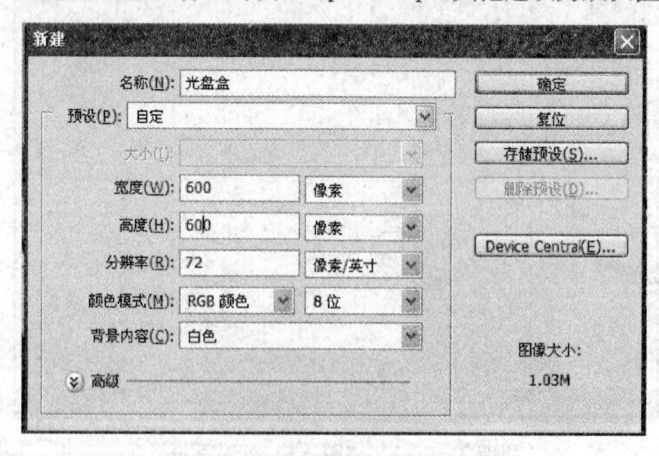

图 3-2-24　"新建"对话框

② 选择"渐变工具",渐变类型为：线性,前景色为 R50、G198、B151,背景色为 R255、G255、B255。

图 3-2-25 渐变设置窗口

(2) 初步合成

① 执行"文件→打开",选择素材文件,点击"打开"按钮,打开 3 个图像文件,如图 3-2-26。

② 选择素材"主校景",按 Ctrl+A 选中整幅图像,按 Ctrl+C 进行复制。

③ 选择图像"光盘盒",按 Ctrl+V 进行粘贴,并移动图像,变换图像大小,裁剪多余部分,使画面更为协调。将该图层重命名为"主校景"。

④ 选择素材"篮球",选择"魔棒工具",点击白色区域,按 Ctrl+Shift+I 反选,得到篮球区域,按 Ctrl+C 进行复制；选择图像"光盘盒",按 Ctrl+V 进行粘贴,并移动图像,变换图像大小,使画面更为协调。将该图层重命名为"篮球"。

⑤ 选择素材"街舞",选择"磁性套索工具",点击后松开鼠标沿人物边缘移动鼠标,建立人物区域选区；按 Ctrl+C 进行复制；选择图像"光盘

图 3-2-26 "打开"图像文件对话框

盒",按 Ctrl+V 进行粘贴,并移动图像,变换图像大小,使画面更为协调。将该图层重命名为"街舞"。

图 3-2-27 人物粘入后的效果

（3）添加文字

① 选择"文字工具"。

② 在图像左上角点击鼠标，输入基本信息；将该图层重命名为"基本信息"。

③ 在图像下方拖动鼠标，输入段落文字信息；将该图层重命名为"段落文字"。

④ 在图像右上角点击鼠标，输入主题文字。将该图层重命名为"主题文字"。

图 3-2-28　添加文字效果

（4）美化图像

① 调整文字的字体、大小等，为了突出主题，将主题文字设置为特效字。

② 选择"主校景"图像图层，点击"图像→调整→色相/饱和度"，选择"着色"前复选框，设置参数：色相 0、饱和度 25。

③ 选择"街舞"图层，添加图层样式：内发光、外发光。

④ 为了使画面更加美观协调，可以添加一些点缀，点击"画笔工具"，

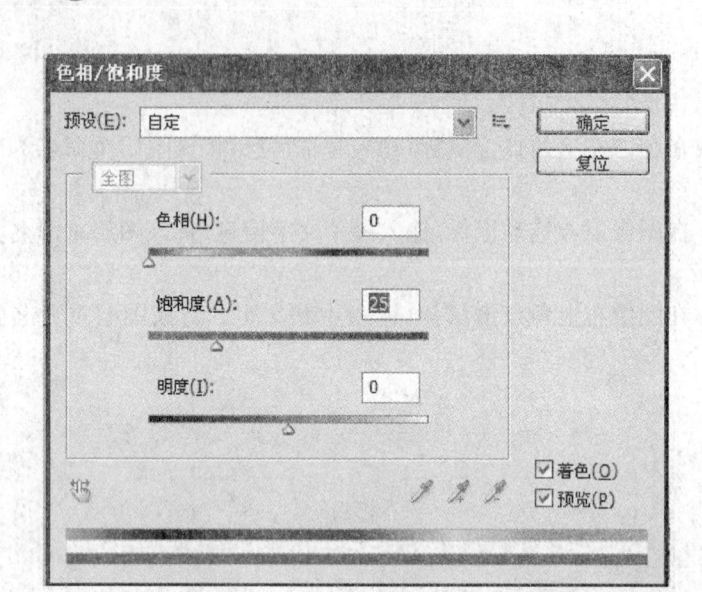

图 3-2-29 "色相/饱和度"对话框

选择画笔类型为 95，打开画笔预设对话框，添加形状动态、散步、其他动态等效果。

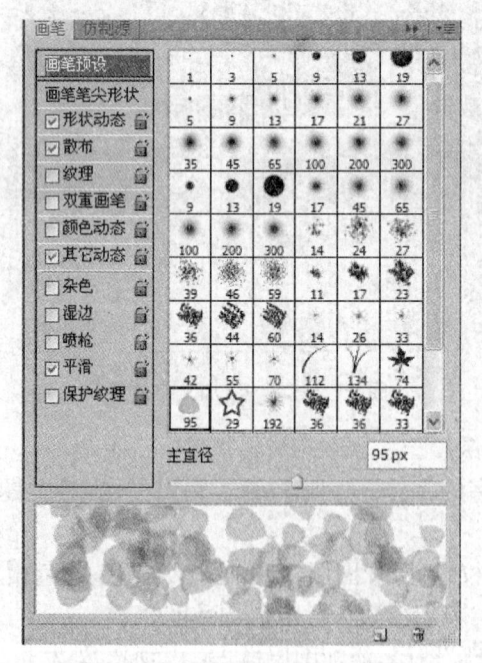

图 3-2-30 "画笔预设"对话框

⑤ 选择"背景"图层，按住鼠标左键，拖动鼠标，添加树叶装饰。

图 3-2-31 添加树叶装饰效果

任务三：利用 Adobe Audition 3.0 对音频编辑处理

1. 利用 Adobe Audition 3.0 制作配乐朗诵 MP3

（1）利用 Adobe Audition 3.0 录制一段课文朗诵数字音频。打开"录音控制台"选择录音设备：单击"开始"，指向"程序"，指向"附件"，指向"娱乐"，然后单击"音量控制"图标，就可以打开"音量控制"对话框，也就是"播放控制台"。如图 3-2-32 所示，上面操作也可用鼠标

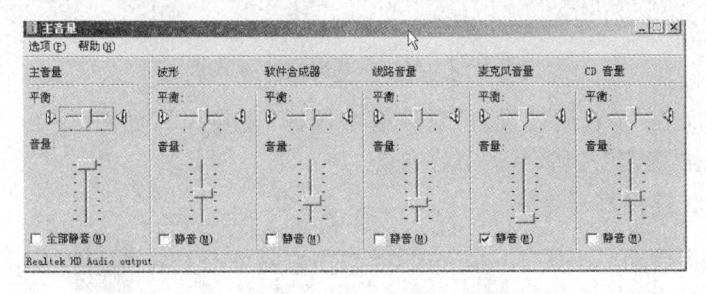

图 3-2-32 "音量控制"对话框

指向任务栏右边的"喇叭"图标,单击鼠标右键,在打开的快捷菜单中选"打开音量控制"菜单,单击"播放控制台"控制条里的"选项(P)"菜单,选择"属性"菜单,在"混音器"下拉列表框中选"Realtek HD Audio Input"(提示:播放控制台的该项值为"Realtek HD Audio output"),单击"确定"按钮,在"显示下列音量控制"框里选择要调节其输入音量的设备(见图 3-2-33),然后单击"确定"。或者在"Adobe Audition 3.0"录音软件里,点出"选项"菜单下的"Windows 录制控制台",同样可以打开它。

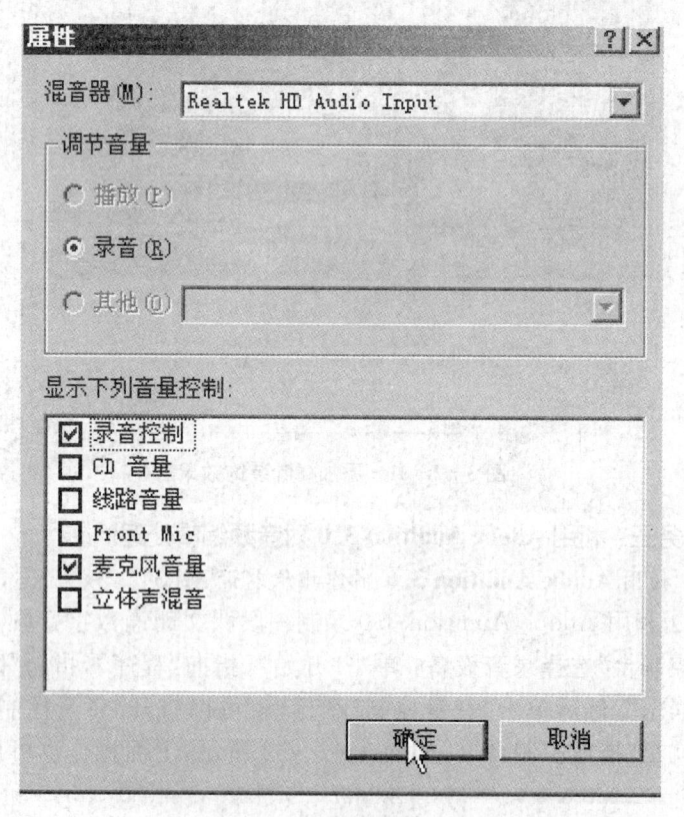

图 3-2-33 录音控制台对话框

(2)在"录音属性设置"对话框中选择"麦克风",如图 3-2-33 所示,单击"确定"按钮,并调节好音量。

(3)连接好麦克风。

(4)启动 Adobe Audition3.0:双击电脑桌面上的"　　"图标,进入

Audition 3.0 工作窗口,选择"文件→新建"命令,出现新建波形对话框,选择默认值(采样率 44100;通道 立体声;分辨率 16 位),单击"确定"按钮,如图 3-2-34 所示。

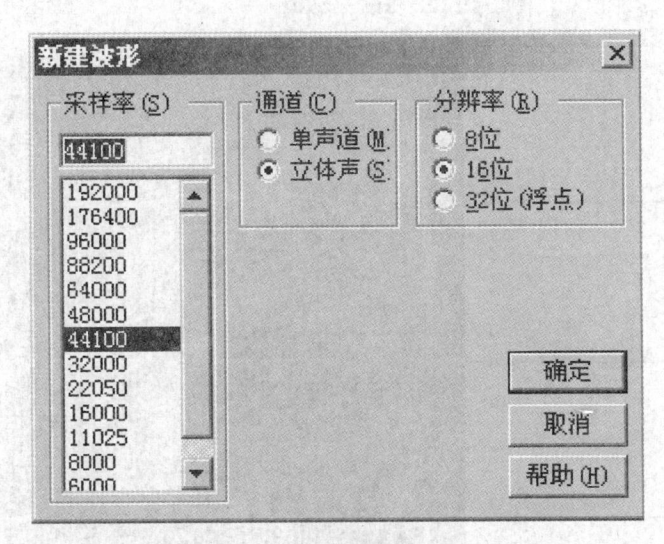

图 3-2-34　新建波形对话框

（5）单击窗口左下角的"录音"按钮,开始"录音"(注意:开始半分钟不要说话,录一段环境噪音约半分钟,以备后面降噪音时提供噪音样本),接着说话,录下你想录的语音内容,单击"停止"按钮,结束录音。单击窗口左下角的"播放"按钮,试听录音效果(如果操作不满意,执行"文件"菜单中的"关闭"命令,在出现"是否保存文件？"的对话框中,见图 3-2-35,单击"否"按钮,不保存文件退出录音)。

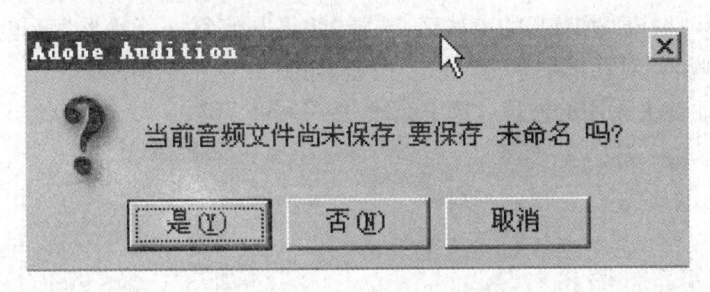

图 3-2-35　保存文件对话框

（6）降噪处理

① 首先选择录制的噪音区，如图 3-2-36 所示。

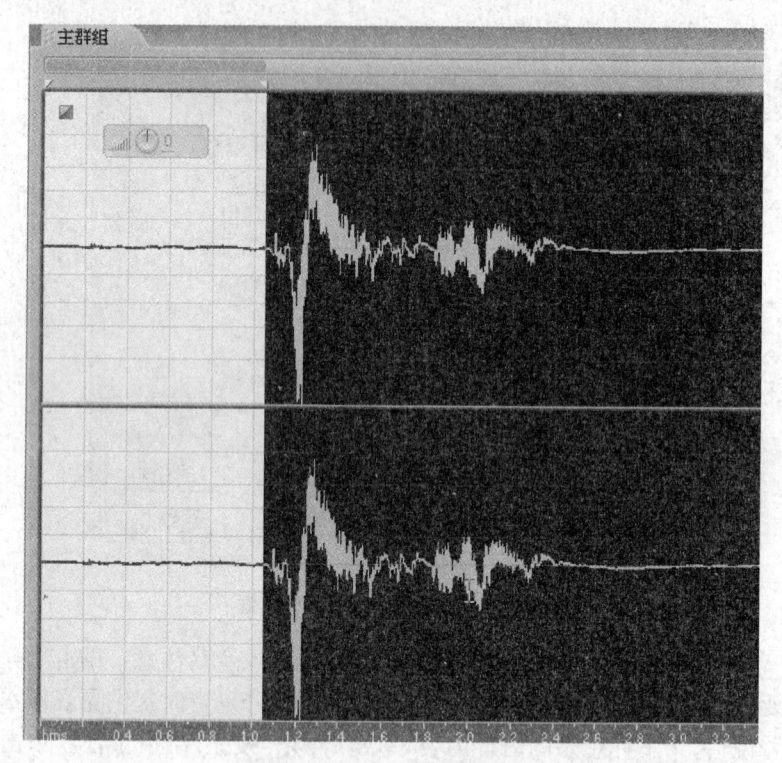

图 3-2-36　噪音选择区

② 选择"效果→修复→采集降噪预置噪声"菜单命令，单击"确定"按钮。

③ 选择要去噪音的声波区，选择"效果→修复→降噪器"菜单命令，在"降噪器"对话框中单击"确定"按钮，如图 3-2-37 所示。

④ 剪去无用的波段：选中波段，按"Delete"键。

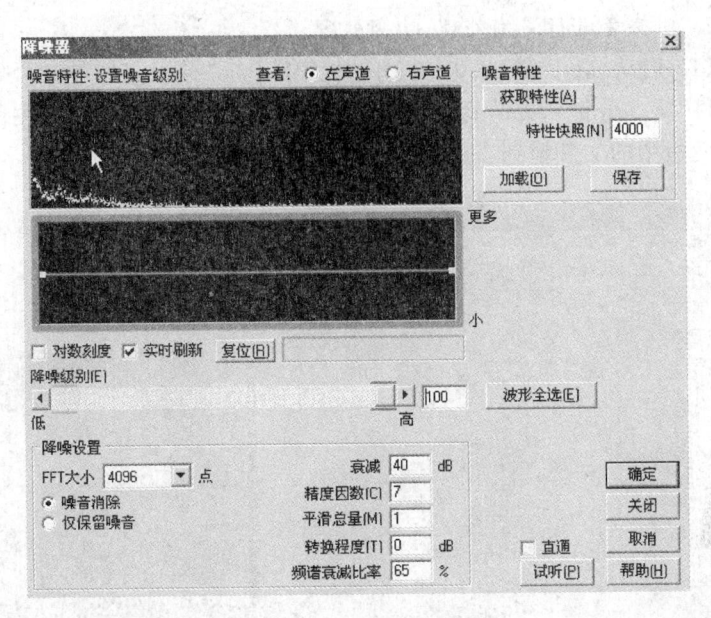

图 3-2-37 降噪器对话框

(7) 保存录音文件

执行"文件"菜单中的"另存为(E)..."命令,在出现的"另存为"对话框中选择文件保存路径、文件格式以及文件名,单击"保存"按钮。如图 3-2-38 所示。执行文件中的"关闭"命令,结束录音操作。

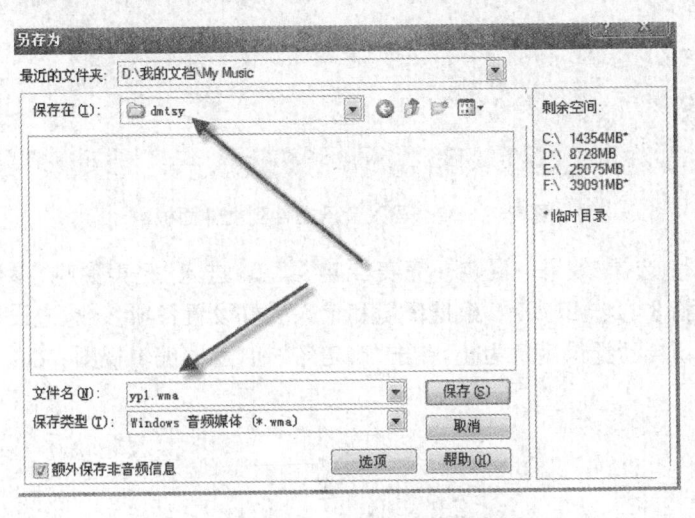

图 3-2-38 保存文件对话框

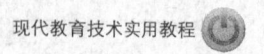

2. 对声音进行混响处理、均衡处理

（1）启动 Audition 3.0，在文件面板中单击"导入文件"按钮，导入音乐文件"等一分钟.wma"到文件面板中，见图 3-2-39 所示，并用鼠标将文件面板中的文件拖到右边的音乐轨中。

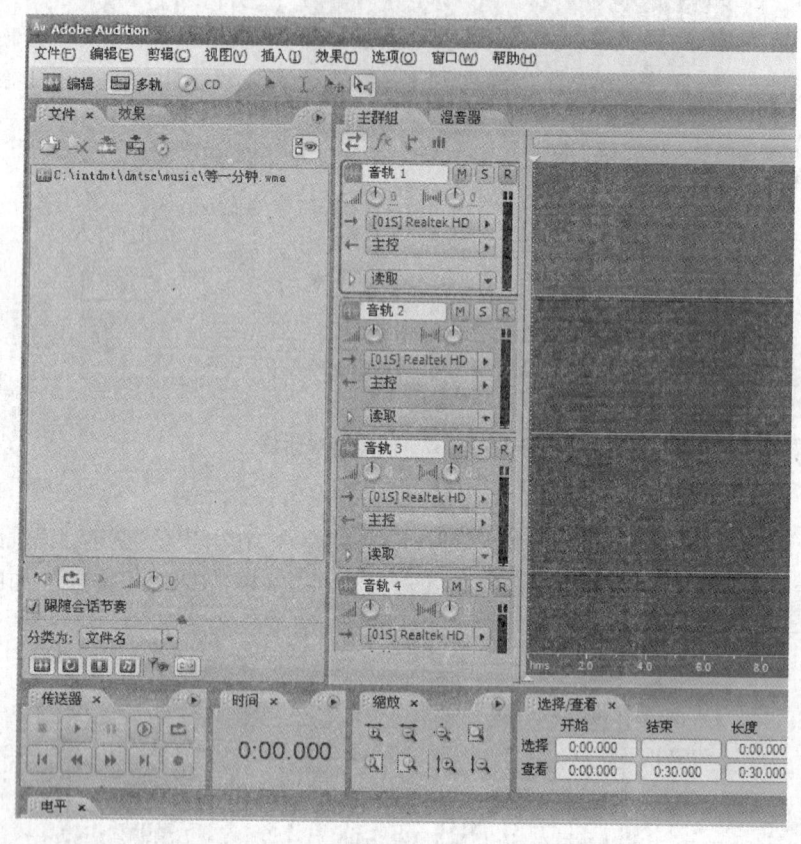

图 3-2-39　导入音乐文件到文件面板中

（2）选择"效果→混响→完美混响"菜单，进入"完美混响"参数设置窗口，图 3-2-40 所示，根据环境和个人爱好设置各项参数，边设置边试听，直到自己觉得满意为止，单击"确定"按钮，返回编辑视图界面。

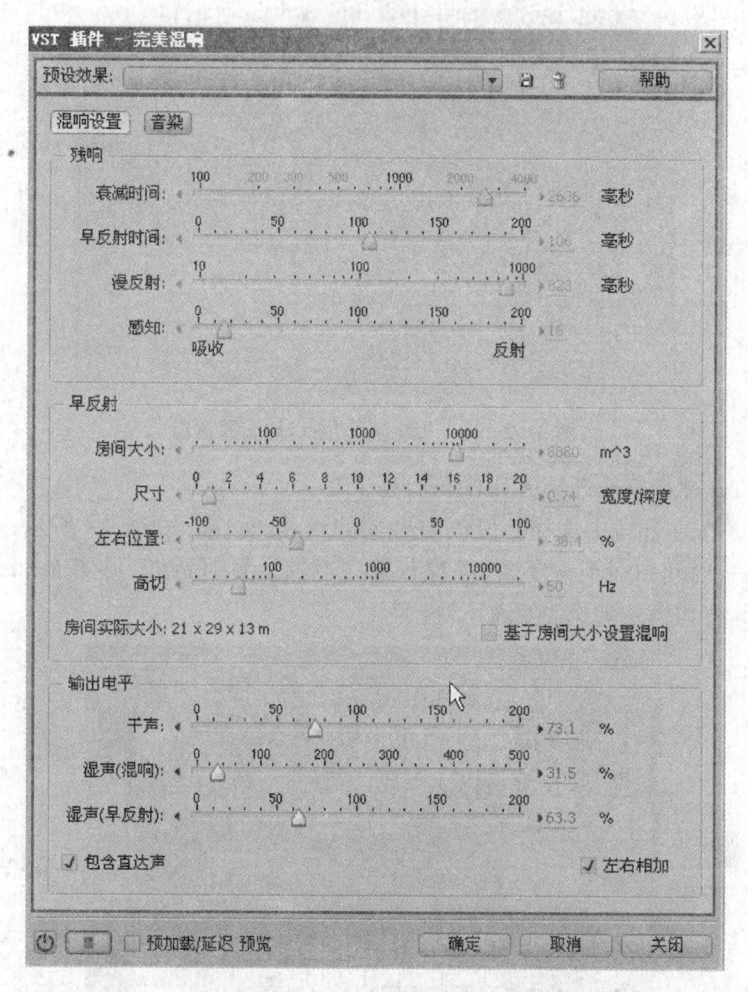

图 3-2-40 完美混响设置窗口

选择"效果→滤波和均衡→图示均衡器"菜单,出现图示均衡器窗口,单击图示均衡器窗口上方的"20 频段"选项卡,见图 3-2-41。

单击图示均衡器窗口下文的"播放"按钮,再适当调节各频段的值,直到自己觉得满意为止,单击"确定"按钮,返回编辑视图界面。

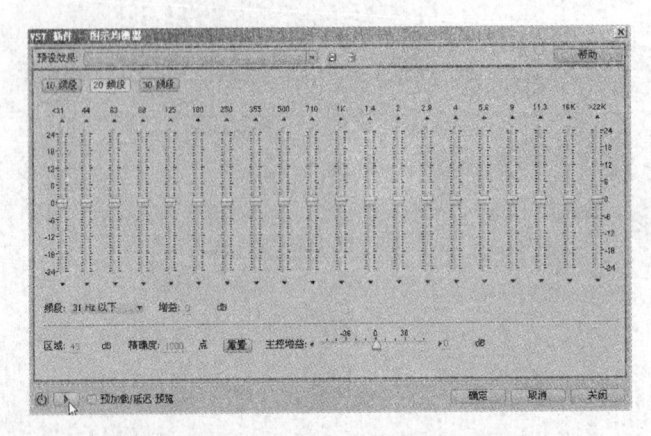

图 3-2-41 "20 频段"图示均衡器窗口

3. 对声音进行变速处理和调整音量

（1）在音轨中选择一段需要变速的声波，见图 3-2-42 所示，选择效果→时间和间距→变速（进程），出现变速设置对话框，见图 3-2-43 所示，变速模式勾选"变速不变调"。

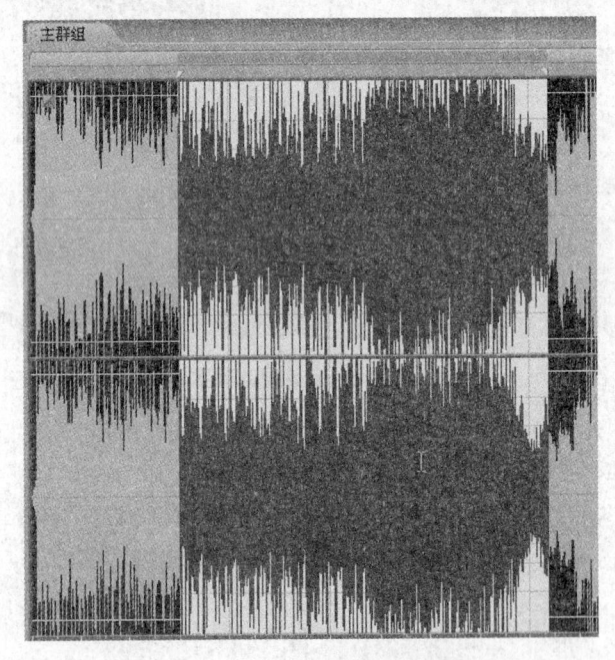

图 3-2-42 选择部分声波图

专题三 数字化教学资源的获取与处理

精度选"高精度",其他选项默认,单击"试听"按钮播放音乐,鼠标拖动变速栏中的变速滑块(提示:向右拖为加速,向左拖为减速)调节声音变速,调节好一个合理的变速值后,单击"确定"返回编辑视图界面。

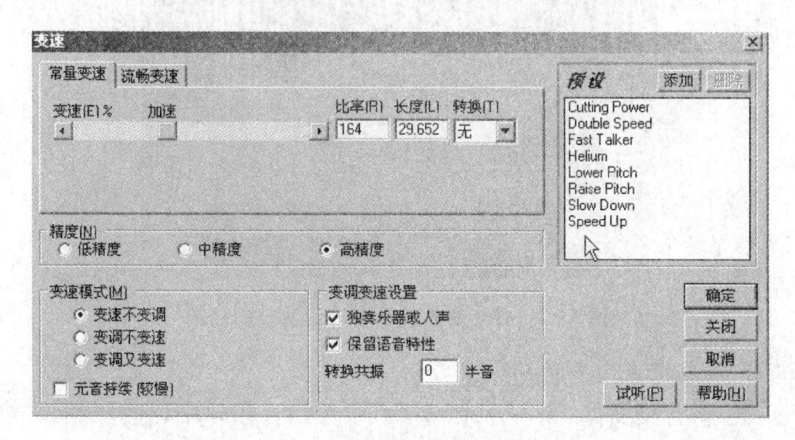

图 3-2-43 声音变速调节对话框

(2)在音轨中选择一段需要调整音量的声波段,在"效果→振幅和压限"菜单里选择"标准化"。声波是因周期、振幅、频率组成的,标准化就是让声波的振幅达到一个标准值。见图 3-2-44 所示,单击"确定"返回编辑视图界面。

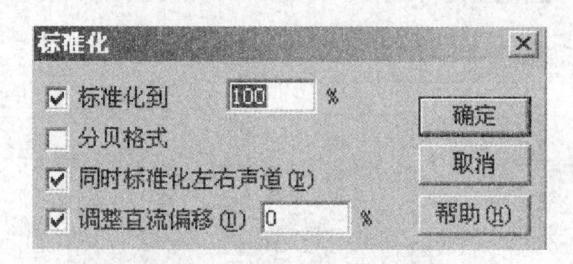

图 3-2-44 标准化对话框

提示:若一段波形的某一部分已经达到最大值,这时再标准化到100%,其他部分也不会有变化。若超过 100%,达到最大值的那部分就会消波,产生硬拐,影响音质(消波和硬拐),这里"标准化到"输入栏中,一般输入 100,不要超过 120,否则会影响声音质量。

(3)如果上面音量调整不满意,还可直接调节音轨选区波段中的音量控制按钮,见图 3-2-45 所示。

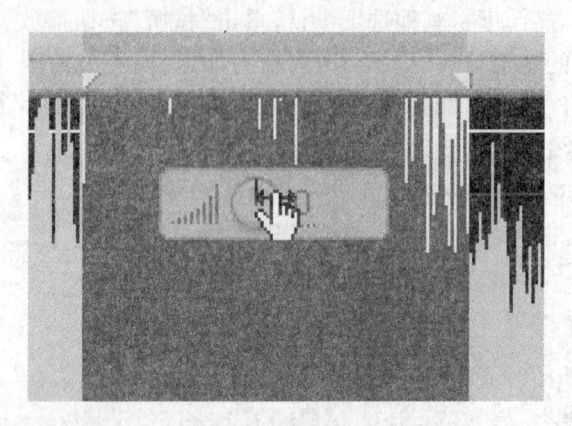

图3-2-45 音轨选区中的音量控制按钮

4. 消除原声带中的人声

（1）将音频文件"等一分钟.wma"导入到音频轨中，选择"编辑→转换采样类型(V)"菜单（编辑状态），出现图3-2-46所示"转换采样类型"对话框，通道选"单声道"，左混音输入-100，右混音输入100，其他选项选默认值，单击"确定"按钮。

（2）保存文件（文件名为：yp2.wma）。

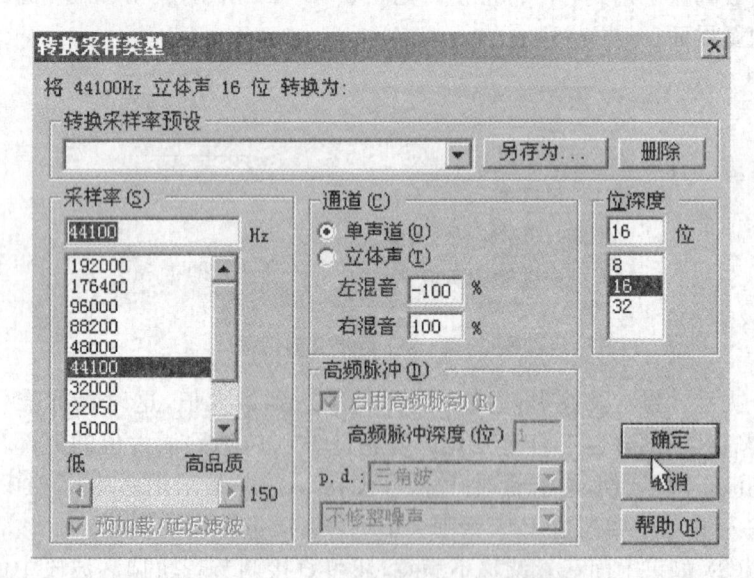

图3-2-46 转换采样类型对话框

5. 为录制的朗诵录音(**yp1.wma**)添加背景音乐

(1) 在 Audition 3.0 文件面板中,单击文件面板中的"多轨"按钮,切换窗口到多轨视图界面,再双击鼠标左键,在"导入"对话框中打开文件"yp1.wma"和"为爱痴狂.wma",将文件面板中的"yp1.wma"拖到音轨1,另一文件拖到音轨2,如图3-2-47。

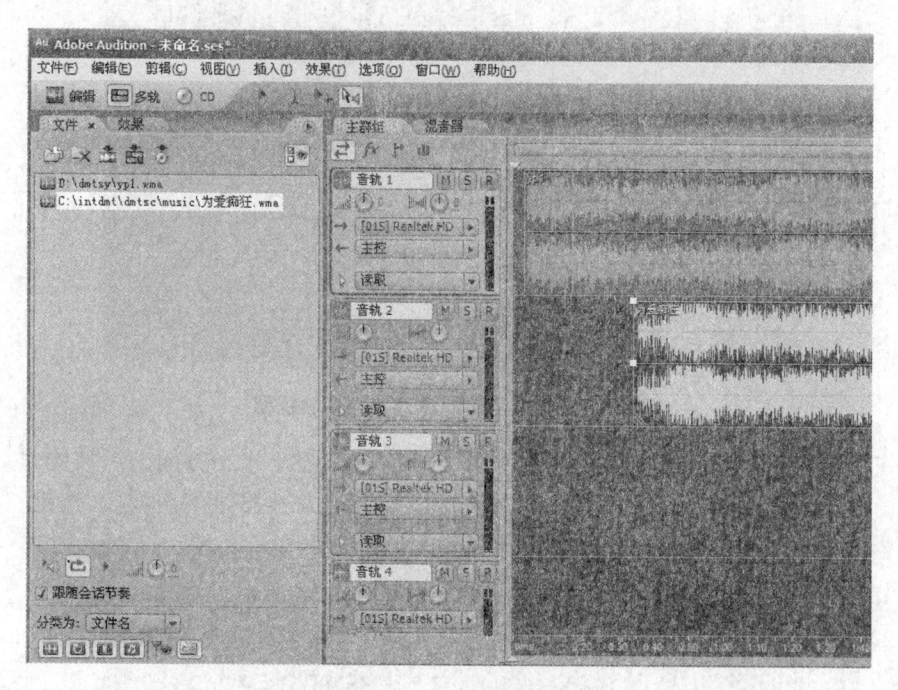

图3-2-47 多轨视图界面

(2) 单击"移动/复制"按钮,分别移动音轨1和2中的声波到起始位置或选中音轨中的声波,按住鼠标右键拖动,也可移动声波的位置。如图3-2-48所示。

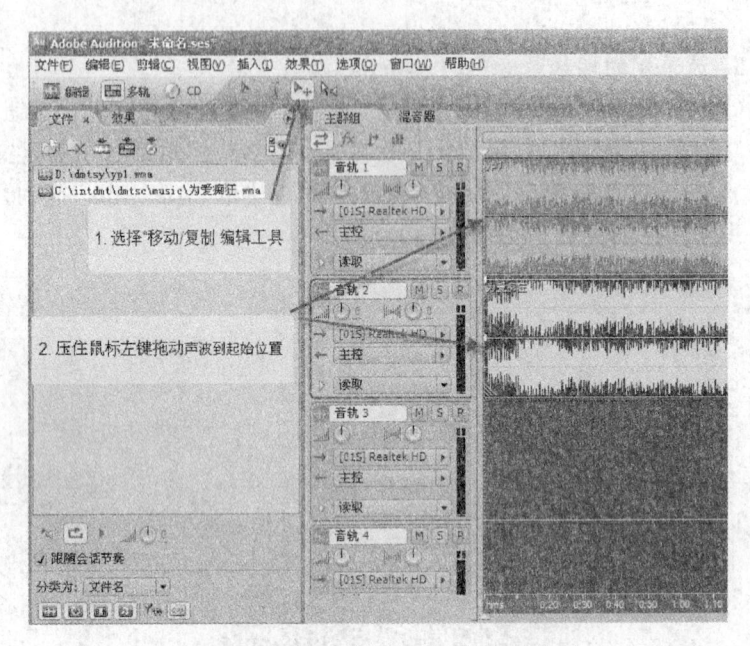

图 3-2-48 声波起点对齐的多轨视图

（3）单击缩放工具栏中的"水平缩小"按钮，缩小水平方向的声波图，单击"混合工具"按钮，用鼠标左键拖动选择音轨 2 中多余的声波段，按键盘上的"Delete"删除键，删除多余的波段，见图 3-2-49。

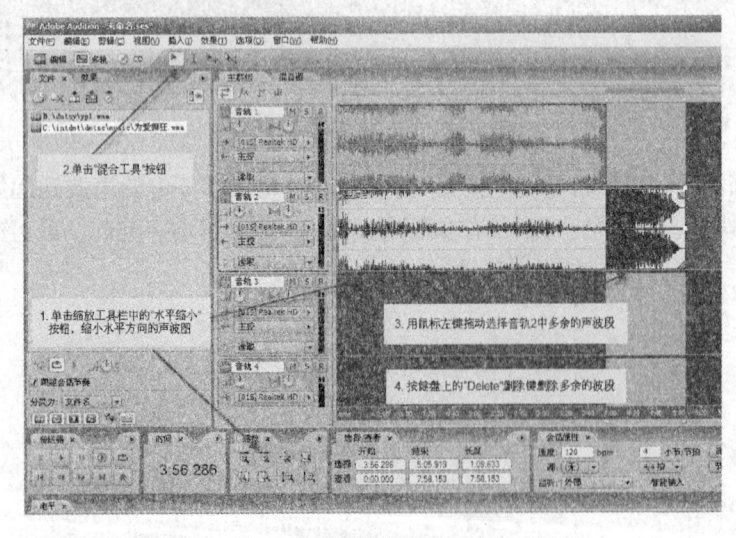

图 3-2-49 删除单轨 2 中多余的声波段

（4）完成剪辑后的多轨视图如图 3-2-50，先试听调节好各轨道的音量大小，再选择"文件→导出→混缩音频"菜单命令，在"导出音频混缩"对话框中选"输出"，范围为整个会话，保存文件到文件夹"d：\dmtsy"中，文件名为"yp3.wma"，图 3-2-51。

图 3-2-50　完成剪辑后的多轨视图

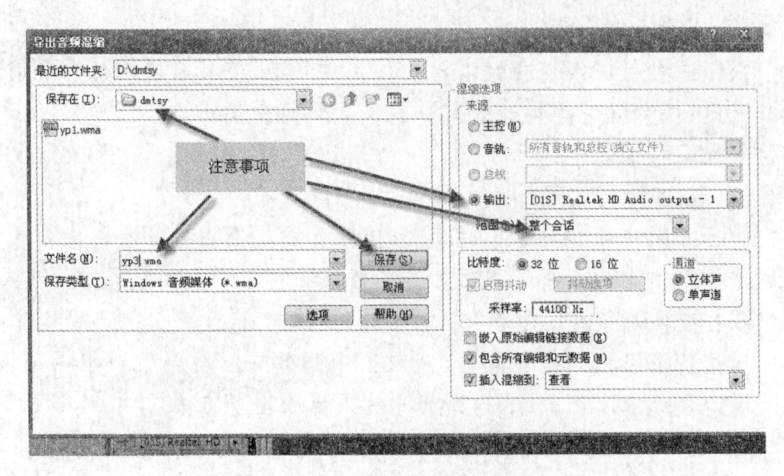

图 3-2-51　导出音频混缩对话框

任务四：利用会声会影 x3 制作视频教学短片《关注失学儿童》

知识卡片 3-2-52　会声会影工作界面及基本操作

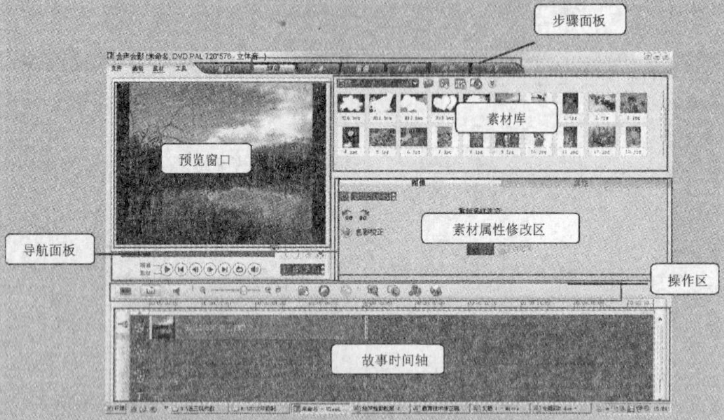

图 3-2-52　会声会影 x3 工作界面

一、素材的导入与剪辑

点击素材库面板左上角的"导入媒体文件"按钮或在素材库空白处右击，就能导入制作视频短片中需要的视频、图像、声音、动画等各种类型的素材。

素材的剪辑主要有三种方法：1. 利用擦洗器剪辑素材；2. 利用修整拖曳柄剪辑素材；3. 直接在时间轴中剪辑素材。

二、视频滤镜的添加

视频滤镜可以改变视频素材的样式或外观，使素材具有色彩平衡、动态光照、快慢镜头等特殊效果。会声会影共提供了 13 大类的几十种滤镜效果。

三、添加转场效果

转场效果应用在相邻素材之间，使画面的切换方式具有创意效果。注意覆叠轨道上的素材不能添加转场效果。

四、覆叠轨道的使用

覆叠轨道可以使画面叠加，实现画中画效果。覆叠轨道上的画面还可以为之添加动画效果，以改变它的入场和出场方式。

五、添加字幕

字幕的制作有三种方法：1. 使用标题模板制作；2. 添加单个标题

和多个标题;3. 使用动画模板制作。此外用户还可以通过参数自定义字幕动画,设置制作出各种专业的字幕动画效果。

视频短片《关注失学儿童》操作步骤:

1. 导入短片所需的各种素材

打开会声会影 x3,点击文件菜单,新建一个项目。仔细观看网站中的样例效果,点击素材库面板区域中的素材种类下拉列表,有视频、音频、图像等种类,点击素材库中的添加素材按钮,将本样例中所需要的各类素材导入素材库中,一次可以同时导入多个同类的素材,如图 3-2-53 所示。

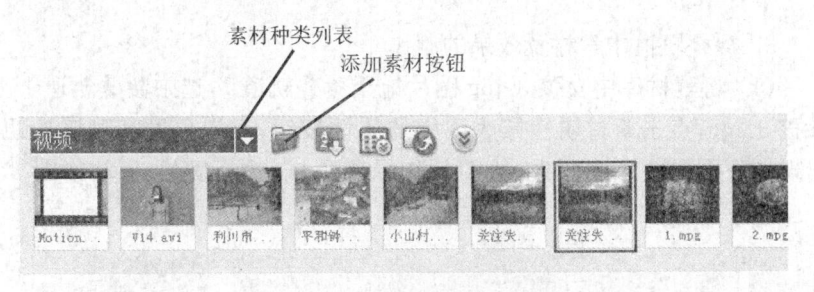

图 3-2-53 素材库功能按钮

2. 视频轨道 1 素材及转场效果的制作

(1) 视频轨道 1 共使用如下 9 个素材,按时间顺序它们是:蓝天绿草.mpg(0:18:00)、雪景 1.mpg(0:42:00)、雪景 2.mpg(1:01:00)、写字.mpg(01:14:00)、读书.jpg(1:29:00)、女孩 1.jpg(1:40:00)、女孩 2.jpg(1:52:00)、我想上学.jpg(2:00:00)。按以上顺序在素材库中把这些素材依次拖放至视频轨道 1,在时间轴窗格中把鼠标移至素材的右侧边缘处,当鼠标变成双向剪头时,拖动鼠标可以调整素材在项目中的时间长度,把素材的时间长度调整到以上所标的时间长度。

(2) 具体素材与素材之间的转场效果如下:蓝天绿草.mpg $\xrightarrow{交叉淡化}$ 雪景 1.mpg $\xrightarrow{交叉淡化}$ 雪景 2.mpg $\xrightarrow{交叉淡化}$ 写字.mpg $\xrightarrow{三维飞行木板}$ 读书.jpg $\xrightarrow{淡化至黑色}$ $\xrightarrow{淡入}$ 女孩 1.jpg $\xrightarrow{交叉淡化}$ 女孩 2.jpg $\xrightarrow{交叉淡化}$ 我想上学.jpg(最后淡化至黑色出现字幕)。点击素材库中的转场效果,按以上所列转场效果的顺序,选择转场效果,并将选中的转场效果拖至视频轨道 1 上相邻素材之间,拖动转场效果柄可以调整转场的速度,右击时间轴标尺,可以放大和缩小时间的显示,完成后时间轴如图 3-2-54 所示。

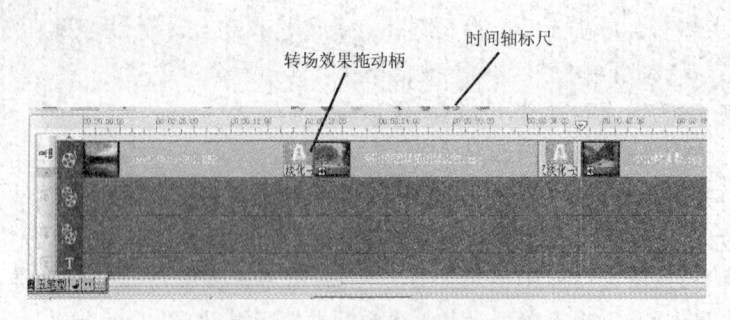

图 3-2-54　素材和转场效果时间轴

3. 覆叠轨道中素材及效果的制作

（1）将素材库中女孩 3.jpg 图片拖至覆叠轨道 1，选中覆叠轨道 1 上女孩 3.jpg，点击素材属性修改区中的属性按钮，点击色度和遮罩按钮，出现如下图属性修改面板，给图片加绿色边框，边框宽度为 2，如图 3-2-55 所示。

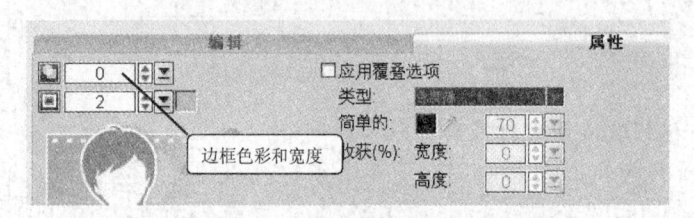

图 3-2-55　素材添加边框与色度遮罩属性

（2）设置女孩 3.jpg 从画面左上角缓慢移至画面中央停留 1 秒钟，从画面中间向右下角移动并淡出画面。选中覆叠轨道 1 上女孩 3.jpg，点击属性，出现方向/样式面板，进行如图 3-2-56 设置，拖动左右修整拖柄，设置停留时间，如图 3-2-57 所示。

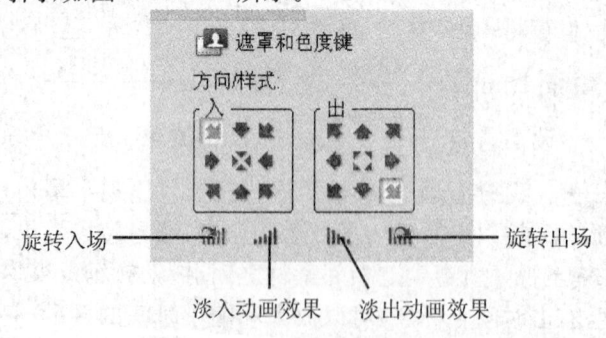

图 3-2-56　素材运动方式设置

图 3-2-57　素材在画面中停留时间设置

（3）设置覆叠轨道 2 中校舍 1.jpg 图片从画面右上角向画面中间缓慢移动并停留 1 秒钟，从画面中间向左移出并渐渐淡出画面。

会声会影共提供 6 个覆叠轨道，也就是可以有 6 幅画面叠加在视频轨道 1 上。添加覆叠轨道，在覆叠轨道 2 前打钩，如图 3-2-58 所示。拖动校舍 1.jpg 素材至覆叠轨道 2，注意在时间轴中的时间位置，是拖放在女孩 3.jpg 停留开始移动时。

图 3-2-58　覆叠轨道的添加

设置校舍 1.jpg 的边框和运动参照上面两步。只是边框颜色和运动方向有改变，设置方式一致，其余覆叠轨道上的画面的效果均参考以上三步操作。

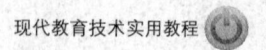

4. 添加字幕,并给字幕设置动画效果

(1) 根据短片样例中情节位置,拖动时间轴中的穿梭头定位需要字幕的位置,点击操作面板中的标题,预览窗里出现"双击这里可以添加标题"的字样,双击提示处,输入"大山"字幕,设置字幕字体、大小、颜色,如图3-2-59所示。如有多行字,则选择多个标题。

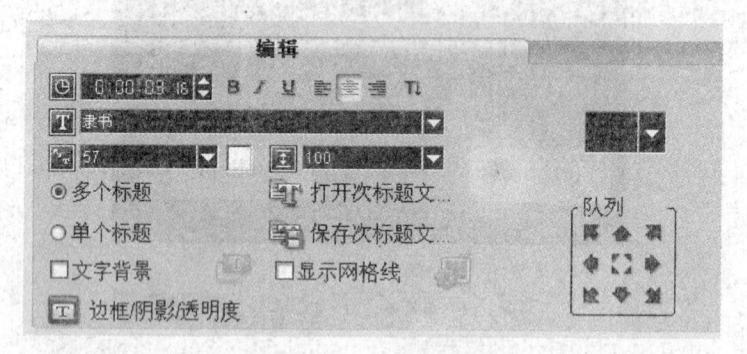

图 3-2-59 字幕属性设置

(2) 设置字幕动画。在预览窗里选中字幕,点击属性区中的动画,出现如图3-2-60所示的选项,在"应用动画"前打钩,并选择一种动画效果,其余字幕制作方法类同。

图 3-2-60 字幕动画效果设置

最后制作完成视频1,添加覆叠轨道和字幕后,时间轴窗格如图3-2-61所示。

图 3-2-61 时间轴窗效果图

5. 添加背景音乐,并给音乐以淡入淡出的效果

选择素材库中的音频,将素材库中的背景音乐.mp3拖至第二音频轨,会声会影有两个音频轨,第一音频轨一般放置配音,第二音频轨放置配乐。点击音频属性面板中的淡入按钮,使配乐在片头处慢慢响起来,如图3-2-62所示。

图3-2-62 音乐效果设置

6. 视频素材的渲染输出

点击操作面板中的"分享"按钮,选择属性面板中的"创建视频文件",选择"PAL MPEG-2 720*576"格式的视频文件,渲染完成后,可以在预览窗口中播放最后的效果。

会声会影可以将项目输出为视频文件格式或者单独输出声音文件,也可以将项目影片刻录为DVD、SVCD或VCD光盘,或者将影片录制到DV/HDV上。

任务五:Flash 动画的设计与制作

1. 运用 FLASH CS4 制作"蝴蝶飞舞"动画

(1)创建文件

① 打开 FLASH CS4 程序,执行"文件→新建"命令,在"新建文档"对话框的"常规"面板中选择"Flash 文件(Actionscript2.0)",按"确定",再选择菜单"修改→文档",设置动画大小为 800×600、帧频为 12,如图 3-2-63。

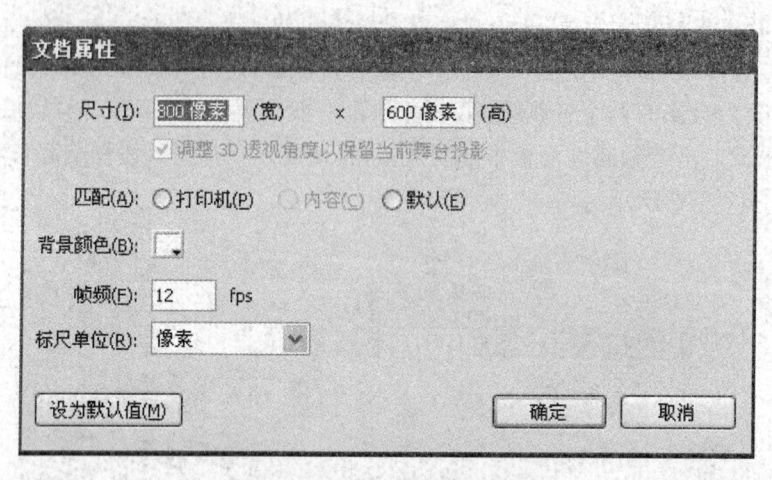

图 3-2-63 "文档属性"对话框

② 执行"文件→导入→导入到库"命令,在弹出的"导入到库"对话中,选择三张图片,这三张图片将会出现在库面板中,如图 3-2-64。

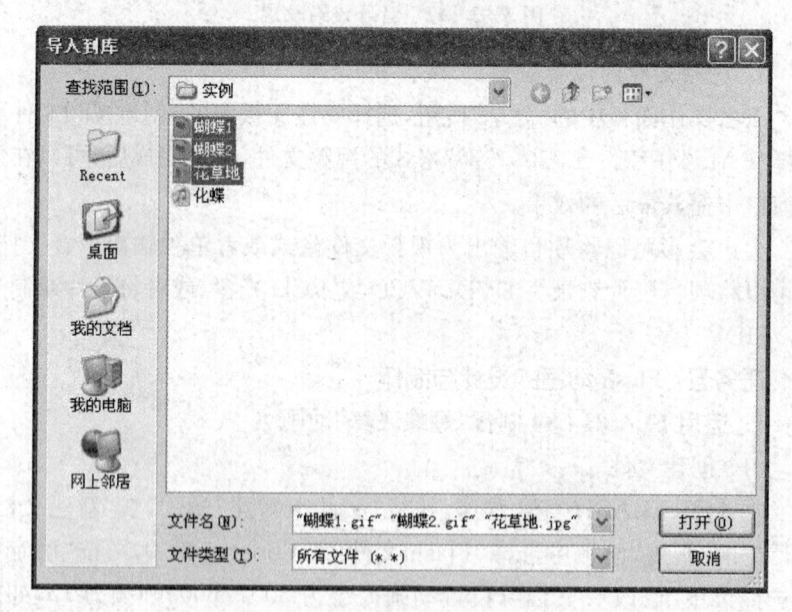

图 3-2-64 "导入到库"对话框

同样,执行"文件→导入→导入到库"命令,在弹出的"导入到库"对话中,选择"化蝶",这段音乐也将会出现在库面板中。

③ 进入"场景1",将时间轴上的图层名称"图层1"改为"背景",再插入三个图层,分别命名为"蝴蝶1"、"蝴蝶2"、"music"。

(2) 建立组件

① 执行"插入→新建元件"命令,在弹出的"创建新元件"对话框中,输入名称"蝴蝶飞舞",类型选择为"影片剪辑",如图3-2-65。

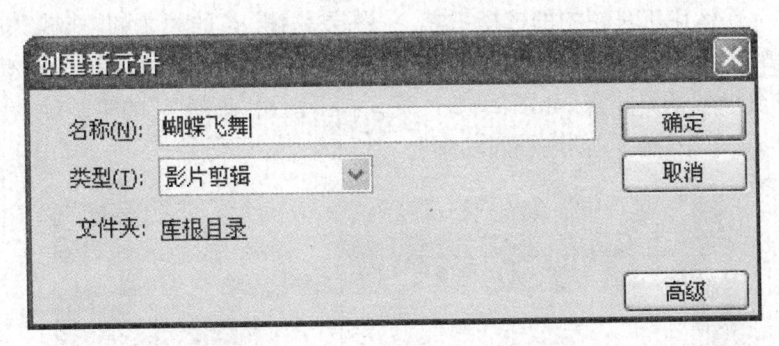

图3-2-65 "创建新元件"对话框

② 进入"蝴蝶飞舞"编辑环境,将"蝴蝶1"拖放到图层1中,并放在舞台的中央(即水平和垂直都居中)。插入新的图层,在新图层的第6帧处,按F6插入关键帧,将"蝴蝶2"拖放到该图层的这一帧,并放在舞台的中央。

③ 在图层1的第11帧F6键插入关键帧,第6帧、第16帧、第20帧按F5插入空白关键帧;在图层2的第16帧按F6插入关键帧,第1帧、第11帧、第20帧按F5插入空白关键帧,如图3-2-66。

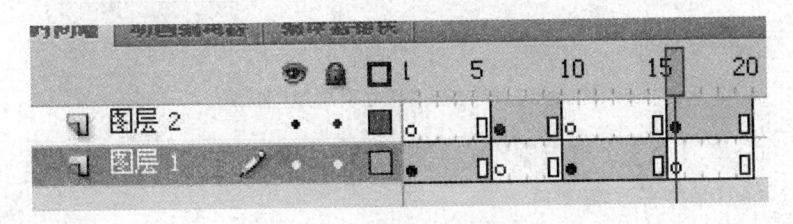

图3-2-66 插入"关键帧"

④ 回到"场景1"。单击图层"music"的第120帧,按住Shift键,选择"背景"图层的第120帧,按F5键,在这两层中都补充普通帧到第120帧。

(3) 建立引导层

① 在"场景1"中选择图层背景,从库中将图片"花草地.jpg"拖放至

"背景"图层中,并放在舞台的中央。

② 选择图层"蝴蝶1",从库中将"蝴蝶飞舞"拖到舞台上,并在该图层的第 120 帧按 F6 插入关键帧。

③ 右击图层"蝴蝶1",在出现的菜单中选择"添加传统运动引导层",在引导层的第一帧中运用工具栏中的"铅笔工具",绘制一平滑的曲线。

④ 运用工具栏中的选择工具,在图层"蝴蝶1"的第 1 帧,拖拽"蝴蝶飞舞"到曲线的起始点,再单击图层"蝴蝶1"的第 120 帧,拖拽"蝴蝶飞舞"到曲线的终止点,如图 3-2-67。右击图层"蝴蝶1"的第 1 帧,在弹出的菜单中,选择"创建补间动画"。

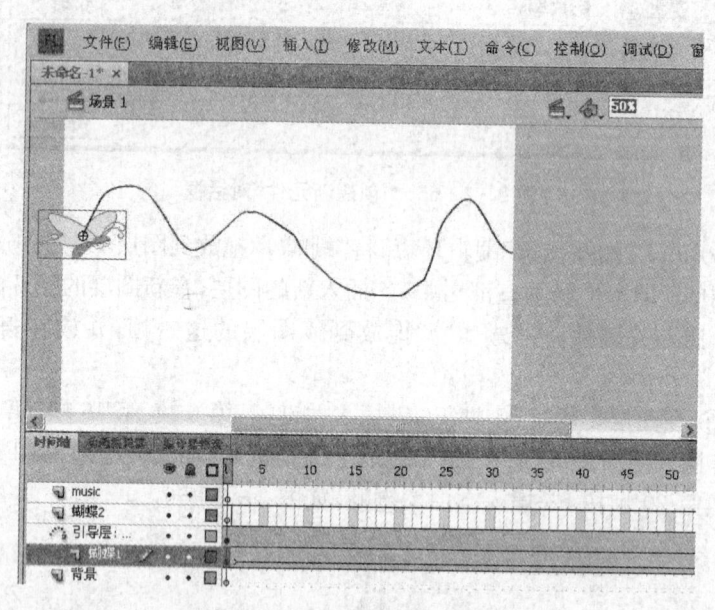

图 3-2-67 "建立引导层"窗口

⑤ 重复 2 至 4 可以制作另一只飞舞的蝴蝶。

(4) 保存并发布文件

① 保存:执行"文件→保存",在出现的对话框中输入文件名及保存位置。

② 发布:执行"文件→发布"。

2. 运用 FLASH CS4 制作"地月运动"动画

(1) 新建文件

选择"文件→新建"命令,设置文件大小为 600×400px,设置背景颜色为♯000000、帧频为24fps。

(2) 制作地球自转

① 新建图形元件"地图",导入图片"地图.jpg",用工具栏中的"任意变形工具"调整图片大小,并将图片右边与舞台中心对齐;

② 复制"地图"图片,水平翻转,并将其左侧与舞台中心对齐,将两个地图图片垂直对齐;

③ 新建影片剪辑元件"地球自转",从库中将图形元件"地图"拖入其中,并在图层1中建立动作补间动画:图片从左边移动至右边;

④ 新建图层2,用椭圆工具绘制圆形,设置图层2类型为遮罩层;

⑤ 为了使地球更加有立体感,新建图层3,绘制与图层2中相同大小的圆形,并在其中填充放射状渐变色,外面为黑,中间为透明,如图3-2-68所示。

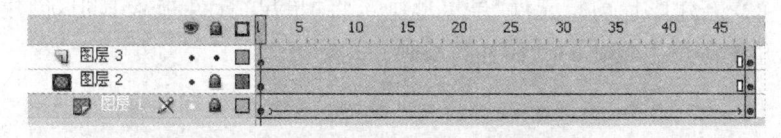

图3-2-68 地球自转时间轴窗口

(3) 制作月球运动

① 新建图形元件"月球",导入图片"月球.jpg";

② 按Ctrl+B,将图片分离,选择工具栏中的"磁性套索工具",用其下方选项中的"魔术棒"选择黑色区域,按Delete删除;

③ 选择工具栏中的"矩形选框工具",选择月球以外区域,并删除;

④ 新建影片剪辑元件"月球运动";

⑤ 将月球元件拖入其中,图层1命名为"月左",制作引导线动画,为了使动画更加逼真,将月球运动动画分为左、右两部分分别制作;

⑥ 新建图层"运动轨迹",在其中绘制空心椭圆;

⑦ 在"月左"图层上方新建引导层"左",选择图层"运动轨迹"中椭圆的左半部分并复制,选择"左"图层,通过编辑菜单中的"粘贴到当前位置",将其粘贴到第1帧;

⑧ 在月左图层第1帧,将月球吸附在线段下面端点,在第25帧插入关键帧,将月球吸附在线段上面端点,点击右键,创建动作补间动画,设置缓动为100,实现由近及远、由快到慢的效果;

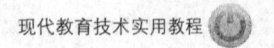

⑨用同样方法,制作月球右边的运动轨迹。

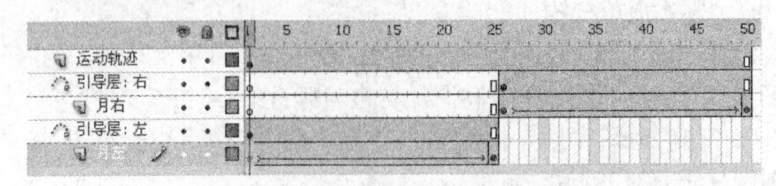

图3-2-69 "月球运动"时间轴窗口

(4) 制作星星闪烁

① 新建图形元件"星星",在其中用线条工具绘制横竖两条短线,颜色为放射状渐变,内部为白色,两端为透明。

② 新建影片剪辑元件"星星动画",将"星星"元件拖入其中,创建大小、角度等发生变化的动作补间动画。

图3-2-70 "星星闪烁"时间轴窗口

(5) 整合地月运动

① 新建影片剪辑动画"地月运动",建立三个图层"星星"、"月球"、"地球";

② 在地球图层上将"地球自转"元件拖入第1帧;

③ 在月球图层上将"月球运动"元件拖入第1帧;

④ 在星星图层上拖入多个"星星动画"元件实例,调整每个元件实例属性,如:大小、角度等,通过逐帧动画方式,实现满天繁星的感觉。

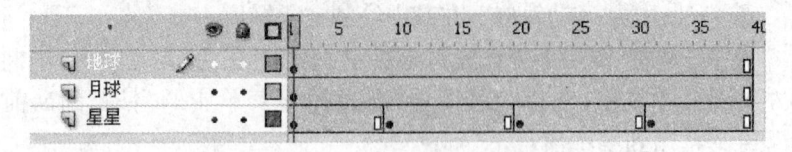

图3-2-71 "地月运动"时间轴窗口

(6) 制作封面和交互按钮

① 在场景1中"背景"图层,导入"夜空.jpg"图片,用任意变形工具

调整图片大小；

② 新建"文字"图层，选择工具栏中的"文字"工具，在舞台上点击鼠标，输入文字"地月运动"，在属性面板中选择文字的大小、字体等；

③ 按两次 Ctrl＋B 将文字变为分离状态，选择 窗口/颜色，选择类型为放射状，设置渐变色，选择工具栏中的渐变变形工具，调整渐变色状态；

④ 新建"按钮"图层，打开"窗口→公用库→按钮"，选择 buttons rect bevel 中的 rect bevel aqua，将其拖入舞台，并调整到适当位置；

⑤ 双击舞台上的按钮，进入按钮元件编辑状态，将"text"层上的第 1、3 关键帧（弹起、按下）上的文字改为：播放，时间轴如图 3-2-72 所示；

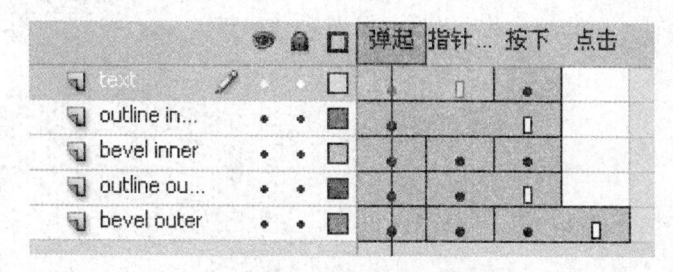

图 3-2-72　按钮时间轴窗口

⑥ 回到场景 1，新建"地月"图层，在第 2 帧插入空白关键帧，将库中的"地月运动"影片剪辑拖入舞台，调整到适当位置；

⑦ 为了控制影片开始时不播放，新建一个"as"图层，在第 1 帧，点击右键，选择"动作"，在其中输入：

stop();

⑧ 为了控制影片播放，选择舞台上的按钮元件实例，点击右键，选择"动作"，在其中输入：

on(release){
　　gotoAndStop(2);
}

图 3-2-73　场景 1 时间轴窗口

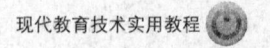

知识结构

数字化教学资源的获取与处理
- 数字化教学资源概述
  - 数字化教学资源分类
  - 数字化教学资源相关标准
- 数字化教学资源的获取与处理
  - 文本素材的获取与处理
  - 图片素材的获取与处理
  - 声音素材的获取与处理
  - 视频素材的获取与处理
  - 动画素材的获取与处理

专题四　多媒体课件设计与制作

学习目标

1. 掌握课件的分类以及课件在教学中的作用。
2. 掌握多媒体课件设计的主要内容。
3. 掌握多媒体课件开发的一般流程。
4. 掌握 Powerpoint、几何画板、Dreamweaver 三种常用多媒体课件开发工具的基本操作。
5. 利用三种常用多媒体开发工具初步制作辅助学科教学的多媒体课件。
6. 了解多媒体课件评价标准。

专题引言

随着计算机技术、网络技术、多媒体技术的飞速发展,计算机辅助教学(CAI)已成为一种广泛应用的教学手段。计算机辅助教学是一种新型的教学形式,是现代教育技术的重要组成部分。本专题主要讨论多媒体课件的基础知识、多媒体课件的类型、多媒体课件设计的主要内容、多媒体课件的开发与设计的一般步骤、常用多媒体课件制作工具的使用等内容。

第一讲　多媒体课件概述

基础知识

一、课件的分类

课件是指在一定的教学与学习理论指导下,根据教学目标设计的,反映某种教学策略和教学内容的计算机软件,是编制者按某一思路设计制作的、前后连贯的、有系统的软件。课件可从教学功能或使用对象、内容交互及运行环境等几个方面进行分类。

1. 根据运行环境分类

(1) 单机型课件。在独立的计算机上运行的课件。

(2) 网络型课件。在网络环境下运行的课件。

2. 根据教学功能分类

(1) 助教型课件。主要是教师在课堂教学中进行知识传授时使用的课件。

(2) 助学型课件。主要是学生在课堂或课后学习时使用的课件,如检测学习效果的课件,指导学习的课件,单纯课后练习的课件等。

(3) 教学结合型课件。是兼顾教师与学生两者使用的课件。

3. 根据多媒体课件的交互性分类

(1) 演示型课件。指以图解、动画等形式进行教学内容的演示,讲解课本知识的原理和规律,提示事物发生、发展和变化的内在规律,以讲解或展示教学内容为主的课件。

演示型课件的目的是为课堂教学服务,不是为表演而作。所以,应认真地选好题,处理好内容与形式的关系,不应片面地去追求华丽与动感,良好的教学效果才是课件追求的唯一目标。

(2) 交互型课件。以人机对话的方式进行人机之间的信息沟通,实现人机交互的课件,如自学辅导类、场景模拟类、测试练习类等课件。

交互型课件又分为以下几种:

① 学生自主学习型。这种类型的多媒体课件具有完整的知识结构,能反映一定的教学过程和教学策略,提供相应的形成性联系,供学生学习及评价,并设计友好的界面让学习者进行人机交互活动。这类课件中,有很大部分是基于网络型学习课件,由于网络可以提供更加广泛的学习资源,更利于学生自主学习。

② 模拟实验型。这种类型的多媒体课件借助计算机仿真技术,模拟某种真实的情境,提供更改参数的指标项,当学生输入不同的参数时,及时给出相应的实验或探究活动。模拟实验型课件对多媒体技术的要求比较高,制作者既要有较强的动画创作能力,又能够编辑复杂的内部程序语言,所以,在制作和使用的时候对教师的要求也比较高。

③ 训练复习型。这种类型的多媒体课件主要通过提出问题的形式,训练和强化学生某方面知识和能力;课件的内容在安排上要分为不同的

等级,逐级上升,根据每级目标设计题目难易程度,使用者可以选定训练等级进行学习;这种类型的课件通常应用在习题测试,英语单词记忆等方面。

由于练习测试在本质上都是重复,并且所有的应答基本上都是相同的模式,学习者在这种环境下,学习兴趣会逐渐降低,动机也很难保持在一个很高的水平上。所以,在练习中需要采取竞争的形式,如学习者之间的竞争或与计算机对抗等。

④ 教学游戏型。这种类型的多媒体课件与一般的游戏软件不同,它是基于学科的知识内容,寓教于乐,通过游戏的形式,教会学生掌握学科的知识并提供学习能力,引发学生的学习兴趣,是一种非常有前景的多媒体课件,常见的有单词学习等。

⑤ 资料工具型。这种类型的教学软件包括各种电子工具书、电子字典,以及各种图形库、动画库、声音库等,这种类型的教学软件只提供某种教学功能或某类教学资料,并不反映具体的教学过程。它比较适用于自主学习能力较强的学生,当他们在学习过程中遇到了某些问题,可以根据这些问题来追踪答案,从而完成学习的过程。

知识卡片 4-1-1 网络课件的特点及意义

一般意义上,网络课件可以理解为:利用因特网技术,将课件放在服务器上,通过网络来传输教学信息,客户通过 Web 浏览器来学习的教学辅助工具。

网络课件以计算机网络为载体,实现多用户之间的直接交互,更具人性化,实现更大交互范围,更多人交互纵深;网络课件的每个组成部分不一定自身实现交互,可以借助任何一种网络交互形式如 BBS、E-mail 等;网络课件以动态的计算机网络为载体,其使用需要考虑信息发布的高峰问题,其内容可以随时更新,并以更新率为课件质量的重要衡量指标;网络课件强调多种媒体形式的有机呈现,媒体形式及编码有统一协调的要求,但不一定在每一个局部强调多媒体形式,网络课件允许有 ppt、pdf、doc 等形式的内容单独存在;网络课件实现多人包容,助教与助学的划分更加模糊,有更多发挥空间(如训练、测验、课程、模拟协作与实验等)。因此,从一定意义上讲,它是一种缩微的教育教学系统,因为网络课件的设计需要满足教育性、科学性、技术性、艺术性、使用性的特点，其中已经融入教师的教学过程、教学目的、教学方法、学生的学习方法，甚至还有学习伴侣的角色。

1. 网络课件的优点

(1) 共享性

用 HTML 或其他工具编写的网络型课件，能够存放在网络服务器上，并通过 Internet 进行发布，学习者可以直接通过浏览器与服务器连接并获取教学信息，实现信息资源的高度共享。Web 的跨平台分布也使得课件的跨平台交流得以实现。

(2) 即时性

网上教学课件可以随时更新，只要将新的课件或更新的部分放在服务器上，用户就能看到最新的教学内容，比其他形式的媒体要快捷得多，可实现即时交流与学习。

(3) 时空不限性

Web 为用户提供了几乎无限的时空自由度，无论在何时何地，只要通过终端上网，就可以利用最新的课件进行学习。这样的课件特别适合远程教育、终身教育和开放式的教育教学活动。

(4) 人机优势互补性

利用网络型课件进行学习，学习既可以通过 HMC 方式（硬件管理控制台）进行个别化的交互学习，又可以通过嵌在课件中的 CMC 工具（网络通讯工具）如电子邮件、聊天工具、视频会议系统等与老师和同学进行讨论和合作学习。

(5) 整合性

在网络课件中，可以通过超级链接技术整合各种网上多媒体内容、通信工具和其他的相关资源，它能使各种站点上的内容无缝链接，便于跨地区专业的合作开发和合作学习，也称计算机支持的协同工作（Computer—Supported Cooperative Work，CSCW）和协作学习（Computer—Supported Cooperative Learning，CSCL）。

为了扩大用户，并考虑到现有因特网的异质性网络结构，课件的实现应该尽可能地采用独立于客户端计算机结构的平台和便于移植的技术。也就是说，多媒体网络课件应该能够支持具有不同类型操作系统的计算机访问。

2. 网络课件的特征

一门好的课程重点在于基本内容,当然这包括教师和学生之间正常的网上交流,以学生为中心的教学方法,为学生提供机会以利于他们自学。也就是说高质量的网络课件,不仅仅取决于教学内容的质量,教学内容的表现形式,还取决于教学方法的合理运用,教学策略的具体实施。教学内容与教学目的、教学对象有关,网上教学比课堂教学要复杂得多。网络课件具有以下的特性:

(1) 教学层次的多样性

现代远程教学已发展出多层次的教学。一是大众教育,为许多没有机会上大学,但有愿望又有能力的人获得大学本科文凭开设的教育;二是学位课程教育,为已获得学士学位的人希望获得博士、硕士或第二学位开设的教育;三是人才(专业)培训,为社会需求的各种类型的专业开设的教育;四是基础教育的补充,对于家庭上网的中小学生作为课余的补差补缺、预习、研究性学习等。

(2) 教学方式的灵活性

网络课件中最突出的特点是:信息量较大,可以进行点对点的人机交互或大众讨论一般的交互。一般在设计这类课件的时候,都设计了类似聊天、BBS 的功能。网络多媒体课件的中心不再是多媒体的表现形式,而是网络的交互。聊天室的功能一般是提供一个虚拟的空间,让网络上的学生在这里自由地发表、讨论自己的问题,聊天室的反馈不再是课件中预先内置的,而是由其他的使用者提供。它所容纳的知识量,不再是教师的知识量,而是全体在聊天室里用户的知识量。通过聊天室,学生可以将某知识点中的疑问或自己的心得提出来讨论,在整个讨论过程中,他们可能会遇到与自己完全不同的观点,从而进一步促使他们进行思考。至此,学生学习到的不再是单纯的知识点,而是获得该知识的过程。这样就可以达到"知其然,亦知其所以然"。

(3) 教学内容的可控性

传统的课堂教学或电视广播教学都是一个教师同时向许多学生进行教学,很难针对学生的个别特点,注意每个人的理解和反应,进行个别化教学。网络课件方式的教学则可以做到个别化教学,以 Web 形式组织的课件,包括课程信息,各种与课程有关的辅助信息和有效的工具存放在网络发布站的资料库里,学习者根据自己的需要来调用,这就形成了我们所说的利用 Web 的优势构建一种网络化学习环境。

3. 网络课件的意义

随着计算机技术的不断发展,利用计算机辅助教学的模式已经在教育领域普及起来,但类似 PowerPoint 幻灯片的传统模式的计算机辅助教学方式已经逐渐不能适应教学的需求。多媒体技术与 Web 技术的发展,使得网络课件在教育中的作用越来越重要。

以计算机网络为基础的现代教育手段在教学中得到了广泛应用,这对培养 21 世纪的新型人才和大规模进行人员培训起到积极的促进作用。网上教育的发展,必将对我国整个教育事业的发展产生深远的影响。但网上教育的发展,离不开大量、优秀的网络课件。网络课件的重要意义在于:

(1) 教育信息化建设的需要

发展现代远程教育,构建终身学习体系是教育信息化的一项重要任务。现代远程教育是随着现代信息技术的发展而产生的一种新型教育方式。教育部在"面向 21 世纪教育振兴行动计划"中决定,实施"现代远程教育工程"。通过该工程的实施,可以有效地发挥现有各种教育资源的优势,符合世界教育发展的潮流。而实施现代远程教育,需要开发大量的网络课程。

(2) 课程教学模式改革的需要

当今世界,科学技术突飞猛进。面对新的形势,我们的教育观念、教育体制、教育结构、教学内容和教学方法相对滞后。因此,必须改革传统的课程教学模式和教学方法,借助多媒体技术和网络通讯技术等,探索新型的课程教学模式和教学方法。

(3) 创新人才培养的需要

创新人才的培养是实施素质教育的重点,创新人才的特征主要体现在如下几个方面:

① 具有创新意识,创新意识即引起某种创造动机所表现的创造意向和愿望。

② 具有创造性思维,它具有如下的特征:思维方式的求异性;思维状态的主动性;思维结构的灵活性;思维运行的综合性;思维进程的突发性;思维表达的新颖性。

③ 具有创造能力,学生的创造能力需要具有如下基础:良好的思想素质;扎实的文化知识;一定水平的信息能力。

创新人才的培养,必须依靠现代技术手段的应用,而网上教学具有学习资源丰富、学生兴趣浓厚、操作使用方便、交互性强等特点,能激发学生的创新意识和求异思维,培养学生的动手实践能力。

4. 软件工具的运用

网络课件制作工具有多种。用 Dreamweaver 和 Flash、Fireworks 是非常好的搭配,可以制作出相当不错的效果来。

Dreamweaver 是一套针对专业网页开发者而特别开发的可视化网页设计工具,它可以很好地控制 HTML 源代码。用它的层可以使网络课件变得多姿多彩,生动活泼;重复部件库可以大大提高网络课件的制作效率。

Flash 是 Macromedia 公司出品的矢量动画制作软件。利用该软件制作的动画,具有文件尺寸小、交互性强,可无损放大,可带音效等。另外,Flash 采用的"流"技术打破了网络带宽的限制,可边下载边播放。利用 Flash 可以很方便地制作出移动、变形等各种各样的动画,特别是它运用图层这一管理素材的方法,利用向导层、遮罩层产生一些特殊的效果,各种层叠加在一起制作出复杂的动画效果。还可以利用脚本来控制动画的播放,为动画添加声音和音乐效果。如用渐变色做遮罩移动,可使图中河水产生流动的效果。

Fireworks 是 Macromedia 公司推出的一个全新概念的适合网络应用的图像处理软件,它是为网络图像处理而量身定制,集普通的图像处理和网络应用于一身。在 Firework 上你可以直接使用矢量图绘制,在位图图像编辑模式下进行图像编辑;导出时可以进行各种优化。通过层和帧直接制作 Gif 动画,批处理生成文件,切割图像,创建交互式网页等。

Flash 和 Fireworks 都实现了与 Dreamweaver 的无缝集成,可以在 Dreamweaver 中方便地插入 Flash 动画和 Fireworks 生成的图像。

二、课件对教学的促进作用

课件对教学的促进作用常体现在以下几个方面。

1. 图文声像并茂,激发学生学习兴趣、突破难点。多媒体教学软件由文本、图形、动画、声音、视频等多种媒体信息组成,图文声像并茂,能给学生提供多种感官的综合刺激,这种刺激能引起学生的学习兴趣,提高学生的学习积极性。对受条件限制难以展现的不同时空发生的事物现象时,如在探索"地震是怎样形成的"活动中,如果用多维的动画形式显示在屏幕上,使学生获得动态形象的信息,了解造成地震的几种原因形成鲜明丰富的感性认识,这样轻而易举地突破教学中的难点。

2. 能改变单一的教学模式。使教学不只是单一的灌输式,而是可以根据教学目的,将其分为讲课型、练习型、自学型、实验型等。讲课型以基本原理为主,对复杂的动态图形,在多媒体教学课件中可以利用计算机动画技术演示过程,使学生既加强理解,又生动有趣。练习型和自学型课件可以辅导学生做习题或自我测试,对回答做判断并加以提示辅导。

3. 利用课件展开教学,使因材施教、个别化教学真正成为可能。不同程度的学生可以区别对待,学生掌握了学习的主动权,可以复习、重学、跳跃式学习。对于学习的时间、进度、内容可以自己选择,不会因有压力而放弃学习。

4. 丰富的信息资源,扩大学生知识面。多媒体教学软件提供大量的多媒体信息和资料,创设了丰富有效的教学情境,不仅有利于学生对知识的获取和保持,而且扩大了学生的知识面。

5. 超文本结构组织信息,提供多种学习路径。超文本是按照人的联想思维方式非线性地组织管理信息的一种先进的技术。由于超文本结构信息组织的联想式和非线性符合人类的认知规律,因此便于学生进行联想思维,可以使学生按照自己的目的和认知特点重新组织信息,按照不同的学习路径进行学习。

三、多媒体课件的评价

多媒体课件的开发与多媒体课件的评价是密不可分的。多媒体课件评价的根本目的在于实现课件系统的完善。目前,市场上可供选择的多媒体课件越来越多,不同类型的课件,制作要求和使用方式各不相同,对它们的评价也应不同。因此,多媒体课件的评价日益引起人们的广泛关注。

（一）多媒体课件的评价分类

1. 形成性评价

多媒体课件的形成性评价就是在开发过程中收集各方面的有效数据，作出分析判断，向课件开发者提供反馈信息，帮助他们改进和完善开发工作，以取得价值较高的课件。

这种评价贯穿于整个课件的开发过程中，其最突出的作用是能够及时地发现问题并加以解决，保证了开发工作的良性发展，避免因问题的长期积累而导致无法挽回，前功尽弃。许多大型课件开发计划都规定了自己的形成性评价机制。

2. 总结性评价

总结性评价是在课件开发过程结束以后，通过课件之间的比较，或者课件与某种标准的比较，对于课件的价值做出判断、划分等级，并给课件流通过程中的决策者提出建议，帮助他们做出有关课件的选择和推广应用的各种决策。

在无论采用何种评价过程必须注意以下方面：

（1）教学内容

① 教学内容正确，无政治性、科学性错误和严重的文字错误；

② 符合教学要求，体系规范、完整，结构严谨；

③ 充分的资料或网络资源链接，资料来源清楚，无侵权行为。

（2）教学设计

① 教学目标清晰，定位准确，符合认知规律，启发引导性强，逻辑性强，有利于激发学生学习；

② 具有较好的人机交互性，模拟实践环境，注重能力培养；

③ 恰当地表述出教学中的重点和难点，配有适当习题；

④ 能体现新课改教学理念，突出学生自主、合作，探究性活动，有利于生动有趣地开展教学活动；

⑤ 教学应用界面友好、操作简易、灵活；文档齐备、可扩充性好。

（二）多媒体课件的评价标准

多媒体课件的评价，在我国经过多年的实践逐渐形成了一种三级评审模型，其大体流程为：一审由评审工作人员检查程序的可靠性、稳定性、筛选掉不合格的软件；二审由学科专家组成，制定多媒体课件评价标准并给予加权和量化，根据评价标准全面地评价多媒体课件的教育性、科学性、技术性、艺术性和使用性的价值；三审则由各方面专家汇总评价意见,确定软件等级。表 4-1-1 提供了操作性较强的一种课件评价标准,从教学实用性、设计技术性、设计艺术性等几方面评价。

表 4-1-1　多媒体课件评价标准

1. 教学适用性(约占总评成绩的 50%)

		无内容错误	无科学性错误和严重的文字错误
教学适用性	规范完整	内容规范	概念叙述正确规范,教学内容适应于相应认知水平的学生
		体系完整	教学知识体系内容完整,符合制作量要求
		资料丰富	有丰富的和教学知识点配合的习题、案例及相关资料,利于学生学习
	教学设计	理念新颖	教学理念先进,体现出良好的整体教学设计思想
		互动性强	教学策略科学,使用多种方法开展教学互动,激发学生主动学习
		设计一致	每个知识点均有较好的教学设计

2. 设计技术性(约占总评成绩的 30%)

		无运行错误	课件运行正常可靠,无"死机"现象,无导航、链接错误
设计技术性	技术应用	使用软件	采用了技术含量较高的制作软件,或设计了适合于课件制作的软件
		技术水准	软件设计有较高的技术水准,交互性强
	设计效果	操作方便	课件操作方便、灵活,交互性强,启动时间、链接转换时间短
		媒体控制	对多媒体(如视频、声音)设计了相应的控制技术

3. 设计艺术性(约占总评成绩的 20%)

		无不良感观效果	音视频信息无不良的视觉、听觉效果
设计艺术性	界面媒体	界面协调	界面布局合理、新颖、活泼、有创意,切合课件主题,整体风格统一,色彩搭配协调,视觉效果好,符合视觉心理
		媒体应用	充分利用多媒体形式表现教学内容,制作精细,吸引力强,激发学习兴趣

除根据上述评价标准打分之外,还可以根据多媒体课件的整体效果、创新性和推广应用前景,适当给予10%左右的奖励分数。

奖励分	整体效果	课件整体效果好,采用的设计技术、设计艺术与教学内容达到和谐统一,能够很好地为教学目标服务
	创新性	国内缺少或没有同类课程的多媒体课件
	适应性	课件能够在多种教学环境(单机、局域网或Internet)下正常运行
	推广应用前景	课件有较大的推广应用价值

拓展学习

积　件

随着课件在教学实践中不断发展与完善,近年来我国教育工作者提出了积件的思想,有人称积件是继课件之后的第二代教学软件。积件最大的特点是其开放性和灵活性。它把教学内容以知识点为单位(称为基元)存于积件库中,同时提供一个简单易用的组合平台。利用这个平台,即使不懂编程的教师也能按照自己的思路,像组装积木一样把从积件库中选出来的基元轻易地组装成教学用的课件。

1. 教学过程

积件由积件库和积件组合平台组成。积件库中存储着组合课件所需的各种素材和课件的半成品,使用积件进行教学的过程,实际上就是教师根据教学的需要进行教学设计,并利用组合平台自己动手组装课件用于教学的过程。由于有积件库的大力支持,可供选择的教学资源丰富,组合平台操作又十分简单,不需要编程也不需要耗费太多精力就可以完成课件的组装,使得每一位授课教师都有能力自己制作符合自己个性的课件,用于课堂教学。

2. 积件的结构

从结构上看,积件主要由积件库和积件组合平台两大部分组成。

积件库用于存储教学资源,主要由五大部分组成:多媒体教学资料库、微教学单元库、虚拟积件资源库、资料呈现方式库和教学策略库。多媒体教学资料库主要存储以知识点为基础的多媒体素材资料,包括文字、声音、图形、图像、动画等。微教学单元库中存储的是称为微教学单元的小课件,虚拟积件资源库是指网上其他人开发的共享积件资源库。资料呈现方式库中主要存储媒体素材呈现的方式,教学策略库中存储可供选择的教学策略,如讲授方式、演示方式、讨论方式、操练方式等。

积件组合平台是使用者选取、加工、组合教学资源的操作平台。

3. 教学特点

与课件相比,积件具有如下特点:

(1) 通用性和灵活性。课件提供给教师的是相当于盖好的成品楼房。其模式和设计风格已经固定,不管是否适用,教师都不能改变。积件提供给教师的是相当于盖楼的材料和诸如门窗之类的半成品,教师可以根据需要和喜好自己设计并组装出楼房。因而,积件通用性强,也十分灵活,适用于各种教学情境,便于使用和推广。

(2) 基元性和可积性。存储在积件库中可使用的教学资源的最小单位是基元,基元是固定的,一般一个知识点就是一个基元。使用积件组合平台可以对这些基元进行组合,灵活构造出各种风格的课件。基元性和可积性使积件库中的教学资源具有很强的可重用性。

(3) 开放性和自繁衍性。积件库中的教学资源是开放的,允许使用者将自己收集和制作的素材添加进去。这使得积件库能得到不断的充实和完善,也使学科中新的知识能及时得到补充,从而增长软件的生命周期。

推荐阅读:

1. 数学课件积件库。http://k.3edu.net/sx9/soft_120219.html
2. 中国教育资源网。http://www.cern.net.cn/
3. 第一课件网。http://www.1kejian.com/

活动实践

1. 结合生活中多媒体的应用实例(如商场导购系统、网上购物系统、博物馆导游系统等),理解、概括多媒体的概念及特点。

2. 小组讨论:体会存在于人们生活中的多媒体,思考多媒体如何改变人们的生活,存在哪些负面影响?

3. 上网搜索多媒体辅助教学课件网站,下载有关学科优秀课件并使用,了解该多媒体课件的作用。

第二讲　多媒体课件的开发与设计

基础知识

一、多媒体课件开发与设计的原则

多媒体课件是利用多种媒体形式实现和支持计算机辅助教学的软件。多媒体课件的制作必须服务于教学，其目的是改革教学手段和提高教学质量。在设计和制作多媒体课件时应遵循以下几项原则：

1. 教育性原则

任何教学都必须围绕着一定的教学目的而进行，课件要遵循相应的教学规律和教学原则。具体有以下几点：课件要有明确的教学目标；课件要有助于解决教学上的重点、难点；课件的设计要符合教学原则和认识规律，应能激发学习者的学习兴趣和积极性。

2. 科学性原则

作为传授知识的课件，必须保证其正确、准确和明确。课件所呈现的知识内容，选用的材料、例证、数据以及操作示范，做到正确、科学和符合客观实际。

3. 控制性原则

课件的操作要简便、灵活、可靠，便于教师和学生控制，使师生经过简单的训练就可以灵活使用。课件应具备以下特点：课件安装要方便；操作界面友好；交互应答、容错能力强等。

4. 艺术性原则

设计的多媒体课件，要有丰富的表现性和感染力，能激发学生的情感，提高学习兴趣和审美能力。要实现上述要求，必须注意以下几点：创意新颖，构思巧妙，色彩柔和，搭配合理；对象的连续运动流畅，节奏合理；画面悦目，音色优美。

5. 经济性原则

设计多媒体课件要考虑经济效益，以最小代价，得到最大收获。就是要力争用最少的人力材料、经费和时间，制作出更多优秀的多媒体课件。

二、多媒体课件设计的内容

多媒体课件的设计包括多媒体课件的教学设计和系统设计。

（一）多媒体课件的教学设计

1. 什么是多媒体课件的教学设计

多媒体课件的教学设计是应用系统的观点和方法，分析学生特征，确定教学内容与教学目标，选择与设计多媒体信息，建立教学内容知识结构，设计形成性练习与学习评价的过程。

2. 多媒体课件教学设计的目的

多媒体课件的教学设计是保证多媒体课件的教学性和科学性的重要过程。通过教学设计，明确课件"做什么"及"如何做"和"学什么"及"如何学"的问题。

3. 文字稿本的编制

多媒体课件教学设计的最终结果是通过文字稿本来体现的。

文字稿本是按照教学过程的先后顺序，用于描述每一环节的教学内容及其呈现方式的一种形式。一般情况下，文字稿本的编写由学科专业教师来完成。通常情况下，编写多媒体课件的文字稿本要包括以下内容：使用对象与使用方式的说明、教学内容与教学目标的描述。

（1）教学内容结构图

以"小学语文古诗欣赏"为例，其教学内容组成如图4-2-1所示，教学内容的组成结构如图4-2-2所示。

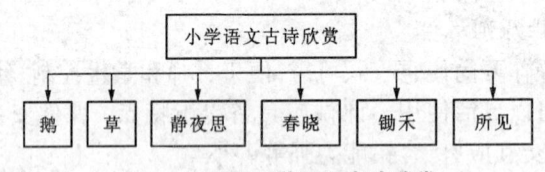

图4-2-1　小学语文古诗欣赏

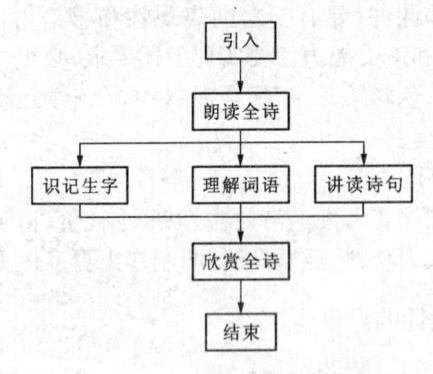

图4-2-2　教学内容组成结构

(2) 教学目标结构图

一套完整的多媒体课件由若干个教学单元组成,每个教学单元达到一个或多个独立的教学目标,整套课件的总体教学目标正是由这些独立的教学目标组合而成的,如图 4-2-3 所示。

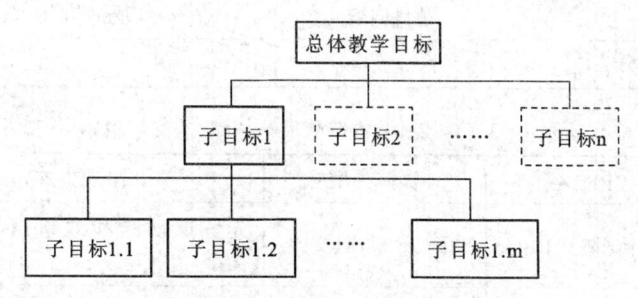

图 4-2-3 教学目标的分析方法

分析每个单元的教学目标时,先将该单元的教学内容划分为若干个知识点,确定其应达到的目标层次,再利用一些操作性行为动词加以描述。如小学语文古诗《鹅》的教学目标可如表 4-2-1 所述。

表 4-2-1 小学语文古诗《鹅》的教学目标描述

知识点	目标层次	教学目标描述
1. 鹅、曲、项等生字	识记	能准确进行拼读并掌握其结构和笔顺笔画
2. 曲项、清波等词语	识记	能准确进行拼读
	理解	能解释其意思
3. 各句子的意思	理解	能用自己的话将各诗句的意思表达出来
4. 对全首诗的欣赏	理解	能用自己的话将全首诗连起来说一说,体会白鹅戏水的活泼清新的意境

(3) 卡片式文字稿本

卡片式文字稿本是以卡片为单位进行编写的,课件的软件制作者将卡片式文字改编为制作稿本。卡片式文字稿本的每一张卡片对应一个屏幕的画面,根据教学内容的先后顺序综合起来对卡片进行排序,就形成一定的教学系统。卡片式文字稿本一般包括序号、内容、媒体类型、呈现方式。如果是练习或测试,则卡片内容应是序号、题目内容(包括提问和答案)、反馈信息等。其基本格式如表 4-2-2、表 4-2-3 所示。

表4-2-2　卡片式文字稿本格式

序　号	内　容	媒体类型	呈现方式

序　号	题目内容	反馈信息

表4-2-3　课件《古诗欣赏——鹅》的文字稿本

序号	内　容	媒体类型	呈现方式
1	古诗《鹅》的引入	动画、效果声、文字	先呈现动画和效果声,后呈现文字
2	朗读全诗	文字、解说	先呈现文字、后呈现解说
3	识记生字	文字、解说	先呈现文字、后呈现解说
4	理解词语	文字、解说	先呈现文字、后呈现解说
5	讲读诗句	文字、解说	先呈现文字、后呈现解说
6	欣赏全诗	动画、效果声、文字解说	先呈现动画和效果声,后呈现文字和解说

（二）多媒体课件的系统设计

仅仅对多媒体课件的内容进行教学设计是不够的,要充分发挥多媒体技术与艺术的优势,还要对多媒体课件进行系统设计。

多媒体课件的系统设计就是根据教学设计的结果,对组成多媒体课件的各个要素、功能和框架进行系统的规划,从而确定课件整体的组织结构、浏览顺序和信息的交叉跳转关系,以及课件的页面结构、交互方式和导航策略,从而形成制作脚本的过程。

系统结构是由教学目标、交互方式和教学内容的性质决定的。它是建立在教学内容结构基础上,是知识本身的逻辑结构。多媒体课件的系统设计包括课件的结构设计、交互设计和导航设计。

1. 多媒体课件的结构设计

多媒体课件的结构是指课件中各教学信息的逻辑化和程序化关系及教学策略的组合。课件的结构一般由两部分组成:一是教学信息单元之间的逻辑关系或先后顺序,它受知识体系的内在关系制约,只有掌握了初级或基础的内容,才能过渡到更高一层的内容;二是教学控制策略,这是受学习者的认知规律所制约的,如先易后难,先简后繁,由浅入深,推理或影响。只有根据教学任务和需求,将知识信息的呈现顺序与学习者的认知规律结合起来,才能组成相对应的课件结构。多媒体课件系统的结构具有信息组织结构、内容结构、控制结构和总体结构四种基本的结构形式。

(1) 多媒体课件的信息组织结构

多媒体课件中较常采用的信息组织结构方式有线性结构(学生顺序地接受信息,从一帧到下一帧,是一个事先设置好的序列)、树状结构(学生沿着一个树状分支展开学习活动,该树状结构由教学内容的自然逻辑形成)、网状结构(也就是超文本结构,学生在内容单元间自由航行,没有预置路径的约束)和复合结构(学生可以在一定范围内自由地航行,但同时受主流信息的线性引导和分层逻辑组织的影响)四种(如图4-2-4所示)。

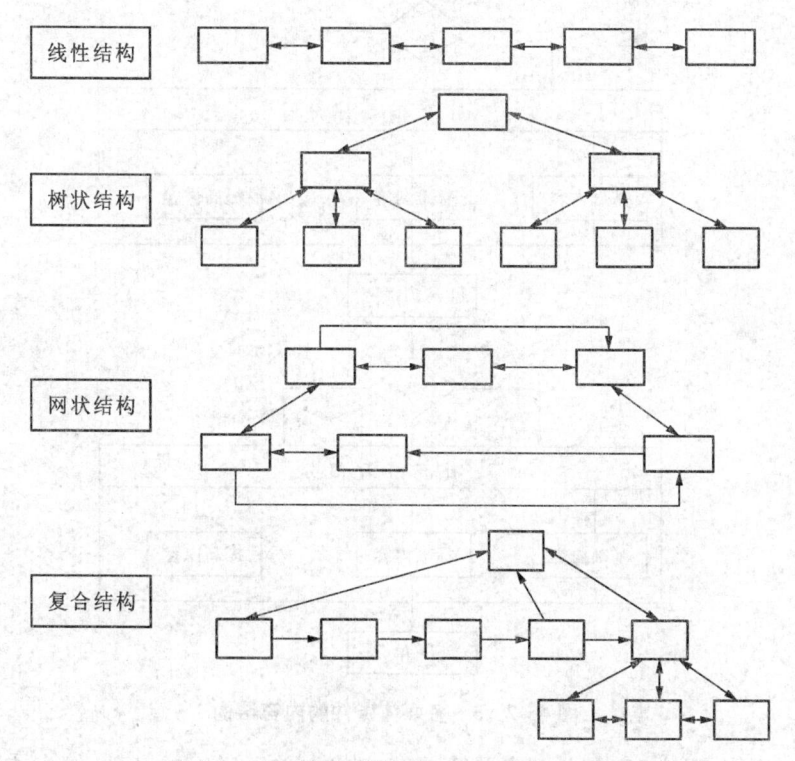

图4-2-4 多媒体课件的信息组织结构示意图

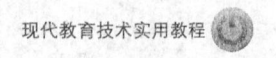

(2) 多媒体课件的内容结构

多媒体课件的内容由教学内容(向学习者展示的各种教学信息)和教学处理策略(包括向学习者展示的各种教学信息；用于对学习过程进行诊断、评价、处理和学习引导的各种信息；为了提高学习的积极性，创造学习动机，用于强化学习刺激和学习评价的信息；用于更新学习数据、实现学习过程控制的教学策略和学习过程的控制信息)两大类信息有机构成。

多媒体课件的内容结构由引入、指导和练习三部分构成(如图4-2-5所示)。

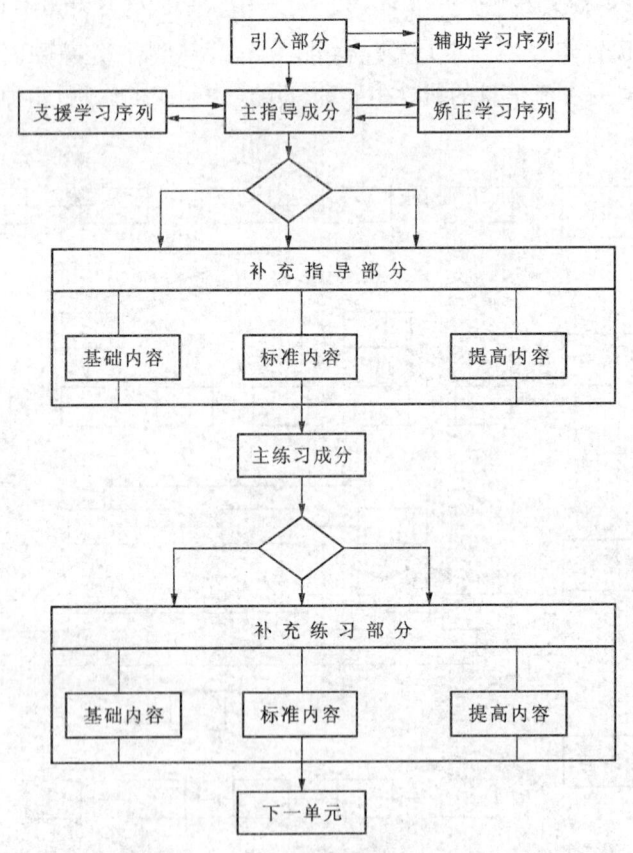

图4-2-5 多媒体课件的内容结构

引入部分：确认学习者是否具备完成本单元学习的基础，给出本单元学习的基本目标和主要学习项目，进行预备性测试。

指导部分：指导部分包括主指导部分和补充指导部分。主指导部分用于概念、法则、理论等基本内容的学习。补充指导部分则是用于对主指导的学习进行某种补充。根据学习者在主指导学习中测试结果不同，当学习者进入补充指导学习时，学习流程可按三个不同的分支进行，它们是基础内容、标准内容和提高内容的学习。

练习部分：练习部分包括主练习部分和补充练习部分。通过主练习部分，让学习者对学习内容实现有效掌握，并提高他们在这方面的技能。根据主练习部分中的测试结果，补充练习部分可设基础内容、标准内容和提高内容三个方向的分支，让不同特点、不同能力的学习者分别进行练习。

（3）多媒体课件的控制结构

多媒体课件的控制结构又称为教学控制结构，用来决定多媒体课件的教学走向，是通过测试、诊断的方式来实现的。用户首先回答多媒体课件程序提供的能发现问题的提问（这个过程称为测验），从而产生一些结果。课件程序再根据回答的情况判断学生的准备知识是否满足新知识学习的需要，并找出学生错误的原因（这个过程称为诊断），然后再由程序或学生来控制教学分支的转移，这就是教学控制。根据控制教学分支转移的方式不同，多媒体课件的控制结构分为计算机主动控制、学生主动控制、计算机—学生交互控制、教师控制和协同控制五种。

（4）多媒体课件的总体结构

从课件的外在表现形式方面看，多媒体课件很像一本书或一部带有交互性的电影，它是由一页一页或一幅一幅的画面组成的，在多媒体课件中我们称为一帧一帧的框面。根据表现的教学内容，这些帧画又分为封面、扉页、菜单、内容、说明（帮助）、封底六个部分。

封面：运行课件时出现的第一幅框面，一般呈现了制作单位的名称或课件的总名称（如小学英语等），常以几秒钟的视频动画形式表现。按照封面作用的不同，封面又分为介绍型、序言型和信息获取型三种。

扉页：封面后的下一个框面，常呈现课件的名称。

菜单：就像一本书的目录，供学习者选择学习内容之用。可以有多处菜单存在。

内容：这是课件的主要框面部分，呈现教学内容。

说明（帮助）：为了帮助使用者使用课件，课件中应该设计一些提供如何使用课件的帮助信息的框面。

封底：最后的制作课件的人员名单框面。

一个完整的多媒体课件应该由上述六个部分框面组成。

2. 多媒体课件的导航设计

由于超媒体课件的信息量大,内部信息间的关系复杂,学习者在沿链学习的过程中很容易迷失方向,往往不知道自己身在何处,怎么来的,应去哪里,常常造成混乱的情况。为此,设计多媒体课件时,需认真考虑向学习者提供引导措施,这个措施就是"导航"。导航能为网络状知识结构的学习者提供及时有效的引导,是多媒体课件设计中的一个重要环节。

(1) 多媒体课件的导航方式

检索导航:即系统提供一套检索方法供用户查询,通常是首先查询控制节点或索引节点,由它提供给用户较完整的信息网络轮廓或更细致的局部轮廓,用户再逐步跟踪相关节点缩小搜索范围,直到找到所需信息。其中控制节点或索引节点可以利用关键词、标题、时间顺序或知识树等多种方式设置。

帮助导航:即系统设置有专门的帮助菜单,学习者在学习过程中遇到问题和困难时,帮助菜单将提供解决的办法和途径以引导学生不致迷航。

线索导航:即系统可以在学习者浏览访问系统的链和节点时,把学习者的学习路径记录下来,可以让学习者按照原来的路径返回。系统也可以让学习者事先选定一些感兴趣的路径作为学习线索,然后根据此线索进行学习。

浏览导航:即导航图导航,导航图是以图形化的方式,表示出超文本网络的结构图,图中包含有超文本网络结构中的节点及各节点之间的联系。导航图可以帮助用户在网络中定向,并观察信息是如何链接的。每个节点都是一个信息单元,学习者可以直接进入某个节点进行学习。

演示导航:即系统提供一种演示方式来指导学习,它像播放一套连续幻灯片的效果。系统通过某种算法,把系统中的节点从头到尾依次向学习者演示,以供学习者模仿。

书签导航:即系统提供若干书签号,用户在浏览过程中,在认为是主要的或感兴趣的节点上打上指定序号的书签,以后只要用户输入书签号,就可以快速地回到设置书签的节点上。

(2) 多媒体课件的导航原则

在进行导航设计时,应针对软件的类型、对象、知识内容和学科特点等方面的特征,选择适当的导航策略,然后选用一定的交互方式实施。在设计中要注意课件内容明确、可理解、完整、灵敏、提供咨询、容易使用和操作、动态导航。

3. 多媒体课件的制作脚本

脚本(Script)也称故事板(Story Board)或描述板,它描述了学生将要在计算机上看到的细节。它在多媒体课件设计中占有非常重要的地位,它是设计阶段的总结,又是开发和实施阶段的依据。

(1) 制作脚本的内容

多媒体课件的制作脚本的内容包括课件系统结构的说明、主要模块的分析、课件的屏幕设计、链接关系的描述等内容。其中,课件的屏幕设计、链接关系的描述等一般通过制作脚本卡片的填写来完成。所以,多媒体课件的制作脚本通常是课件系统结构与主要模块的分析和一系列的制作脚本卡片构成的。

(2) 制作脚本的形式

制作脚本的具体形式有文字式、表格式和卡片式三种。文字式和表格式的制作脚本常用于影视作品的脚本编制,而卡片式的制作脚本具有形象直观的特点,常用于多媒体课件的脚本编制。开发者可以根据自己的爱好和作品的特点,制作出更加符合实际需要的制作脚本卡片。规范的制作脚本,对提高课件的开发效率将起到积极的作用。卡片式制作脚本的基本格式如图 4-2-6 所示,"小学语文欣赏"课件的卡片式制作脚本实例如图 4-2-7 所示。

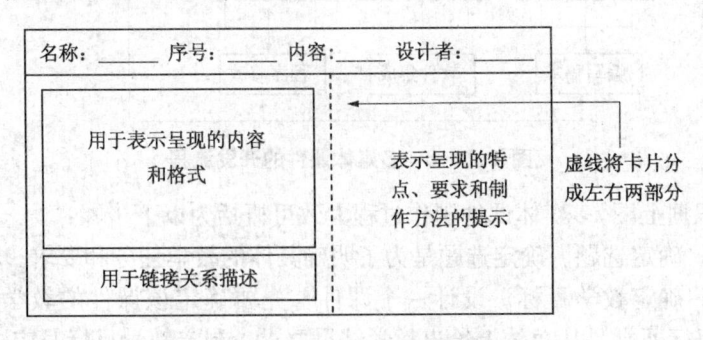

图 4-2-6 卡片式制作脚本的基本格式

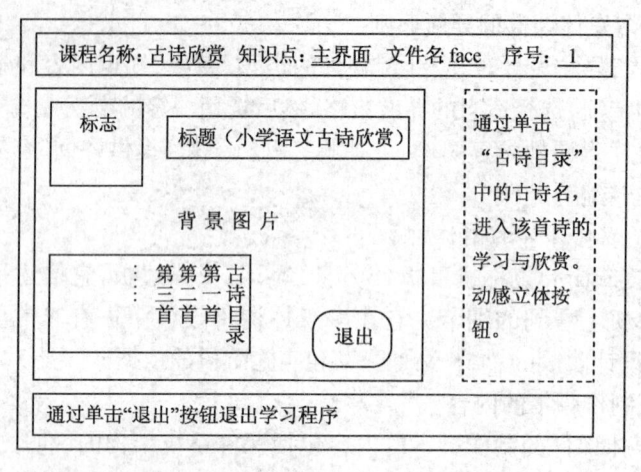

```
课程名称:古诗欣赏  知识点:主界面  文件名 face  序号: 1
┌─────┬──────────────────────┐ ┌──────────┐
│ 标志 │ 标题(小学语文古诗欣赏)│ │通过单击  │
├─────┴──────────────────────┤ │"古诗目录"│
│                            │ │中的古诗名,│
│         背 景 图 片         │ │进入该首诗的│
│  ┌───────────────┐         │ │学习与欣赏。│
│  │   第第第古    │         │ │动感立体按 │
│  │ … 三二一诗    │  ┌───┐  │ │钮。      │
│  │   首首首目录  │  │退出│  │ │          │
│  └───────────────┘  └───┘  │ └──────────┘
├────────────────────────────┤
│ 通过单击"退出"按钮退出学习程序│
└────────────────────────────┘
```

图4-2-7 卡片式制作脚本实例

三、多媒体课件制作的步骤

多媒体课件是一种计算机应用软件,它的开发过程和方法与一般的软件工程有着许多相同的地方。多媒体课件的开发包括如图4-2-8所示的四个步骤,共13个环节。

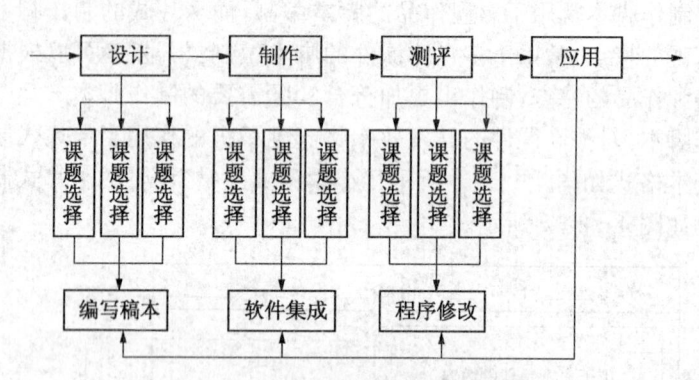

图4-2-8 多媒体课件的开发流程

根据上图,多媒体课件制作过程大致可概括为以下步骤:

1. 确定选题。确定选题是为了明确具体的教学任务和要求。

2. 确定教学目标。设计一个课件首先要确定该课件的教学目标。教学目标通常是从总体上给出教学结果要求。制定教学目标时应注意目标的明了性,即制定的目标可以完整无误地给出其含义,对妥当的教学目标以十分明了的形式进行表述。目标明了后对课件设计中选择的内容、如何表示,以及对学习者的要求和评价,才会有比较清晰的思路。

3. 设计创作脚本。编写脚本是组织信息的第一步,包括对屏幕布局、图文、色调、音乐、显示方式、交互方式等进行规划。

4. 素材准备。准备好多媒体素材,如文本、图形、图像、动画、音频和视频等。

5. 课件制作。根据预告编写的创作脚本,利用现有的创作工具,如几何画板、FrontPage、Flash等将多媒体信息进行集成。

6. 课件测试。课件制作完成后,必须进行彻底检查,以便改正错误、修补漏洞,有时还要进行更加具体的优化。

7. 课件发布。必须有制作信息、使用说明等。

拓展学习

多媒体界面设计的主要类型

自古以来,科学和艺术就是不可分割的,科学如果失去了艺术,必然会变得枯燥无味,而艺术如果失去了科学,则会失去生根发芽的土壤。多媒体界面设计也不例外,虽然多媒体作品有无可比拟的技术优势,但是无法脱离与受众(人)的联系。人总是爱美的,因此,一部优秀的多媒体作品首先应体现在作品与受众直接接触的多媒体界面设计得是否恰当、美观,这将直接影响到受众对作品的最终印象以及整部多媒体作品的成败。就目前而言,根据多媒体界面的实际应用情况,多媒体界面可分为教育类、商业类、娱乐类、电子通信类以及多媒体作品等。

一、教育类多媒体界面

多媒体技术对教育产生的影响比其他领域的影响要深远得多。多媒体技术将改变传统的教学方式,使教材发生巨大的变化,使其不仅有文字、静态图像、还有动态图像和语音,这使得教育的表现形式变得更加多样化,同时易于实现远程教学,从而对提高教学质量和普及教育都有极大的指导意义。

利用多媒体计算机的文本、图形、视频、音频及其交互式的特点编制出来的计算机辅助教学软件,可以非常形象直观地向学生讲述清楚过去很难描述的课程内容,能创造出生动逼真的教学环境。另一方面,从学生的角度来讲,通过课件,他们也可以更形象地去理解和掌握相应教学内容，同时可以通过多媒体进行自学、自考等。因此多媒体技术的参与将使教学领域产生一场质的教学革命。

与此同时，各大单位、公司培训在职人员或新员工时，也可以通过多媒体进行教学培训、考核，既形象直观，同时可以解决师资不足的问题。教育类多媒体界面的主要特征是严谨、规范，条理清晰。

二、商业类多媒体界面

很多公司或企业都有自己的好产品，为宣传自己的产品也投入了许多资金去做传统广告，如电视、报纸等。但是针对80后特别是90后这些从小就习惯于接触计算机的年轻人，传统的广告形式对他们的影响在迅速衰退，而以多媒体技术制作的产品或企业演示作品则为商家提供了一种全新的广告形式。商家通过多媒体演示作品可以将企业产品表现得淋漓尽致，受众则可通过多媒体演示作品随心所欲地观看广告。直观、经济、便捷，效果非常好，这种方式可用于多种行业，如房地产公司、计算机公司、汽车制造厂商等领域。商业类多媒体界面大多活泼、现代感强，较为时尚。

三、娱乐类多媒体界面

娱乐业是计算机进入家庭的一个很重要的动力。多媒体计算机使电视、激光唱机、影碟机、游戏机于一身，逐渐成为一个现代的高档家用电器。目前，多媒体游戏正通过越来越逼真的虚拟现实场景使观众获得亲临现场之感。与此同时，通过多媒体的交互性特色，甚至可以制作双向电影，让电影的观看者进入角色，控制故事的不同结局，增加悬念和好奇感。

娱乐类多媒体界面设计往往需要根据多媒体作品的定位人群而进行个性化的设计，大多色彩鲜艳、造型独特，具有较强的吸引力。

四、电子通信类多媒体界面

多媒体技术在通信领域有着极为广泛的应用，如可视电话、视频会议等已逐步被采用，而信息点播和计算机协同工作系统将对人类的生活、学习和工作产生深刻的影响。受众可以通过本地计算机的多媒体信息系统，远距离点播所需信息，如电子图书馆、多媒体数据的检索与查询等。所点播的信息可以是各种数据类型，包括立体图像和感官信息。多媒体信息系统可以按信息的表现形式和信息的内容进行检索，根据受众的需要提供相应的服务。

电子通信类多媒体界面需要服务于广大的受众人群，由于受众的年龄、学历、兴趣不同，因此这类多媒体作品的界面设计往往需要减弱个性化、加强大众化，设计界面尽量简单明确，易于理解与操作示范。

多媒体技术在通信领域的另一个重要的应用就是交互式电视。交互式电视与传统电视的不同之处在于受众在电视机前可对电视台节目库中的信息按需选取，即受众主动与电视进行交互式获取信息。交互电视主要由网络传输、视频服务器和电视机机顶盒构成。受众通过遥控器进行简单的点按操作就能对机顶盒进行控制。交互式电视还可以提供其他信息服务，如交互式教育、交互式游戏、数字多媒体图书、杂志、电视采购、电视电话等，从而将计算机网络与家庭生活、娱乐、商业导购等多项应用密切地结合在一起。

五、出版类多媒体界面

CD-ROM、DVD-ROM多媒体电子作品专指具有一定主体的应用型光盘产品。如大百科全书、词典、风光、古迹等具有某一专题内容的多媒体作品。由于其具有较大的存储空间，又可以配有声音解说、动画和图像，再加上超文本技术的应用，给出版业带来了巨大的影响。近年来出现的电子图书和电子报刊就是应用多媒体技术的产物。电子多媒体作品以电子信息为媒介进行信息存储和传播，是对以纸张为主要载体进行信息存储和传播的多媒体作品的一个挑战。它具有容量大、体积小、成本低、检索快、可交互、易于保存和复制、能存储音像图文信息等优点。

出版类多媒体界面由于其特殊的身份决定了其首先必须符合国家在规格、形式、内容等方面的各项出版设计要求，同时应根据多媒体作品内容的不同设计出不同的风格特色。

多媒体创意设计

多媒体技术是一门科学，多媒体制作是一种计算机专业知识，多媒体创意则是一个涉及美学、实用工程学和心理学的问题。以前人们往往只注重解决最基本、最现实的问题，对创意设计并不重视。但随着社会的发展、科学技术的进步和人们对美、对功能的追求，创意设计的作用和影响越来越不可忽视，所谓"七分创意、三分做"，形象地说明了创意的重要性。

一、创意设计的作用

多媒体创意设计是制作多媒体作品最重要的一环，是一门综合学科。其主要作用是：

1. 作品更趋合理化。程序运行速度快、可靠，界面设计合理，操作简便而舒适。

2. 表现手段多样化。多媒体信息的显示富于变化，并且同媒体间的关系协调，错落有致。

3. 风格个性化。作品不落俗套，具有强烈的个性。

4. 表现内容科学化。多媒体作品提供的信息要符合科学规律，阐述要准确、明了，概念要清晰、严谨。

5. 作品商品化。作品开发的目的是为了应用，在创意设计中，商品化设计的比重很大。没有完美的商品化设计，就得不到消费者应有的重视。

二、创意设计的具体体现

多媒体创意设计工作繁多而细致，主要表现在以下几个方面：

1. 在平面设计理念的指导下，修饰涵盖所有平面素材。例如图片、文字、界面等。

2. 文字措辞具有感染力和说服力，语言流畅、准确。

3. 动画造型逼真、动作流畅、色彩丰富、画面调度专业化。

4. 声音具有个性，音乐风格幽雅，编辑和加工符合乐理规律。

5. 界面亲切、友好，画面背景和前景色彩庄重、大方，搭配协调。

6. 提示语言礼貌、生动，文字的字体、字号与颜色适宜。

7. 操作模式尽量符合人们的习惯。

三、创意设计的实施

在进行创意设计时，主要完成技术设计、功能设计和美学设计三方面的工作：

1. 技术设计是指利用计算机技术实现多媒体功能的设计。其内容包括：规划技术细节，设计实施方法，对技术难点提出解决方案。

2. 功能设计是指利用多媒体技术规划和实现面向对象的控制手段。主要内容包括：规划多媒体产品的功能类型和数量，完成菜单结构设计和按钮功能设计，实现系统功能调用和数据共享，避免功能重叠和交叉调用，处理系统错误，增加附加功能，改善产品形象。

3. 美学设计是指利用美学观念和人体工程学观念设计产品。主要解决的问题是：界面布局与色调，界面的视觉冲击力和易操作性。媒体个性的表现形式、设计媒体之间的最佳搭配方式，产品光盘装潢设计和外包装设计，使用说明书和技术说明书的封面设计、版式设计。

以上三项设计涉及的专业知识比较广泛，需要设计群体的共同努力才能完成。在设计过程中，应广泛征求使用者各方面的意见，不断修改和完善设计方案,使多媒体产品更具有科学性,更贴近使用者的要求。

活动实践

学科多媒体 CAI 课件文字稿本的编写

活动目的:掌握学科多媒体 CAI 课件文字稿本的编写方法。

1. 课件简要说明

教学对象的说明,课件的教学功能与特点的说明,使用方式说明。

2. 教学内容与教学目标的描述

教学单元与知识点的划分;教学目标的描述;学习者特征分析;知识结构分析。

3. 问题的编写

提问部分、回答部分、反馈部分。

4. 依照下列文字稿本的格式编写一个学科 CAI 课件稿本。

序 号	内 容	媒体类型	呈现方式

第三讲 常用多媒体课件制作工具

基础知识

一、课件开发工具的分类

不同的课件制作工具具有各自不同的特点,我们可以通过了解它们的特点,结合在教学中的具体需求,来选择合适的课件制作工具制作不同类型的课件。

在中小学教学中常用的课件开发工具和平台大致可以分为以下几类。

1. "所见即所得"通用课件制作工具、平台。利用这些平台,教师们可以制作演示课件、交互型课件和网络课件等。这类工具的使用对教师的要求比较高。常用工具有基于图标的 Authorware,基于时间轴的 Flash 和 Director,基于幻灯片的金山演示、Powerpoint,基于网页的 Frontpage 和 Dreamweaver。

2."编程型"课件制作工具。这类工具的使用对教师的要求更高,通常情况下是运用某种计算机编程语言,如VB、JAVA、ASP、JavaScript 和 VbScript 等作为课件开发的工具,比如用 JAVA 编制的小程序可以运行在网页之中,交互性非常强,可以模拟很多物理实验,如单摆,学生可以操作变量来完成实验,进而实现意义建构。又如用 ASP 编制的交互性网页可以用作学生的协作交流工具。

3."辅助编辑型"课件开发工具。这类工具为课件开发提供辅助支持,比如,在编辑各学科日常教学素材的过程中会用到许多专业的符号、图形,而通用的课件开发工具不能胜任,这时候辅助编辑型开发工具便有用武之地了。这类工具有 Math Type、Word 学科工具等。

4."辅助教学演示"工具或平台。有些学科的概念相当抽象,借助一些形象的工具,可以把抽象的概念变成形象的实例,加上程序自身交互和即时变换的功能,帮助学生快速、深刻地理解概念。这类工具有几何画板、Z+Z 智能教育平台等。

我们对常用课件制作工具的适用条件进行了总结,结果如表4-3-1所示。

表4-3-1 常见课件制作工具的适用条件

工具名称	工具类型	适用条件	特　点
Word	文本处理工具	编写教案,编写试卷	操作简单
FrontPage	网页制作工具	制作简单的网页课件	Office 界面风格,容易与其他 Office 软件集成,操作简单,方便修改,容易发布、传播。由于 FrontPage 的部分功能与 IIS 以及部分 Office 组件集成,它开发的页面在其他一些网站服务器上发布可能需要做更多工作
DreamWeaver	网页制作工具	制作普通网页课件和交互性网页课件	"所见即所得"网页编辑器,可以制作出跨平台、跨浏览器的动感网页
Authorware	多媒体制作工具	制作演示课件	优点:支持的文件类型多,可以使用包括图形、图像、动画、声音、视频文件在内的多种文件,交互性强。缺点:操作较复杂,成品课件不易再修改

续表

工具名称	工具类型	适用条件	特　点
PowerPoint	演示文稿制作	制作简单演示课件，代替部分板书内容，节省时间	优点：操作简单，参考资料和模板多，并且作品具有一定交互能力。缺点：对于复杂的交互功能需要进行VBA编程，难度相对较大
Flash	动画制作	制作演示课件，呈现事物的变化过程，给学习者以生动形象的过程展示	交互式动画工具，可以将音乐、场次、动画以及富有新意的界面整合在一起，制作高品质的交互性课件
几何画板	"辅助教学演示"工具或平台	提供探索几何图形内在关系的环境，适用于几何（平面几何、解析几何等）教学	形象性，把较抽象的几何图形形象化；动态性，可以用鼠标手动操作图形的任一元素（点、线、圆），而事先给定的所有几何关系（即图形的基本性质）都保持不变
"Z+Z"智能教育平台	"辅助教学演示"工具或平台，数学教学平台	数学教学	"知识＋智能"，有与现行教材配套的课件库和支持教学的开发课件平台

二、常用课件的基本操作

（一）PowerPoint 课件操作要点

1. 基本操作

（1）创建课件页

① 新建文稿。

② 启动 PowerPoint，在"新建演示文稿"对话框中选择"空演示文稿"。

③ 选择版式。

④ 在选取版式对话框中选择"空白版式"。

⑤ 输入文本,选择"插入"菜单中"文本框"命令后,在编辑区拖动鼠标,绘出文本框,然后输入相应文字。

⑥ 格式化文本、调整文本位置。

通过调整文本框的位置来调整文本的位置。先选中要调整的文本框,使其边框上出现8个控制点,然后根据需要拖动控制点,文本框随之改变大小。当鼠标指针放在文本框边上的任何不是控制点的位置时,鼠标指针附带十字箭头,这时拖动鼠标可调整文本框的位置。

(2) 课件页的放映

PowerPoint幻灯片的放映有两种操作方法:

① 幻灯片放映视图

通过幻灯片放映视图可以播放当前正在编辑的这张幻灯片。如果这张幻灯片后面还有其他的幻灯片,则在放映时单击鼠标可连续向后播放。

② "观看放映"命令

选择"幻灯片放映"菜单中的"观看放映"命令,PowerPoint就开始放映该课件页。同样,如果这张幻灯片后面还有其他的幻灯片,则在放映时单击鼠标可连续向后播放。

二者区别在于后者播放时是从第一张开始放映,而前一种是从当前正在编辑的幻灯片开始放映。

(3) 课件页的保存和打印

课件页的保存和打印与Word等其他应用软件中的文件保存类似。

2. 编排与修改

(1) 插入剪贴画

剪贴画是一种矢量图形,在课件中适当地使用各种剪贴画,可以为课件增色不少。

选择"插入→图片→剪贴画",选取合适的剪贴画,然后单击"插入"按钮即可。

(2) 选取模板

单击"格式"菜单中的"应用设计模板…"命令,选择合适的模板,也可在幻灯片上单击右键,通过快捷菜单选择"应用设计模板…"命令。

(3) 应用背景

如果不想对课件页添加模板,而只是希望有一个背景颜色,可以按照下述方法进行。

单击"格式"菜单中的"背景"命令,在"背景"对话框中,打开下拉列表框,或单击"其他颜色…"选择合适的颜色,也可以选择"填充效果"。

(4) 增删课件页面

① 添加

单击"插入"菜单中的"新幻灯片…"命令,即可插入一张新的课件页。

② 删除

选中要删除的课件页,然后按[Del]键。

(5) 调整课件页次序

在大纲视图或幻灯片浏览视图中,拖动课件页到目的位置,即可完成课件页顺序的调整。

3. 创建交互

放映 PowerPoint 课件时的默认顺序是按照课件页的次序进行播放。通过对课件页中的对象设置动作(超级链接),可以改变课件的线性放映方式,从而提高课件的交互性。

(1) 动作按钮链接

PowerPoint 包含 12 个内置的三维按钮,可以进行前进、后退、开始、结束、帮助、信息、声音和影片等动作。

在课件页上制作动作按钮的步骤:

① 选择动作按钮。单击"幻灯片放映"菜单中的"动作按钮"子菜单,选择所需的动作按钮。

② 制作动作按钮。鼠标指针变成十字形后,在课件页上拖动鼠标,即可制作出所需的动作按钮。

③ 定义动作。在动作设置对话框中选择单击鼠标后将进行的动作。

(2) 图形对象链接

在要设置动作的图形对象上,单击右键,在快捷菜单上选择"动作设置",在动作设置对话框中选择单击鼠标后将进行的动作。

(3) 热字链接

选中热字文本,单击右键,在快捷菜单上选择"动作设置",其他设置同上。

4. 动画

(1) PowerPoint 动画基本特点

PowerPoint 动画功能的基本特点是:

215

① 动画对象多样化。包括文字、图形和图像等都可产生动画效果。

② 动画动作模式化。无论动画对象是什么,其动作模式(或称动画方式)都被限制在 PowerPoint 所规定的 50 余种内。

③ 动画制作方法极其简单。

(2) 预设动画

① 在幻灯片视图下,单击幻灯片中要设置动画效果的对象。

② 单击"幻灯片放映"菜单中的"预设动画"命令,然后在子菜单中选择一种动画效果。

③ 如果要修改某个对象的动画效果,只要选中该对象后,重新设置动画效果即可;如果要取消该对象的动画效果,单击"预设动画"子菜单中的"关闭"按钮即可。

(3) 自定义动画

① 在幻灯片视图下,单击幻灯片中要设置动画效果的对象。

② 单击"幻灯片放映"菜单中的"自定义动画"命令,然后在效果页面中选中合适的动画效果。

③ 单击"预览"可看到动画效果,单击"确定",完成设置。

5. 课件页的切换

(1) 选中第一张课件页,单击"幻灯片放映"菜单中的"幻灯片切换"命令。在"幻灯片切换"对话框中设置"单击鼠标"时课件页"从中间向左右"、"慢速"展开或其他切换效果,然后单击"应用"。

若选中"单击鼠标换页",则在放映时,单击鼠标可连续播放下一张幻灯片,否则只能通过点按设置动作使对象换页。

(2) 同上方法,可以对其他课件页设置切换效果。

6. 课件的打包与解包

课件制作完成后,往往不是在同一台计算机上放映,如果仅仅将制作好的课件复制到另一台计算机上,而该机又未安装 PowerPoint 应用程序,或者课件中使用的链接文件或 TrueType 字体在该机上不存在,则无法保证课件的正常播放。因此,一般在制作课件的计算机上将课件打包成安装文件,然后在播放课件的计算机上另行安装。

(1) 课件的打包

① 在 PowerPoint 中,打开准备打包的课件,然后单击"文件"菜单中的"打包"命令,出现"打包"向导对话框。

② 在"打包"向导对话框中单击"下一步"按钮,选择需要打包的课

件。可以有三种不同的选择：如果只选中"当前演示文稿"复选框，表示将当前打开的课件打包；如果只选中"其他演示文稿"复选框，并选择需要打包的文件，则可将所选择的文件单独打包；如果两个复选框同时选中，表示将当前课件和其他课件打在同一个包中。

根据提示，即可完成打包操作。打包完成后，将生成两个文件：Pngsetup.exe 和 pres0.ppz。

(2) 课件的解包

① 运行打包生成的文件 Pngsetup.exe，在"打包"对话框的"目标文件夹"内输入解包后文件的存放目录，然后单击"确定"。

② 按提示操作即可完成课件的解包。

(3) 用播放器放映课件

用 PowerPoint 制作的课件，除了能在 PowerPoint 中放映外，还可以通过 PowerPoint 播放器进行播放，这就为课件的传播带来了方便。

PowerPoint 播放器位于 Office 安装光盘的 Office 文件夹中，文件名为 PPVIEW32.exe。如果课件打包时将播放器一同打包，经解包后在目标目录中即存在 PPVIEW32.exe 文件。

① 运行课件解包目录中的 PPVIEW32.exe 文件。

② 选择所要放映的课件，然后单击"Show"按钮，即开始放映。

③ 在课件放映过程中，按 Esc 键即可终止放映；单击"Exit"按钮，即可退出 PowerPoint 播放器。

(二) 几何画板制作课件基本操作

1. 几何画板概述

《几何画板》软件是由美国 Key Curriculum Press 公司制作并出版的优秀教育软件，1996 年该公司授权人民教育出版社在中国发行该软件的中文版。正如其名"21 世纪动态几何"，它能够动态地展现出几何对象的位置关系、运行变化规律，是数学与物理教师制作课件的"利剑"!

(1) 窗口组成

由标题栏、菜单栏、工具栏、状态栏、绘图窗口和记录窗口等组成。

(2) 工具栏组成

工具栏依次是选择工具(实现选择以及对象的平移、旋转、缩放功能)、画点工具、画线工具、画圆工具、文本工具和对象信息工具。在选择工具和画线工具按钮上按住鼠标左键停留片刻，会弹出更多的类型工具；选择对象的方法可以选择点按、按 shift 点按或拖动等方式选中对象。

(3) 对象之间的关系

几何画板中对象之间的关系如同生活中父母与子女关系。如果改变"父母"的位置或大小,为了保持与父母的几何关系,作为"子女"对象也随之变化。例如,我们先作出两个点,再作线段,那么作出的线段就是那两个点的"子女"。又如,先作一个几何对象,再基于这个对象用某种几何关系(平行、垂直等)或变换(旋转、平移等)作出另一个对象,那么后面作出的几何图形就是前面的"子女"。

(4) 了解对象信息

选择"信息工具",然后在某个对象上单击或双击,即可显示有关信息或弹出该对象信息对话框。

2. 几何画板基本操作

(1) 点的生成与作用

例1 画三角形

先画三个点(可按住 shift 键连续画点);然后利用"作图"菜单中的"线段"命令画出三角形。

注:用按住 shift 键的方法,最大的好处是三个顶点都被选中。

例2 画多边形

先画多个点(可按住 shift 键连续画点);然后利用"作图"菜单中的"线段"命令(或直接按 ctrl+l)画出多边形。

注:选取顶点的顺序是十分重要的,不同的顺序会得出不同的多边形。

(2) 线的画法

"画线工具"有三种:线段、直线和射线,选中后在绘图窗口中进行画图即可。

(3) 画圆的方法

画圆有三种方法:用画圆工具作圆;通过两点作圆;用圆心与半径画圆(这种方法作的圆定长不变,除非改变定长时,否则半径不变)。

(4) 画圆弧的方法

画圆弧也有三种方法:按一定顺序选定三点然后作弧(按逆时针方向从起点到终点画弧);选取圆及圆上两点作弧(从第一点逆时针方向到第二点之间的一段弧);选取圆上三点作弧(与方法2相似,只是无需选中圆,作完弧后,可以隐藏原来的圆,显示新作的弧)。

(5) 扇形和弓形

与三角形内部相似(先选中三个顶点)，扇形和弓形含有"面"，而不仅仅只有"边界"。扇形和弓形的画法类似：用上述方法作圆弧，选择该弧，用"作图"菜单中的"扇形内部"(或"弓形内部")命令作出扇形或弓形(阴影部分)。

(6) 度量、计算与制表

度量：选中三角形内部后，在"度量"菜单中"面积"和"周长"命令，度量三角形面积与周长。利用"显示"菜单中"参数选择"命令，可以进行"对象参数"设置。

计算："度量"菜单的"计算"命令可以对对象的值进行运算，求得所需要的结果，下面以"相交弦定理"验证为例进行说明。

① 画一个圆及两条相交的弦；

② 度量出四条线段的长度(距离)；

③ 分别选择同一直线上的两条线段的距离值，利用"度量"菜单中的计算命令，依次计算出两者之积；

④ 拖动动点，观察规律相交弦定理。

制表：在"度量"菜单中选择"制表"命令。选择上例中"四条线段的长度"，利用"制表"命令，制出表格。变化图形，增加表格项的方法有三种：选中表格菜单中"加项"命令；选中表格利用 ctrl＋e 快捷键；双击表格。

(7) 变换

"变换"包括平移、旋转、缩放、反射等命令。各标记命令允许指定决定变换的几何对象、几何关系或度量值。也可以通过组合平移、旋转、缩放、反射等变换定义自己的变换。

标记中心和标记镜面命令确定了几何变换的类型。旋转和缩放需要一个中心点，所以在实施这两种变换前要先确定一个中心点。同样，反射需要一个镜面，在反射前要先确定一个镜面。

(8) 标签

所谓标签，也就是给作出的点、线、圆、圆弧等几何图形起个名字。用几何画板作出的几何对象，一般都由系统自动配置好标签。利用"标签"工具双击标签文本可以进行重命名操作。

3. 几何画板提高操作

(1) 如何快速完成几何图形的绘制

① 利用快捷键

如绘制多边形时,可先利用画点工具,画若干个点(顶点)。画点时按住 shift 键,使之处于选中状态,然后利用作线段快捷键命令 ctrl+l,来快速完成多边形的绘制。

② 直接使用键盘命令创建图形对象

其实《几何画板》中提供了通过键盘命令(几个标点符号键)直接输入几何图形的方法:句号(。)——绘制点;逗号(,)——绘制圆;斜杠(/)——绘制线(包括线段、射线和直线,它们各类型之间可通过重复点击来切换);分号(;)——绘制圆弧;撇号(')——绘制多边形。

例　绘制四边形

按下撇号(')键,此时位于《几何画板》窗口左下角的工具状态框中,显示"绘出多边形";输入"a　b　c　d",每个字母间加入一个空格,状态框中显示"绘出多边形 a,b,c,d";最后回车,多边形(四边形)绘制完毕。可以拖动各顶点,进行调整。

(2) 如何导入外部图片

制作课件时,往往需要导入《几何画板》以外的美丽图片,来提高课件的质量。下面介绍两种导入外部图片的方法。

① 插入的方法

"编辑"菜单中"插入对象"命令→选中"bmp 图像"类型→自动启动《画图》程序→利用《画图》程序"编辑"菜单中的"粘贴自"命令,读入所需图片文件,最后利用"文件"菜单中的"退出并返回……"命令,回到《几何画板》编辑窗口。

② 粘贴的方法

把所需的图片复制到 windows 的"剪贴板"上,再利用《几何画板》中的"粘贴"命令直接导入一幅图片到课件中。这种方法看来比较简单,但制作课件中若用到多个图片时,此方法的优势就显现不出来了。

注:若要使导入的图片参与动画运动,可以先选中一点,然后利用上述方法导入图片。这样导入的图片就被固定在指定点的位置,该点运行轨迹就是此图片的运动路径。

(3) 如何输入数学符号或数学公式

① 导入法。像导入外部图片一样,将 Word 或 WPS 中的数学公式或符号,导入到《几何画板》课件中。

② "编辑数学格式文本"法。其实《几何画板》中提供了输入常用数学公式或符号命令,只是初学者不大会用。这里以一个具体的例子来说

明这些命令的使用方法。

例 标识 5 的算术平方根（根式）

按下"num lock"键不放开,再双击 a 点的标签,弹出"编辑数学格式文本"对话框;在"数学格式"栏中输入{v：5},确定即可。

注：单独使用的"文本"工具,创建的"注释"类型文本,不能进行数学格式编辑,只有对象标签或度量的文本才可以进行"数学格式编辑"。

4. 几何画板制作技巧

几何画板画出的各类对象可以运动,这是它之所以称为"动态几何"的原因。几何画板中的对象"动"的方法有三种,前面学习过的一种是：拖动对象的某一部分（或一点、一线）,使得由于各种几何关系连接起来的图形整体一起变化。还有两种就是对象的移动与动画。

（1）对象的移动

例 制作"两圆的位置关系"演示课件

制作两个圆,一个运动的圆,一个静止的圆,在静止的圆的外部和内部各画一个,让运动的圆的圆心分别向这两个点移动,达到两圆相切和相交的效果（当然两圆的内含、内切也可同样作出。只是要特别注意：选择顺序,先选运动的点,再选目标点）。具体操作如下：

① 用"以圆心与半径作圆"的方法作两个相离的圆,可以给它们设置不同的颜色；

② 在静止圆的外部适当位置画一个点 a,在其内部适当位置画一个点 b；

③ 先运动圆的圆心,再选 a 点,选择"编辑"菜单的"操作类按钮"项的"移动"命令,并选择"慢速",然后确定。这时《几何画板》窗口出现"移动"按钮,可以用"标签"工具把文字改为"外切"；

④ 用同样方法可以作出"相切"运动效果,双击按钮可以播放动画,按 ctrl+z 使得圆回到原来位置。

注：双击某个按钮,就会产生相应的运动。如果动圆所到的位置不够准确,可以调整目标点的位置。为了避免使用时误操作,可以适当隐藏若干对象。

如果用其他两种画圆的方法,圆心运动时会改变圆半径的大小。此法所作的圆的大小,只有作为半径的线段改变时,圆的大小才会改变。

（2）动画

移动虽有比较好的运动效果,但移动一次后便需恢复到原位,而《几何画板》中的动画功能却能很生动地连续表现运动效果。用动画可以非常方便地描画出运动物体的运动轨迹,而且轨迹的生成是动态的、逐步的,表现出轨迹产生的全过程。

例 制作"同底等高的三角形面积相等"课件

① 作一个三角形 abc;

② 依次选中 a、b、c 三点,利用"作图"菜单中的"多边形内部"命令,选择三角形内部;

③ 选择"度量"菜单中的"面积"命令,度量出三角形的面积;

④ 过顶点 a 作 bc 的平行线,再在该直线上取一点 d,作△dbc;

⑤ 选中点 d 和 bc 的平行线,作 d 点在该线上运动动画。

5. 记录

"记录"可以把你做的每一步记录在一个文件里,以后如果需要就可以调出相应的记录文件,自动做出以前的工作。记录的最大好处也许是可以给人看到作图的每一步过程,这不但对不了解作图过程的人是一个启示,而且对作者本人,在时间长久遗忘的情况下,也可以作为一种提示。一般来说,启用一个记录必须提高条件。

(1) 用已存在的作图生成记录

在上例"同底等高的三角形面积相等"课件中,进行了一系列的作图操作,如果需要把它记录下来,也是完全可以的。

① 选中所有对象;用"工作"菜单的"生成记录"命令,生成记录;

② 新建一个绘图窗口,绘出三个点(满足前提条件),执行"播放"命令,在新的绘图窗口中,便会依次重复我们以往的操作。

注:如果选择记录窗口中的"快进"按钮,所作图形会一步作出,而不是逐步作出。如果记录文件需要保存,可按一般的文件存盘方法进行。记录文件的扩展名是.gss;绘图文件的扩展名是.gsp。

(2) 先打开记录再作图

利用"文件"菜单的"新记录"命令,出现"记录"窗口,点击"记录"窗口中的"录制"按钮,然后按部就班作图,作图结束,按"记录"窗口中的"停止"按钮停止录制,可以将记录文件存盘。

(3) 循环记录

《几何画板》中的"循环"概念与数学里的极限是非常类似的,而且它完全可以用来演示数学里的极限问题,比如记录得出三角形里的三角形,再选定小三角形,再用一次记录……

简言之,《几何画板》的循环就是"图画"中的"图画",循环记录可以用无限循环来定义,但是当你播放这些记录时,先要指定循环的深度,以确定有多少次重复,否则,记录文件的播放将不会停止。

例 作"以三角形三边中点为顶点的三角形"的课件

新建"记录"与"绘图"——录制记录——画三点,并组成三角形,作三边的中点,连接三边顶点成新三角形——此时("记录"窗口中多出一个"循环"按钮)——先选中新三角形三个顶点再按"循环"按钮——结束录制。

播放时,前提是绘制三个点;给定"深度"——循环次数。《几何画板》将按指定的次数循环地画出"以三角形三边中点为顶点的三角形"的图形。

6. 坐标与函数

作为一个有力的几何作图工具,自然要有坐标和坐标系,自然也就可以把各类函数的图形在坐标系中准确地描画出来。《几何画板》中的常用函数在用"度量"菜单的"计算"命令打开的"计算器"中。

例 做一个反比例函数的图像

① 在"图表"菜单中利用"建立坐标轴"命令建立坐标系;

② 在横轴上任取一点,"度量"出它的"坐标","计算"出它的横坐标;

③ 先选中该点的横坐标,利用"计算"命令输入解析式,计算出它对应的纵坐标;

④ 选中横纵坐标值,利用"图表"菜单中"绘出(x,y)"命令,绘出该点;

⑤ 选中 x 轴上的点与刚绘出的点,利用"作图"中的"轨迹"命令作出所求作的反比例函数图像——双曲线。

(三) Dreamweaver CS 制作网络课件一般操作步骤

第一步,在硬盘上新建一个文件夹,命名为"课件"。进入这个文件夹,再建立几个子文件夹,分别命名为 Video(视频)、Images(图像)、Audio(声音)等,并把各种媒体素材文件拷贝至相应的文件夹。

第二步,启动 Dreamweaver,选择"站点"菜单下的"新建站点",在对话框中指定"本地根文件夹"为刚才建立的"课件"文件夹。

第三步,制作预先设计的课件的各个页面,保存为若干个 html(超文本标记语言)文件,均放置于"课件"文件夹中。

第一个文件一般可命名为 Index.html,并在"站点"菜单下"设为首页",作为整个课件的封套页,在适当位置加上进入提纲屏页面的超级链接。然后制作提纲屏(文件命名为 main.htm)、主屏页面(文件命名为 mainA、mainB、mainC 等)和其他子屏页面(根据便于制作的原则为文件命名)。复杂的子屏页面可建立单独的 html 文件,较简单的子屏则直接与主屏页面文件做在一起,采用 DreamWeaver 中的 Layer(层)技术,实现课件正常运行时的隐藏和按需调用时的正常显示。

第四步,在各页面文件中,规划好显示版面,通过插入表格方式,进行页面布局。在相关表格中录入需要的文本,插入相应的图片、动画等。

第五步,在需要跳转的位置添加按钮、文字或图片,并设置超级链接,从而实现整个课件的交互操作特性。

第六步,视频剪辑的插入和背景音乐的设置。需要事先为 Dream-Weaver 安装相关插件,然后可从 DreamWeaver 菜单中插入,考虑到使用控制的方便性,必须合理设置各项参数,做到可以按需要随时播放或停止。一些需要按照指定路径运动的动画,可以运用 DreamWeaver 中的 Timeline(时间线)技术来实现,其他设置和具体的制作技术细节这里就不再赘述。

第七步,制作各页面的"帮助"系统,并在页面适当位置放置调用标志。制作完成后,可对整个课件试运行,并对照脚本设计进行必要的调整和修改,再经调试无误后即可投入课堂教学使用,并在使用过程中不断调整完善。

(四) DreamWeaver CS5 操作基础

1. DreamWeaver CS5 概述

DreamWeaver CS5 是由 Adobe 公司开发的一款专业的 Web 站点开发软件,可用于 Web 站点、Web 页和 Web 应用程序的设计、编码和开发工作。在业界通常将 DreamWeaver、Flash、Fireworks 称为网页三剑客。

2. DreamWeaver CS5 工作环境

打开一个文档后的界面效果如图 4-3-1 所示。

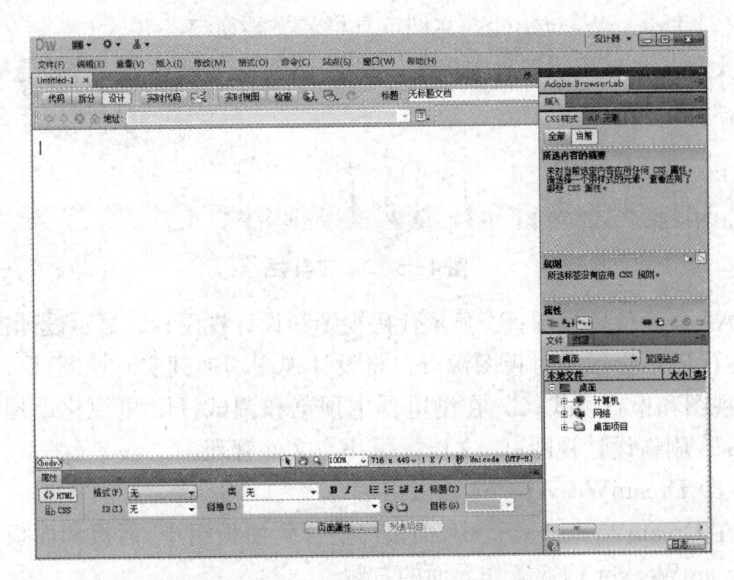

图 4-3-1　DreamWeaver CS5 界面

（1）DreamWeaver CS5 插入栏

插入栏用来插入各种常用和布局对象。根据选择的选项不同，在插入菜单中显示的内容也有所区别。选择"常用"和"布局"选项时，插入栏的显示效果如图 4-3-2。

图 4-3-2　插入项显示界面

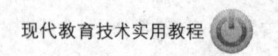

(2) DreamWeaver CS5 文档工具栏和文档窗口

文档工具栏提供各种文档窗口视图、各种查看选项和一些普通操作,如图 4-3-3 所示。

图 4-3-3 工具栏

A. 显示代码视图;B. 显示代码视图和设计视图;C. 显示设计视图;D. 在代码中显示实时视图源;E. 将设计视图切换到实时视图;F. 打开实时视图和检查模式;G. 在浏览器中预览和调试;H. 可视化助理视图选项;I. 刷新设计视图;J. 文档标题;K. 文件管理。

(3) DreamWeaver CS5 面板组

在 DreamWeaver CS5 中,面板都整合到面板组中,面板和面板组处于 DreamWeaver CS5 工作界面的右侧。

① 打开面板

单击"窗口"→"×××"菜单命令,即可打开指定的面板。

② 关闭面板

在面板标题栏单击鼠标右键,弹出其快捷菜单,再单击该快捷菜单中的"关闭"菜单命令,也可以关闭该面板。

③ 隐藏所有面板

单击"查看"→"隐藏面板"菜单命令或按 F4 键,即可隐藏所有打开的面板。

④ 调整面板大小

将鼠标指针移到面板的边缘,当鼠标指针变成双向箭头时,单击并拖曳面板的边框,达到所需的大小后松开鼠标左键即可。

⑤ "文件"面板

使用"文件"面板可查看和管理 DreamWeaver 站点中的文件。打开"文件"面板效果如图 4-3-4 所示。

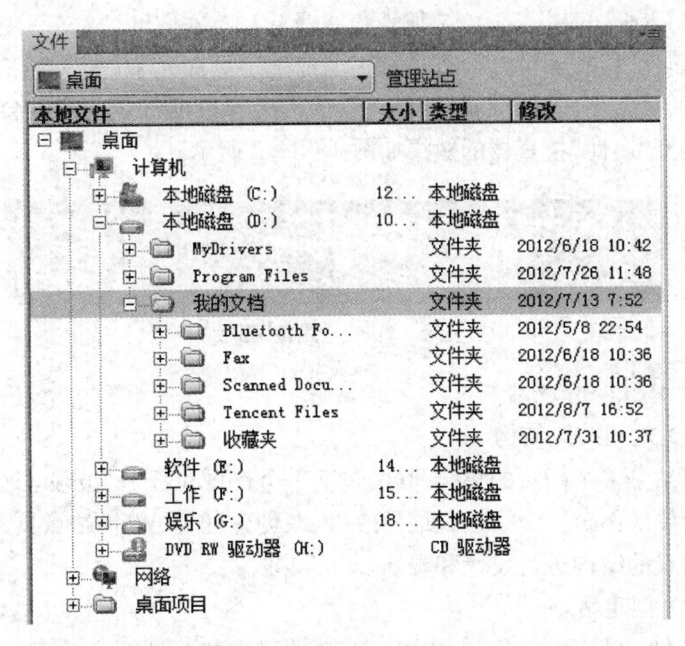

图 4-3-4 "文件"面板

⑥ "CSS 样式"面板

打开"CSS 样式"面板效果如图 4-3-5 所示。

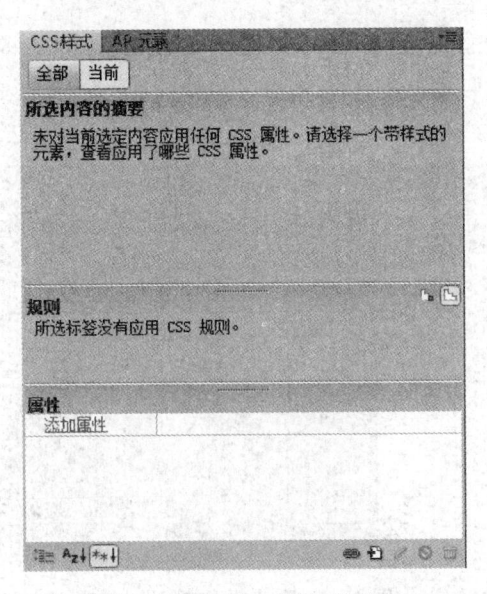

图 4-3-5 "CSS 样式"面板

(4) DreamWeaver CS5 属性检查器

"属性"检查器可以检查和编辑当前选定页面元素(如文本和插入的对象)的最常用属性。"属性"检查器中的内容根据选定的元素会有所不同。展开"属性"检查器的效果如图4-3-6所示。

图4-3-6 "属性"面板

3. 建立和管理站点

(1) 规划站点结构

网站是多个网页的集合,其中包括一个首页和若干个分页,这种集合不是简单的集合。为了达到最佳效果,在创建任何Web站点页面之前,要对站点的结构进行设计和规划。

(2) 创建站点

在DreamWeaver CS5中可以有效地建立并管理多个站点。搭建站点可以有两种方法,一是利用向导完成,二是利用高级设定来完成。

在搭建站点前,我们先在自己的电脑硬盘上建一个以英文或数字命名的空文件夹。

选择菜单栏"站点"→"管理站点",出现"管理站点"对话框。点击"新建"按钮,选择弹出菜单中的"站点"项,如图4-3-7所示,根据向导完成站点的创建。

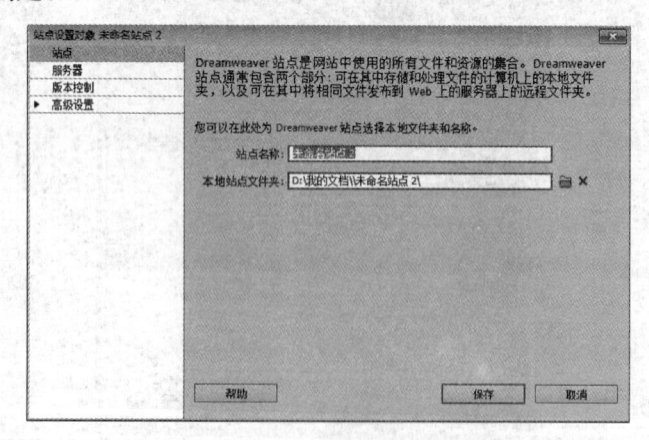

图4-3-7 "新建站点"对话框

(3) 搭建站点结构

利用 DreamWeaver CS5,可以在本地计算机上构建出整个站点的框架,并在各个文件夹中合理地安置文档。DreamWeaver CS5 可以在站点窗口中以两种方式显示站点结构,一种是目录结构,另一种是站点地图。可以使用站点地图方式快速构建和查看站点原型。

(4) 文件与文件夹的管理

对建立的文件和文件夹,可以进行移动、复制、重命名和删除等基本的管理操作。单击鼠标左键选中需要管理的文件或文件夹,然后单击鼠标右键在弹出菜单中选"编辑"项,即可进行相关操作。

4. 文档的基本操作

(1) 定义页面属性

执行"修改"→"页面属性"命令,可以打开"页面属性"对话框。在"页面属性"对话框中,可以定义页面的外观、链接、标题、标题/编码、跟踪图像等。

① 外观属性

在"外观"一类中,可以设置当前页面的默认字体属性、背景和页边距等。

② 链接属性

单击"链接"一项打开链接类属性。

③ 标题属性

在"标题"中设置页面各个标题的样式。文档内容的标题有六级,"标题 1"最大,"标题 6"最小。

④ 标题/编码属性

在"标题/编码"设置整个页面的标题,该标题显示在浏览器的标题栏中。

(2) 定义首选参数

在 Dreamweaver CS5 中可以定义新建文档和显示文档的首选参数。执行"编辑"→"首选参数",打开"首选参数"对话框。

设置首选参数主要有以下选项:常规、代码颜色、代码格式、代码提示、代码改写、CSS 样式、文件类型/编辑器、字体、标记色彩、不可见元素、布局模式等。

5. 网页中输入文本

输入文本,就像在其他文本编辑器中一样直接输入;复制/粘贴文本也像在 Word 等文字编辑软件一样操作。

6．插入图像

(1) 插入图像

目前互联网上支持的图像格式主要有 GIF、JPEG 和 PNG。其中使用最为广泛的是 GIF 和 JPEG。插入图像时，将光标放置在文档窗口需要插入图像的位置，然后鼠标单击常用插入栏的"图像"按钮。弹出的"选择图像源文件"对话框，选择图像文件，单击"确定"按钮就把图像插入网页中。

"替换文本"为图像输入一个名称或一段简短描述。

"详细说明"输入当用户单击图像时所显示的文件的位置，或者单击文件夹图标以浏览到该文件。

(2) 设置图像属性

① 选择"窗口"→"属性"以查看所选图像的属性检查器，在属性面板中显示出了图像的属性，如图 4-3-8 所示。

图 4-3-8　图像的属性对话框

② 在缩略图下面的文本框中，输入名称。

③ 设置图像的其他选项。

(3) 插入图像占位符和鼠标经过图像

① 图像占位符

单击下拉列表中的"图像占位符"，打开"图像占位符"对话框。按设计需要设置图片的宽度和高度，输入插入图像的名称即可。

② 鼠标经过图像

光标移动到欲插入图像的位置，点击菜单栏"插入"→"图像对象"→"鼠标经过图像"打开对话框。

7．网页中使用超级链接

(1) 关于链接路径

绝对路径。为文件提供完全的路径，包括适用的协议，例如 http、ftp 等。

相对路径。相对路径最适合网站的内部链接。如果链接到同一目录下,则只需要输入要链接文件的名称。要链接到下一级目录中的文件,只需要输入目录名,然后输入"/",再输入文件名。如链接到上一级目录中的文件,则先输入"../",再输入目录名、文件名。

根路径。是指从站点根文件夹到被链接文档经由的路径,以前斜杠开头。

(2) 页面之间的超级链接

① 在网页中选中要做超级链接的文字或者图片。

② 在属性面板中单击黄色文件夹图标,在弹出的对话框里选中相应的网页文件就完成了。

超级链接也可以手工在链接输入框中输入文件地址,也可以直接指向网址而不是一个文件。

(3) 邮件地址的超级链接

制作方法是:在编辑状态下,先选定要链接的图片或文字(比如:欢迎您来信赐教!),在"插入"栏点"电子邮件链接",或选择菜单"插入记录"→"电子邮件链接"弹出如下对话框,填入 E-Mail 地址即可,如图 4-3-9 所示。

图 4-3-9 "电子邮件链接"对话框

(4) 下载链接

我们经常从网上下载一些软件和其他文件,"下载链接"即可实现这一功能,实现方法很简单。准备可下载的文件,直接链接即可。

(5) 创建图像热点链接

我们这里所说的图片上的超级链接是指在一张图片上实现多个局部区域指向不同的网页链接。制作方法如下:

① 首先插入图片。单击图片,用展开的属性面板上的绘图工具在画面上绘制热区。

② 属性面板改换为热点面板如图4-3-10所示。

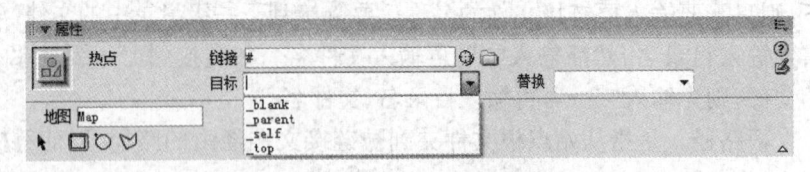

图4-3-10 热点属性面板

③ 保存页面，按F12预览，用鼠标在设置的热区检验效果。
（6）创建锚点链接

将光标定位在文档定义锚点的位置，然后单击"插入栏"上的"常用"面板上"命名锚记"图标，弹出插入锚点对话框如图4-3-11所示，输入锚点的名字，可以是数字或英文，我们输入"this01"，点"OK"按钮。

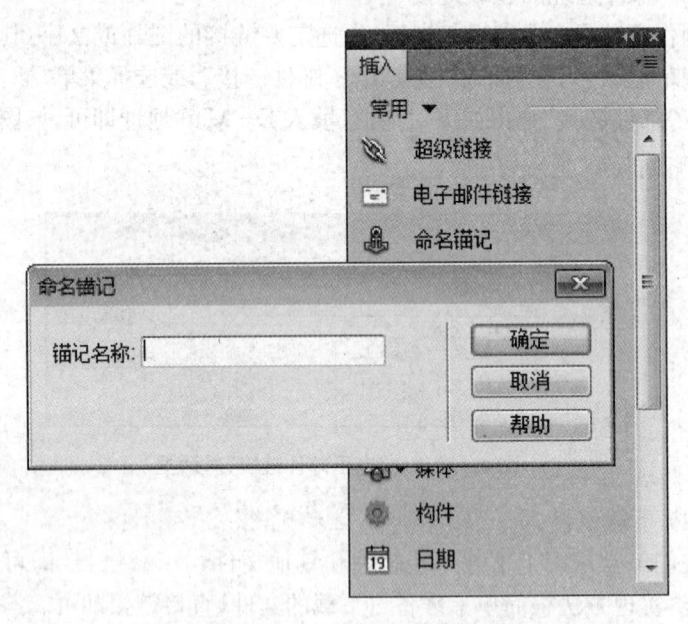

图4-3-11 "命名锚记"对话框

在本页选中要链接到此锚点的文字，在属性面板中Link框中输入#this01即可。

8. 网页中插入Flash电影

通过选择菜单"插入"→"媒体"→"Flash"，或通过单击"插入工具栏"

中"常用"类别的"Flash"选项,在显示的对话框中,选择一个 Flash 文件(.swf),Flash 占位符随即出现在文档编辑区域中。

9. 网页中插入其他元素

(1) 网页中插入日期

点击菜单"插入"→"日期",出现对话框如图 4-3-12 所示。

可以在对话框中选择星期格式、日期格式和时间格式,如将"存储时自动更新"前的复选框选中,则在每次保存时,会将时间刷新成当前系统时间。

(2) 插入插件

① 系统已安装插件

插入方法:通过菜单"插入"→"媒体"→"插件",在对话框中选择音频文件,点击"确定"即可。

② 扩展插件

(3) 插入标签

点击菜单"插入"→"标签",进入"标签选择器"。鼠标在左侧标签分类列表中依次选择"标记语言标签"→"HTML 标签"→"页元素",在右侧标签列表中选择"bgsound",点击"插入"按钮完成,出现"bgsound"标签编辑器对话框如图 4-3-13 所示。

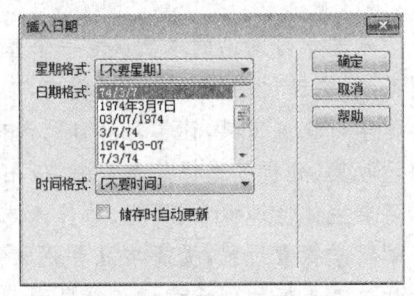

图 4-3-12 "插入日期"对话框

图 4-3-13 "bgsound"标签编辑器

我们介绍了 DreamWeaver CS5 的基础知识，包括开发环境、建立和管理站点、文档的基本操作，以及在页面中插入一些如文本、图片、多媒体、超链接等基本元素。后面通过奥林匹克专题学习站点主页综合实例详细讲解本知识在制作网页中的应用。

拓展学习

专题学习网站

专题学习网站的本质：是一个基于网络资源的专题研究、协作式学习系统，它通过在网络学习环境中，向学习者提供大量的专题学习资源和协作学习交流工具，让学习者自己选择和确定研究的课题或项目的设计，自己收集、分析并选择信息资料，应用知识去解决实际问题。它强调通过学习者主体性地探索、研究、协作来求得问题解决，从而让学习者体验和了解科学探索过程，提高学习者获取信息、分析信息、加工信息的实践能力和培养良好的创新意识与信息素养。

专题学习网站的特点：资源建设以"专题"为导向；教学功能以研究性学习为主要方式；以培养学生的创新精神和实践能力、提高学生的信息素养为目标。

1. 专题学习网站的组成

专题学习网站通常由以下四个基本部分组成，如图 4-3-14 所示。

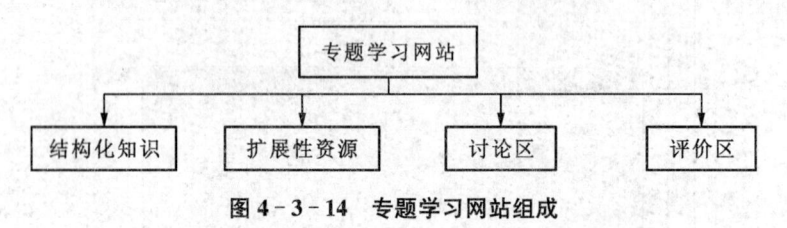

图 4-3-14 专题学习网站组成

（1）结构化知识指的是通过收集整理、建设与本专题相关的文本、图片、动画、音频、视频等教学媒体，按一定的教学策略进行分类、组织，以网页形式制作的具有较强交互性的专题网络教学课件。

（2）扩展性知识是扩展其他与专题相关的学科知识，从而综合各学科知识。

（3）网上协商讨论空间是根据学习专题，构建网上协商讨论、答疑指导和远程讨论区域。

(4)网上自我评价系统收集与学习专题相关的思考性问题、形成性练习和总结性考查的评测资料,并将其设计成基础性强、覆盖面广、难度适宜的题库,让学习者能进行网上自我学习评价。

2. 专题学习网站的功能

(1)教学功能。提供网络学习环境,为学生的知识学习创造良好条件;以专题学习网站为依托,为学生开展研究性、创新性学习提供环境;以专题学习网站为平台,开展协作性学习。

(2)资源整合功能。一般而言,专题学习网站都具有与专题主旨内容相关的大量资源,这些资源包含有文字、视频、音频、动画等,它们一起构成专题学习网站的学习环境;专题学习网站与CAI课件的区别之一,就是其资源更丰富,但这些资源并不是简单地堆砌在一起,而是参与到学习过程中,为学生所利用,从而实现专题学习网站的资源整合功能。

3. 专题学习网站的设计原则

(1)对象的特定性原则;

(2)内容的整合性原则;

(3)功能的综合性原则;

(4)科学性原则;

(5)交互性原则; } 一般网站的设计原则

(6)界面友好原则。

4. 专题学习网站的设计策略

(1)注重专题的提取,加强知识的有机融合;

(2)重视内容的整合与拓展,体现知识的意义建构;

(3)提供丰富的网络资源,创设有意义的学习情境;

(4)实现超链接结构,启发学生的联想思维。

5. 专题学习网站的教学设计方法

(1)网站的需求分析与功能定位;

(2)学习者特征的分析;

(3)专题确定和内容选取;

(4)知识结构体系的设计;

(5)信息资源的设计;

(6)自主学习的设计;

(7)协作学习环境的设计;

(8)学习评价系统的设计。

6. 《奥林匹克》专题学习网站实例，各页面如图 4-3-15 所示。

图 4-3-15 《奥林匹克》专题学习网站首页

图 4-3-16 奥运专题知识页面 1

专题四 多媒体课件设计与制作

图 4-3-17 奥运专题知识页面 2

图 4-3-18 奥运专题知识页面 3

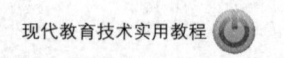

推荐阅读：

全国教师教育网络联盟。http://www.tuchina.org

中华诗词。http://www.zhsc.net/Index.html

http://www.czesx.com/taoyi/taoyi_site/taoyi_02site.htm

活动实践

任务一：利用 PowerPoint 制作综合演示课件，具体要求如下表 4-3-2

表 4-3-2　PowerPoint 课件制作要求

各项指标	具体要求
教学设计	教学目标、对象明确，教学策略得当 界面设计合理，风格统一，有必要的交互 有清晰的文字介绍和帮助文档
内容呈现	内容丰富、科学，表述准确，术语规范 选材适当，表现方式合理 语言简洁、生动，文字规范 素材（文本、音视频、动画等）选用恰当，结构合理
技术运用	程序运行稳定，操作方式简便、快捷 导航方便合理，路径可选 新技术运用有效
创新与实用	立意新颖，具有想象力和个性表现力 能够运用于实际教学中，有推广价值

1. 根据苏教版一年级下册《悯农》制作课件

教学目标：

（1）通过诵读、体验、歌唱《悯农》一曲，让学生通过极富感染力的画面、震撼人心的告诫，懂得珍惜劳动果实，懂得劳动的艰辛。

（2）通过歌曲的学习，能够有表情、韵味地朗诵古诗、歌唱古诗，并通过音乐感受古诗的意境，培养学生自由吟唱古诗的能力，感受到音乐与诗歌的完美结合，用打击乐为歌曲伴奏并加深孩子对古诗词的理解和对古诗词内涵美感的体验。

（3）通过即兴创作活动，知道浪费粮食的后果，并教育学生多背诵古诗。

幻灯片 1　如图 4-3-19 所示：

图 4-3-19　幻灯片 1

操作要点如下：

① 设置图片背景。在幻灯片上右击选择"背景"，打开背景对话框，选择"填充效果"，找到"图片"选项卡，单击"选择图片"按钮，找到目标图片，单击"插入"按钮即可。

② 插入艺术字。单击"插入→图片→艺术字"打开艺术字库对话框，选择合适的艺术字样式后输入内容并进行编辑，用鼠标拖曳艺术字改变其位置大小，还可双击或右击进行修改。

③ 插入竖排文本。单击"插入→文本框→竖排"，输入文本编辑其格式，用鼠标拖曳改变其位置。

④ 制作图片按钮。单击"插入→图片→来自文件"选择适合图片插入后，右击图片选择"超链接"设置适合的链接。

幻灯片 5　如图 4-3-20 所示：

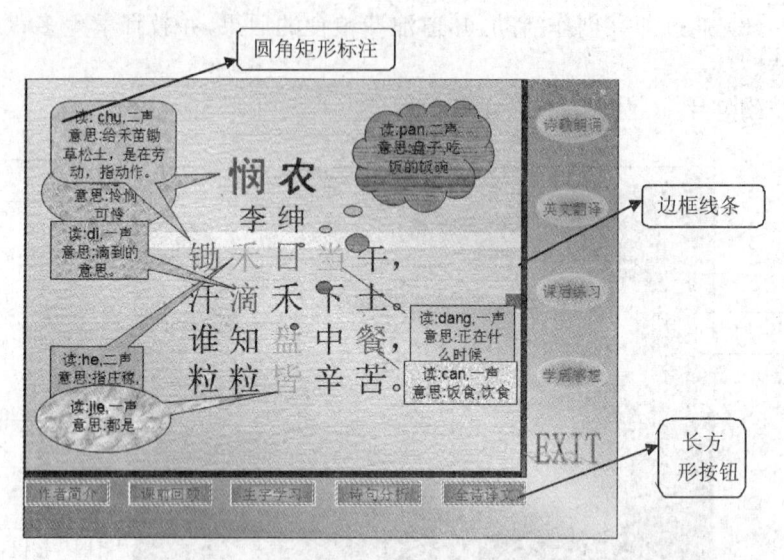

图 4-3-20 幻灯片 5

① 长方形按钮的制作。单击"绘图"工具栏上"自选图片"中的"基本形状",选择长方形,在幻灯片上拖拽成一个长方形,双击该图形,打开"设置自选图形格式"对话框,单击"填充颜色"中的"填充效果",单击"渐变"选项卡中的"预设"按钮,选择预设颜色中"雨后初晴"效果,设置透明度从0%到45%,底纹样式选择中心辐射即可;线条颜色选择白色,样式为4磅的双实线;右击该图形选择"添加文本"输入内容即可;按钮的音效是通过右击该按钮选择"动作设置"命令,打开"动作设置"对话框,选择"单击鼠标"选项,选中播放声音并设置适合的音效。

② 圆角矩形标注的制作。单击"绘图"工具栏上"自选图片"中的"标注",选择其中的"圆角矩形标注",在幻灯片上拖曳成一个标注图形,双击该图形,打开"设置自选图形格式"对话框,单击"颜色与线条"选项卡,单击填充颜色中的"填充效果",选择"纹理"中的"花束";右击该图形选择"添加文本",输入内容即可。

③ 边框线条动画的制作。要认识到该边框线条是一个组合然后添加动画效果才完成的,那么首先要制作该线条组合。单击"绘图"工具栏上"自选图片"中的"基本形状",选择长方形,在幻灯片上拖曳成一瘦长的长方形,双击该图形,打开"设置自选图形格式"对话框,单击"填充颜色"中的"填充效果",单击"渐变"选项卡中的"预设"按钮,选择预设颜色中

"红日西斜"效果,底纹样式选择水平即可;复制该图形并使其90度旋转后与原图形组成直角形状;按下 CTRL 键同时选中两个图形,右击选择菜单中的"组合"命令使其组合成一个图形;给该图形添加进入效果,选择"十字形扩展"即可。

2. 根据苏教版四年级下册《乘法分配律》制作 PowerPoint 课件

教学目标:

(1) 使学生在解决问题的过程中发现并理解乘法分配律,初步体会应用乘法分配律可以使计算更为简便。

(2) 使学生在发现规律的过程中,发展比较、分析、抽象和概括能力,增强用符号表达数学规律的意识,进一步体会数学与生活的联系。

(3) 使学生能联系实际,主动参与探索、发现和概括规律的学习活动,感受数学规律的确定性和普遍适用性,获得发现数学规律的愉悦感和成功感,增强学习的兴趣和自信。

制作细节略。

任务二:利用几何画板探索三角形内接矩形面积变化的规律

利用数学几何模拟软件"几何画板",可以非常容易地实现对平面几何、立体几何中的形状、平分线、中垂线等进行动态模拟演示,可以定义各种参数,也可以随机动态改变,非常灵活、方便,教师利用该软件可以演示、创设几何学习的良好情境,方便学生对问题的探索与发现,并培养学生的学习兴趣、创新意识与实践能力。以下是利用几何画板探索三角形内接矩形面积变化的规律采用的课件制作步骤。

1. 创设学习情境

(1) 利用几何画板画出△ABC,在△ABC 中的 BC 边上取一动点 D,设 BD＝x,以 D 点为始点作内矩形,并设 D 点在 BC 上作动画运动,使矩形面积随之而发生大小变化如图 4-3-21 所示。

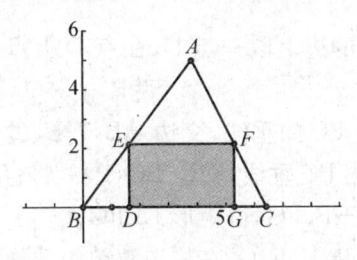

图 4-3-21 矩形面积变化图

(2) 测出矩形面积的值 y,并建立 x 与 y 间的关系,让面积值 y 在坐标系中显示,并观察。D 点变化时,面积 y 的变化情况。如图 4-3-22 所示。

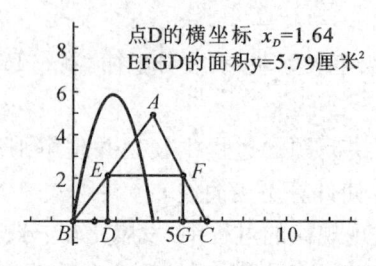

图 4-3-22 面积 y 的变化图

2. 教师指导学生观察事物的特征、关系、运动规律并进行思考,发表意见。

教师指导学生思考,如果移动 D 点,矩形面积 y 值会有怎样的变化,有何特征? 是否有最大值? 让学生把想法说出来并进行讨论。

3. 让学生进行操作实践,验证与原来思考的意见是否一致。

教师指导学生实际操作计算机,移动 D 点,观察矩形面积 y 值的变化情况,发现其特征,观察是否有最大值,让学生验证与原来思考的是否一致。

4. 指导学生进行知识重构,把思考和实践的结果进行归纳总结。

通过例子,将几何画板作为学生探究数学几何问题及规律的情境创设和情境探究工具。在教学领域,类似这种信息技术作为情境探究工具的手段非常多,它们将在教学中发挥越来越大的作用。

制作步骤:

(1) 在画板上建立直角坐标系,并以原点为顶点 B,一边 BC 在 x 轴上绘制任意三角形;

(2) 在位于 x 轴的边上取一点 D,在点 D 上点击右键,选择横坐标,得到点 D 横坐标;

(3) 过 D 点作边 BC 的垂线,交边 AB 于 E,过 E 点作 DE 的垂线交边 AC 于 F,过 F 点作 BC 垂线,交边 BC 于 G,将直线 DE、EF、FG 隐藏,并顺次连接线段 DE、EF、FG,得矩形 DEFG;

(4) 依次选中点 D、E、F、G,在构造菜单中选择内部,选中内部,在度量菜单中选择面积,计算矩形面积;

（5）依次选中矩形面积，在绘图菜单中选择绘制点；

（6）选择绘制的点并追踪点，可得矩形面积随着 D 点变化的函数图像。

任务三：利用 **DreamWeaver** 软件进行教学积件《中秋节主题网站》制作

通过浏览网站了解中秋节的由来、习俗及相关知识，培养学生珍视祖国的文化传统节日习俗的情感；需要 20 个页面左右，网页应充分体现数字技术开放性、交互性和共享性的特征。在水平分辨率为 1 024（或以上）像素的电脑屏幕上浏览时，页面保持整齐，美观大方。

下面以主页 index.htm 为例（如图 4-3-23），介绍操作要点：

图 4-3-23　主页 index.htm 页眉

打开 DreamWeaver CS5 新建文档，进入 DreamWeaver CS5 的标准工作界面。

1. 新建站点和管理

（1）在 D 盘上新建一个文件夹，命名为"课件"。进入这个文件夹，再建立几个子文件夹，分别命名为 Video（视频）、Images（图像）、Audio（声音）、SWF（Flash 动画）等，并把各种媒体素材文件拷贝至相应的文件夹。

（2）启动 DreamWeaver CS5，选择"站点"菜单下的"新建站点"，在对话框中指定"本地根文件夹"为刚才建立的"课件"文件夹。设置站点名称和默认图像文件夹等。

当站点完成创建后，文件面板将显示当前站点的新本地文件夹，文件面板中的文件列表将相当于文件管理器，允许复制、粘贴、删除、移动和打开文件，从而能完成管理站点的功能。

2. 添加新网页

选择"文件→新建"命令，打开"新建文档"对话框。默认打开"空白页"选项卡，从"页面类别"列表框中选择"HTML"选项，"布局"选无，单击"创建"按钮，即可创建一个新的空白文档，编辑后保存即可。也可在文件面板的站点根目录下单击鼠标右键，从弹出菜单中选择"新建文件"项，然后给文件命名。我们新建的第一张网页一般命名为 index.htm。

3. 设置页面属性

选择"修改→页面属性"命令，打开"页面属性"对话框。

① 选择"外观(CSS)"分类，设置页面字体为宋体、大小 12、文本颜色为"♯CC3300"、背景图像选择 images 文件夹中的 bg2.gif 图片。

② 选择"外观(HTML)"分类，设置背景颜色为"♯990000"。

③ 选择"链接(CSS)"分类，设置链接颜色、变换图像链接、已访问链接颜色均设为"♯CC3300"。

4. 利用表格布局网页

网页布局大致可分为"国"字型、拐角型、标题正文型、左右框架型、上下框架型、综合框架型、封面型、Flash 型和变化型。

表格在网页中有定位和设置网页布局的作用，利用表格可将各块内容分类列出，使网页清晰美观、富有条理。表格中可以包含你喜欢的任何内容，包括图像、文本、多媒体文件，甚至有嵌套的表格。要注意的是，在用表格布局时，表格的边框粗细应设置为 0。index.htm 页面中共有 7 个表格自上而下堆砌而成。注意：表格间距和填充均为 0；表格均居中；表格边框线粗细为 0。

① 插入两行三列表格，分别在每个单元格中插入相应图片，其中第二行第二列单元格设置背景图片为 zq-5.gif，并录入相应文字。如图 4-3-24 所示。

图 4-3-24　首页眉头

② 插入四行三列表格,合并第一行三单元格,并插入图片 zq‐17.gif,合并第二行三单元格并设置背景颜色为"♯990000",设置第三行第一列单元格背景颜色为"♯990000",设置第三行第二列单元格背景图片为 zq‐8.gif,设置第三行第三列单元格背景颜色为"♯990000",在第三行第二列单元格内插入一行 7 列单元格,输入导航文字,并分别添加链接,并设置其在单元格内居中。

③ 插入一行三列表格,分别在三单元格内插入 zq‐9.gif、zq‐11.gif、zq‐10.gif 三张图片。

④ 插入一行三列表格,设置第一列单元格背景图片为 zq‐12.gif,设置第三列单元格背景图片为 zq‐14.gif,设置第二列单元格背景颜色为"♯ffe9d0",插入 Flash 动画 739.swf,并录入文字。

⑤ 插入一行三列表格,分别在三单元格内插入 zq‐14.gif、zq‐16.gif、zq‐15.gif 三张图片。

⑥ 插入一行一列表格,插入 zq‐17.gif 图片。

⑦ 插入一行一列表格,设置背景颜色为"♯990000"。

知识结构

```
                        ┌ 课件的分类
          多媒体课件概述 ┤ 课件对教学的促进作用
                        └ 课件的评价
多媒体课
件的设计                    ┌ 多媒体课件开发与设计的原则
与制作    多媒体课件的开发与设计┤ 多媒体课件设计的内容
                              └ 媒体课件开发的一般流程

                            ┌ PowerPoint 制作课件的基本操作
          常用多媒体课件制作工具┤ 几何画板制作课件的基本操作
                              └ Dreamweaver 制作网络课件的基本操作
```

专题五　数字化校园及其应用

学习目标

1. 理解数字化校园的内涵以及数字化校园建设的主要内容。
2. 掌握数字化校园在教育管理中的应用。
3. 掌握网络教育资源的种类及检索方法。
4. 熟悉教育网站的特点及类型。
5. 掌握网络化社会学习工具的特点及使用方法。

专题引言

随着信息技术的迅速发展,教育信息化已成为时代发展的必然趋势。"数字校园"作为教育信息化众多解决方案中的主流,其整体化改革的思想得到了越来越多的教育界人士的认同和青睐。数字化校园是在传统校园的基础上,利用先进的信息化手段和工具,将现实校园的各项数字化资源形成一个数字空间,是现实校园在时间和空间上的延伸,从而提升传统校园的效率,扩展传统校园的功能,最终实现教育过程的全面信息化。

第一讲　数字化校园概述

基础知识

一、数字化校园的内涵

数字化校园是利用信息技术对学校的各项工作进行全面整合,可以说数字化校园＝数字技术＋学校各项工作。

数字化校园以教师、学生、管理人员为主体,以教学、科研、管理和服务活动为主要内容,通过校园数字化实现资源高度共享、信息高速流动,是数字化虚拟教育环境。数字化校园为教师、学生、管理人员和服务人员等各类人员提供相关的平台,如教师的备课、教学和培训等,学生的学习、课程选修、研究性学习和心理咨询等,管理人员的办公、人事管理、图书管理、教务管理和财务管理等,服务人员的食堂管理、宿舍管理、门禁安全管理等。

数字化校园具有如下主要功能:

1. 综合信息服务。通过校内信息门户平台提供综合信息服务,主要包括校园信息发布、学习社区、电子邮件、文件传输、域名服务、目录服务等信息服务功能。

2. 统一身份认证。通过统一身份认证系统,集中进行用户管理、权限管理,保证用户电子身份的唯一性、真实性与权威性,实现用户单点登录,保证系统的安全性。

3. 公共数据交换。通过学校信息化教学、科研和管理资源中心实现各个应用系统之间的数据交换与数据共享。

4. 各种应用系统。如网络教学平台、校园一卡通系统、图书管理系统、教务管理系统、行政办公自动化系统、人事管理系统、学生综合管理、科研管理系统和资产管理系统,实现学校各项管理工作的信息化。目前,针对新生入学接待,许多高校开发了数字迎新系统等。

数字化校园利用计算机技术、网络技术以及科学规范的管理对校园内的教学、科研、管理和生活服务有关的所有信息资源进行整合、集成和全面的数字化,构成了统一的用户管理、统一的资源管理和统一的权限控制,通过组织和业务流程,推动学校进行制度创新、管理创新,实现教育信息化、决策科学化和管理规范化,促进数字化校园在学习、生活中的各种应用。

二、数字化校园的构架

《国家中长期教育改革和发展规划纲要(2010—2020年)》明确指出"信息技术对教育发展具有革命性影响,必须予以高度重视",并要求"把教育信息化纳入国家信息化发展整体战略","加快教育信息化进程"。教学活动是学校教育活动的中心工作,教学信息化将有力地推进教育信息化的进程。教学信息化是指充分利用信息技术及现代教育教学的思想、方法和手段进行教学,使教学的所有环节信息化,从而提高教学质量和效率,最终实现教学现代化的过程。它包含教学基础平台、教学资源、教学过程和教学管理等信息化。数字化校园建设是实现教育信息化的一个重要途径。

数字化校园是一个层次化的结构,根据功能其架构可以分为五个层次:网络基础设施、网络基本服务、应用支撑系统、信息服务系统以及虚拟校园等。

1. 网络基础设施主要是包括综合布线系统、服务器和终端工作站、网络互联设备等构成的校园网,它们是信息的存储与传输的硬件基础。另外,还包括根据办公、教学和服务场所等实际情况和需要配备相应硬件设备和软件系统形成数字空间。

2. 网络基本服务是数字化校园的软件基础,包括电子邮件、文件传输、信息发布、域名服务、身份认证、目录服务等。它是衡量网络系统功能是否完善的一个重要标志。

3. 应用支撑系统是数字化校园的关键,主要包括基础数据库,数据存储中心、统一身份认证系统和信息安全系统等。它提供资源共享和应用服务基础平台,管理各种信息资源,并根据相关的逻辑提供给用户使用。如学生的信息、教师的信息、多媒体课件、图形、声音等教育教学信息,信息系统平台还有身份入口。

4. 信息服务系统是数字化校园的具体应用,提供用户使用界面,为用户提供信息管理服务。主要有网络教学平台、校园一卡通系统、图书管理系统、教务管理系统、人事管理系统、科研管理系统和资产管理系统等。

5. 虚拟校园是数字化校园对现实校园功能的扩展,实现远程教育功能,使大学的功能突破围墙的限制,成为网络覆盖范围内的无围墙大学。数字化校园通过虚拟校园实现对外服务职能,是传统校园数字化后社会功能的延伸。如图5-1-1、图5-1-2是数字化校园网总体拓扑结构图和数字校园系统架构示意图。

专题五 数字化校园及其应用

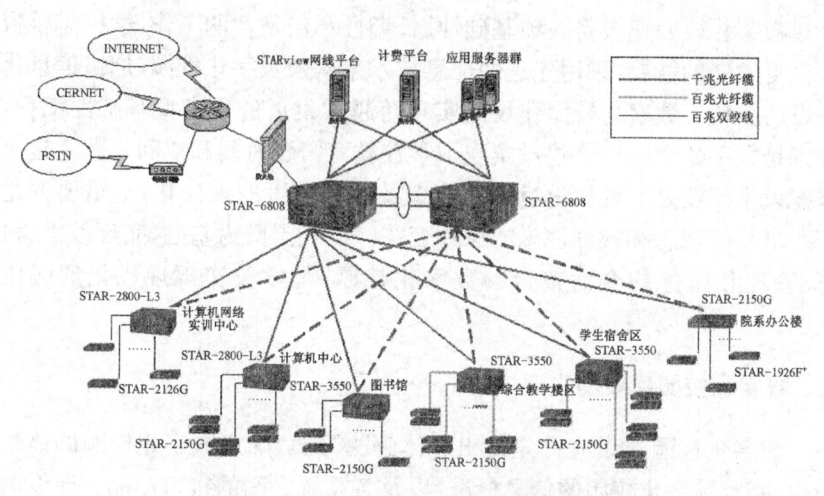

图 5-1-1 数字化校园网总体拓扑结构图

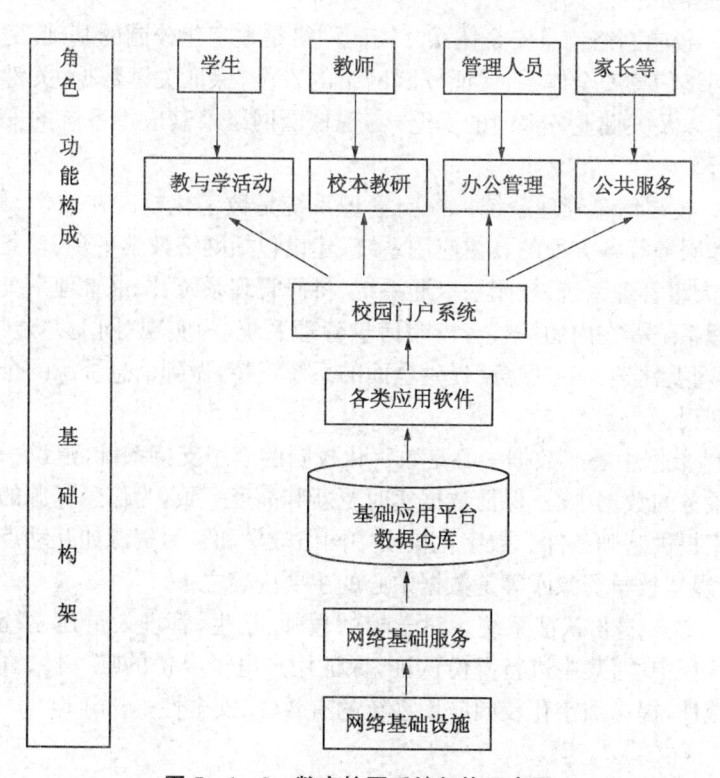

图 5-1-2 数字校园系统架构示意图

数字化校园建设是一项基础性、长期性和经常性的工作,学校需要根据自身发展的需要,采用先进的信息技术来构建数字化校园,加快信息化建设的步伐。数字化校园建设是实现跨越式发展的研究型基础性工程,特别是数字化学习环境建设实现了学校教育跨越时间和空间。数字化校园建设不仅仅是实现教学、科研、管理及服务手段的现代化,更重要的是人才培养的观念和教育理念的深刻变革。以校园网为基础,实现教学、科研、管理和服务的全面整合的数字化校园,是学校实现现代化的必由之路。

三、数字化校园建设的主要内容

数字化校园建设应首先提出总体解决方案,确定数字化校园的体系结构,制定数字化校园的信息标准,以及各系统之间的接口标准。建设的主要内容如下:

1. 校园网络信息安全体系。校园网络是数字化校园的基础,建立全校的网络信息安全体系,保证校园网络的安全,保证关键数据、关键应用的安全以及关键业务部门的安全,实现校园网络及其应用系统的安全高效运行。

2. 校园信息管理系统。校园管理系统是数字化校园在教学、科研、管理和服务等各方面的具体应用系统,建设包括网络教学平台、教务管理系统、人事管理系统、校园一卡通系统、科研管理系统、图书管理系统和资产管理系统等在内的一整套校园信息管理系统,为实现"网上办公、网上管理、网上教学、网上服务"提供全面的系统支持,做到信息资源的全面共享和利用。

3. 数据中心。数据中心是数字化校园的应用支持系统,建设一个为全校服务的数据中心,保证数据实时更新和高度一致,为信息资源的共享和应用提供基础条件。数字化校园中网络教学和学习资源如互动点播系统、多媒体教学资源库等是数据中心的主要内容之一。

4. 统一身份认证系统。对学校的教师、学生、管理人员建立统一的身份认证中心,集中进行身份认证,保证用户电子身份的唯一性、真实性与权威性,提高数字化校园应用系统的有效性、安全性。

拓展学习

移动学习展望

一、移动学习概念

移动学习(Mobile Learning)是一种在移动计算设备帮助下的能够在任何时间、任何地点发生的学习。移动学习所使用的移动计算设备必须能够有效地呈现学习内容并且提供教师与学习者之间的双向交流。

全国高等学校教育技术协会的定义：移动学习是指依托目前比较成熟的无线移动网络、国际互联网以及多媒体技术，学生和教师通过利用目前较为普遍使用的无线设备（如手机、PDA掌上电脑、笔记本电脑等）更为方便灵活地实现交互式教学活动以及教育、科技方面的信息交流。

二、移动学习特点

移动学习在数字化学习的基础上通过有效结合移动计算技术带给学习者随时随地学习的全新感受。移动学习被认为是一种未来的学习模式，或者说是未来学习不可缺少的一种学习模式。

正确理解移动学习的内涵应该从以下几个方面来把握：

1. 移动学习是在数字化学习的基础上发展起来的，是数字化学习的扩展，它有别于一般学习。E-Learning 专家米切尔·文戈（Michael Wenger）针对移动学习提出了他独到的见解，他认为移动学习并不是什么新鲜事物，因为在传统学习中印刷课本同样能够很好地支持学习者随时随地进行学习，可以说课本在很早以前就已经成为支持移动学习的工具，而移动学习也一直就在我们的身边。由此可见，移动学习作为一个新事物新概念在现在提出，它必须与传统学习相区别开来，否则将失去它的意义。

2. 移动学习除具备了数字化学习的所有特征之外，还有它独一无二的特性，即学习者不再被限制在电脑桌前，可以自由自在、随时随地进行不同目的、不同方式的学习。学习环境是移动的，教师、研究人员、技术人员和学生都是移动的。

3. 从它的实现方式来看，移动学习实现的技术基础是移动计算技术和互联网技术，即移动互联技术；实现的工具是小型化的移动计算设备，或者称为 IA 设备。目前支持移动学习的 IA 设备主要是指 WAP 蜂窝电话、PDA和混合设备(指混合了移动电话的语音功能和PDA的数据处理功能的设备)，但是随着技术的不断发展，我们相信在不久的将来会出现更多类型的设备。

三、我国移动学习未来的发展

近年来，移动学习已经成为远程教育研究的主题，业内厂商已经陆续推出自己的产品并广为应用。与美国等国相比，我国移动学习的应用目前尚算是少数，不过因为我国的手机在线人数在世界上占绝对优势，我国的移动学习应用前景值得期待。

在未来的二十年中，我国移动学习的发展将经历三个阶段：基础环境建设阶段，知识体系化建设阶段和学习服务建设阶段，每个阶段间的过渡是迭代循环的过程。

第一阶段是基础环境建设阶段，将随着无线网络和资源的发展逐步形成适应移动学习的基础环境，逐步形成国家、地区和组织三个层次应用的网络环境和主题资源的学习环境，这个阶段将持续4~8年，主要推动力来自于移动服务商和厂商。

第二个阶段是知识体系化建设阶段，将在已有完善的移动环境基础上进行大规模的知识体系的构建，完成学习内容内化关联和已有资源的共享兼容，针对不同的学习主题和需求进行分类和定制应用构建，这个阶段将持续5~10年，主要推动力来自于教育机构和企业。

第三个阶段是学习服务建设阶段，这个阶段将是我国全面教育社会化发展进程的新起点，环境的交互成为隐性的移动学习过程，国家级的移动学习服务中心成为社会基础设施，移动学习成为社会化的教育形式，相关资源进行系统化的兼并和整合，这个阶段将持续5~10年，主要推动力来自于政府。

活动实践

1. 理解数字化校园内涵，说说数字化校园具有哪些主要功能？
2. 作为未来的小学教师，你认为应如何建设数字化校园？

第二讲　数字化校园的应用

基础知识

一、数字化校园的教育教学应用

数字化校园的主要应用有网络教学系统、一卡通系统、教务管理系统、图书管理系统、人事管理系统、科研管理系统和资产管理系统等。

（一）网络教学系统

网络教学系统主要有基于课堂的多媒体教学模式、基于网络的资源型教学模式、基于网络的远程教学模式。

在基于课堂的多媒体教学模式中，教师运用多媒体网络教室，在课堂中面向学生进行教学活动，师生能够面对面地交流。基于多媒体网络教室的课堂教学模式的最大缺点是受时间、空间和教师的约束，使该教学系统不可能适合所有教师，不能让课堂外更多人享受到这种优质资源。

在基于网络的资源型教学模式中，学生不受时间、空间限制，可以把优质资源分享给所有需要资源的人，这种资源型教学模式只能解决部分学生的需求。

在基于网络的远程教学模式中，学生不受空间限制，任何学生都可以享受这种优质资源，学生可以享受自主学习的乐趣，这种教学模式虽然具有师生交流，但实时交互性较弱，教学效果相比课堂教学而言要差一些，却比网络资源型教学模式要好。

> **知识卡片 5-2-1　远程教育**
>
> 遥距教育（Distance education），又称远距教学、远程教育，是指使用电视以及互联网等传播媒体的教学模式，它突破了时空的界线，有别于传统需要校舍安坐于教室的教学模式。使用这种教学模式的学生，通常是业余进修者。由于不需要到特定地点上课，因此可以随时随地上课。学生亦可以通过电视广播、互联网、辅导专线、课研社、面授（函授）等多种不同渠道互助学习。

（二）校园一卡通系统

校园一卡通系统由校园卡平台系统、校园卡应用子系统、校园卡三大部分组成。

校园卡平台系统由数据中心和管理中心组成。管理中心又分为人工服务点和自助服务点。

校园卡应用子系统是接受持卡人各种应用的服务系统,分为商务消费类、身份识别类、商务消费与身份识别混合类三大类。商务消费类如食堂就餐、超市购物、自动售货,"一卡在手,走遍校园"。

校园一卡通改变了传统消费及身份识别管理模式,同时具有学校管理决策支持系统的部分功能,为学生提供服务、消费等。身份识别类可替代学生证、工作证等完成学籍查询管理、替代图书证完成借还书以及文献检索、自动识别出入图书馆、教学实验楼和宿舍的门禁。商务消费与身份识别混合类如医疗付费、上机付费等。

校园一卡通系统在学校内简称校园卡系统,是数字化校园的组成部分和重要标志之一。校园一卡通系统是集统一身份认证、管理信息系统(MIS)于一身的管理系统。校园卡是将师生员工与数字化校园有机连接在一起的最有效的媒介。在校园中,师生员工的校园卡,集身份卡、借书卡、消费卡、上机卡、医疗卡等多种功能卡片于一体,代表持卡人的身份,在卡上可自由充值和消费,在校园内做到一卡通用,一卡通为校园管理带来了高效、方便与安全。校园一卡通系统通过采用逻辑一体、物理分离的校园卡,实现校园卡在银行各个网点通用,可以进行电子货币结算,做到各个银行互通。持卡人通过转存等方式实现银行卡与校园卡之间的转账功能,赋予校园卡系统金融功能,让校园卡走出了校园,成为校园外一定区域内的"一卡通"。

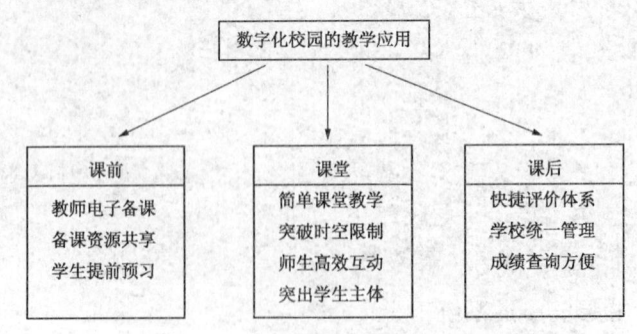

(三)数字化校园的教学应用

数字化校园的教学应用如图 5-2-1 所示。

```
                数字化校园的教学应用
         ┌──────────────┼──────────────┐
         ↓              ↓              ↓
    ┌────────┐    ┌────────┐    ┌────────┐
    │  课前  │    │  课堂  │    │  课后  │
    ├────────┤    ├────────┤    ├────────┤
    │教师电子备课│  │简单课堂教学│  │快捷评价体系│
    │备课资源共享│  │突破时空限制│  │学校统一管理│
    │学生提前预习│  │师生高效互动│  │成绩查询方便│
    │        │    │突出学生主体│  │        │
    └────────┘    └────────┘    └────────┘
```

图 5-2-1 数字化校园的教学应用

根据图 5-2-1 所示，数字化校园的教学应用可以归纳为以下几点：

1. 方便电子备课，实现资源共享

数字化校园在教师备课过程中提供了丰富的资源，提供了多种工具帮助教师完成各种任务、编写各种教学和工作中的标准化电子文档，如编写教学计划和考试试卷。教师还能运用这些工具与其他教师进行资源共享、信息交流。

知识卡片 5-2-2　云计算

2006 年 Google 公司提出了云计算（Cloud Computing）战略。云计算是指由几十万甚至上百万台廉价的服务器组成网络，为用户提供所需要的计算机服务。这是近年来计算机科学领域中的分布式计算、并行计算和网格计算的新发展。云计算将大规模的计算机阵列连接成一个向全球用户提供社会化计算机服务的网络，用户只需要一个能够上网的设备，比如一台笔记本或手机，在任何时间、任何地点，用任何可以连接至互联网的终端设备访问这些服务，就可以获得自己需要的计算机服务。

云计算的特点：① 数据在云端。不必担心数据丢失，没有必要备份数据，没有必要发送电子邮件。② 软件在云端。不必下载所用软件，没有必要安装软件，不用进行软件升级。③ 多类型终端。个人 PC、电视机、手机均可登录云服务平台，享受"三屏一云"服务。④ 强大的计算服务功能。利用几十万甚至上百万台廉价的服务器所组成的网络，为用户提供所需要的计算机服务。

云计算辅助教学

2009 年中国教育技术协会年会上，上海师范大学教育技术系黎加厚教授正式提出了云计算辅助教学（CCAI）的概念。黎加厚教授认为所谓云计算辅助教学是指学校和教师利用"云计算"提供的服务，构建个性化教学的信息化环境，支持教师的教学和学生的学习，提高教学质量。

云计算辅助教学可以应用到探究性学习、互动社区、同伴互助、电子档案袋评价、集体智慧培养、学习叙事、讨论社区、班级学习活动平台、家校沟通、作品展示交流等领域。它为群体智慧的培养、自主学习、基于资源的学习、以学生为中心的学习、个性化教学提供了一个良好的平台。

> 随着云计算的进一步发展,信息化教育利用云平台,实现教学、管理和信息交流等功能,从教育的发展趋势和云计算技术的特点看,云计算辅助教学模式应当是今后发展的主要方向。

(1) 自主式学习

有了"云计算"带来的学习环境,每个人可以根据自己需要,订制学习计划和学习资源,学生成为学习的主体。

(2) 协作交流式教学

云计算辅助教学的应用,使教师从繁琐的教学准备中解放出来,有更多的时间去充实自己和进行教学研究,向研究型教师转化。云计算辅助教学的应用,要求教师必须转换自己的角色,不断地充实自己,以适应教育现代化的需要。在云服务的教学课堂上,教学内容可以从云端获得。云计算辅助教学具有开放的教育教学内容、开放的软件标准、开放的数据访问和开放的科研理念等特点,这些教学内容包含在课程数据和互动的教学社区中。

(3) 个性化学习

教师利用云思维、云服务技术,通过画面与学生直接进行交流,在课堂教学中营造出一种不断提问的效果,促进学生积极主动地进行探索式学习。

2. 丰富课堂教学,突出学生主体

数字化校园的推广,丰富了课堂教学,使课堂变得生动易学。充分利用多媒体、网络技术实现高质量教学资源、信息资源和智力资源的共享与传播,促进高水平的师生互动,促进主动式、协作式、研究型学习,提高学生的信息素养,培养学生解决问题的能力和创新能力,更突出了学生在学习中的主体地位。

> **知识卡片 5-2-3　电子备课、电子书包、电子档案袋**
>
> 电子备课是指教师利用网络资源和工具进行备课。教师利用网络寻找教学资源,如教材解读、背景知识、优秀教案、相关理论等,并通过自己钻研,配合个人的教学经验,形成可供个人使用的教学资源。这些资源需要收集、整理、保存,并不断地在电脑中加工提炼,最终形成与课程配套的能实施的教案,这个过程就是电子备课。
>
> "电子书包"是在教学过程中学生能通过终端设备实时记录老师的

声音、画面等数据，并存入"个人云系统"中。放学后，学生可以像"逛街"一样随时查阅内容，还可以按需从"教育云"上下载数据，老师也能依托该服务随时"备课"，并按时向这朵云提供内容。

学生在课堂上通过电子书包阅读教材，通过电子书包把老师讲的重点和要点记录下来；可以通过电子书包在线做作业。老师和学生之间也可以实现互动，在教师端发送练习题给学生，学生接收后，可以答题并回送答案，通过电子书包还可以跟踪了解学生的学习状况。如图5-2-2电子书包概念与内涵所示。

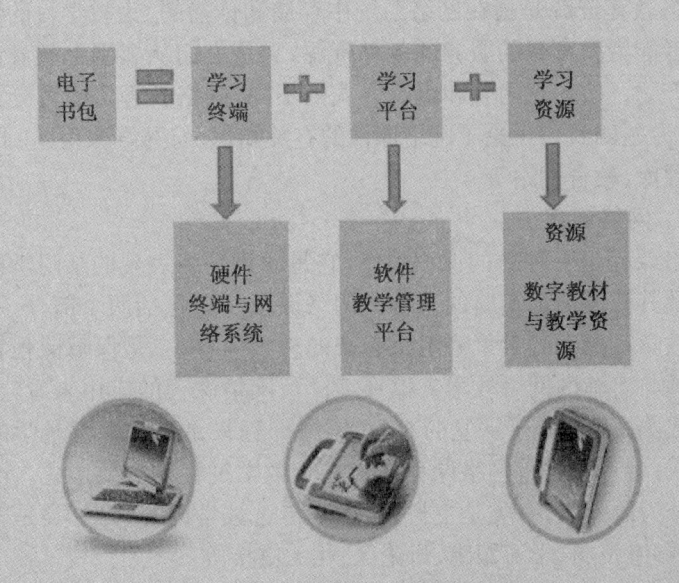

图5-2-2　电子书包概念与内涵

"电子学习档案袋"，简称"电子档案袋"或"电子学档"。电子学档是在学档的基础上发展而来的，是学档的电子化。电子档案袋和数字式档案袋两个概念往往被当做同义词使用，不过两者略有区别：电子档案袋装有的作业制品也许以模拟式录像带的形式存在，也许以一种计算机可读的形式存在；在数字式档案袋中，全部典型制品都已经转换成了计算机可读的形式。电子档案袋具有低存储空间、可长时间保存、管理便捷等特点，随着信息技术的发展和普及，其在教育教学中的研究和应用也日益广泛。

3. 快捷的评价体系，提高教学效率

通过数字化校园，各校建立了成绩查询系统，各学科的考试从出卷、答卷到阅卷、统计都可以在校园网上完成，既节省了时间，又提高了准确率，学生在家也能方便地查询到自己的成绩。数字化校园使教师主导性、学生主体性、师生交互性得到了和谐统一的发展，数字化校园也为学校现代教育技术和学科整合顺利开展提供了重要保障。

二、网络教育资源的类型

网络教育资源是指在网络系统中存储和传播的、为教学目的专门设计的或者能为教育目的服务的各种资源，它是人们从事网上教育活动的条件和产物。按信息内容和组织方式的不同，网络教育资源可分为网络课件（在专题四我们讨论了网络课件的有关知识）与网络课程、电子书刊、网络资源库、教育网站等。

（一）网络课程

网络课程是一种新的课程形态，它是通过网络表现的某门学科的教学内容及其教学活动实施的总称。网络课程一般包括两个部分，一是按一定的教学目标和教学策略组织起来的教学内容；二是保障课程和学习活动管理与实施的网络教学支撑环境。从网络课程的应用来看，主要有两种形式：一种是基于课堂的教学，网络课程只是作为课堂教学的一种补充方式；另一种是将网络课程作为整个教学过程的主要形式。网络课程栏目分为两大类，一类是主栏目，用来传送教学内容；另一类是辅助栏目，包括参考资料、学习跟踪、讨论区、相关链接等。

网络课程主要有以下几方面的功能特点：

① 支持开放式教学。使学生的学习不受时间和空间的限制，打破了传统课堂教学的局限。

② 多维的信息交互。能够为学生提供多渠道的交互，学习者可以在学习过程中进行实时交流或非实时交流，也可以进行文字、语音或视听等不同方式的交流。

③ 丰富的信息资源。网络课程能够将各类课程与相关图文声像资料集成到一起，形成一个支撑课程的资源库，同时可以为学生提供扩展性资源的网络链接，有利于学生的学习与知识面的扩展。

（二）电子书刊

电子书刊可以分为两种类型：一种是传统纸质媒介信息的电子网络

版,即直接将各类印刷图书和报纸、杂志等信息内容转化为网络格式的电子信息,如网上的各类中外文学名著、各种专业期刊、杂志、报纸的电子版等;另一种类型则是专为适应网络电子媒介而编辑制作的各种网络书刊,它们利用网络的特性,快捷、及时、海量地提供各种信息。信息内容不仅包括文本、图片等,有些还含有大量的声音、视频、动画等多种媒体形态。另外,较之传统书刊,网络电子书刊还允许用户进行上传、下载、讨论、评议等各种交互操作。例如,北京师范大学面向教育技术人员和中小学教师创办的《教育技术通讯》杂志(www.etc.edu.cn),设有"学者专访"、"论著选摘"、"学术动态"等多个栏目,是一个具有学术性、创新性、指导性和交流性的比较丰富的免费在线教育杂志。如图5-2-3所示。

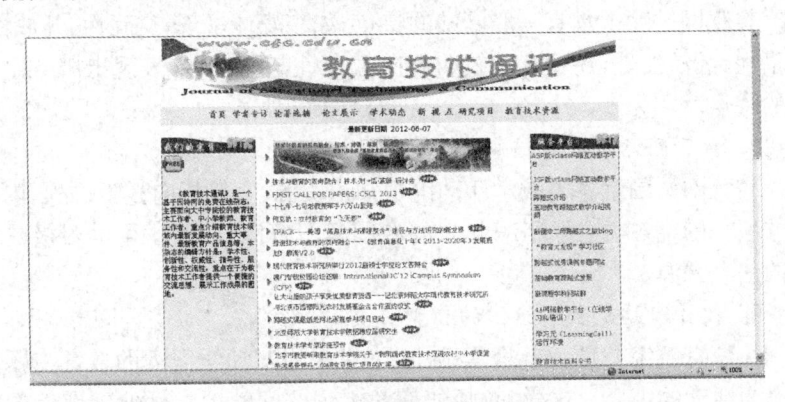

图5-2-3 教育技术通讯首页

(三)网络资源库

网络资源库集合了大量的信息对象,并允许用户根据某些属性检索使用这些数据资源。网络数据库既有各种专题型的信息资源库,如学位论文数据库、中文期刊数据库、学科教案数据库、多媒体教学素材库等;同时也有只提供图书编目、网站地址或索引链接等信息的虚拟资源数据库。例如,数字图书馆就是针对某些专题,广泛收集相关图书资源和网站地址等信息,按照一定规则进行分类编目,或是用超文本建立链接索引,或是采用关键词进行信息检索等,从而为用户提供经过筛选和组织的、方便检索和使用的网络图书信息资源等。例如,中国知网(www.cnki.net)、万方数据库(www.wanfangdata.com.cn)等。

(四)教育网站

教育网站一般是指围绕教育、教学或相关领域而建立的各种主题型网站，提供教育信息、用于课堂教学的附加材料、学生的论文，甚至是完整的网络课程。

教育网站的内容通常涉及各级各类学校教育的各个方面。教师为了上课的需要，可以利用搜索引擎，通过选择恰当的目录或关键词进行信息搜索。

三、教育网站的特点与类型

根据服务领域不同，网站分商业网站、政府网站、综合网站、娱乐网站、教育网站等。其中，教育网站是以提供教育服务为主的网站。

（一）教育网站的特点

教育网站除了具有一般网站的特点，如多媒体呈现、交互性、开放性、共享性、灵活性外，还具有比较明确的教育性与科学性，表现出服务于教育的特点。

1. 教育网站是教育信息资源的集散点

教育网站围绕各类教学活动组织知识资源，直接指向教学过程、内容与方法。围绕各类主题组织起来的专题学习资源，成为学生学习极具价值的信息来源。

2. 教育网站是教学组织的新型工具

在信息技术与课程整合实践中，常常采用互动学习类的教育主题网站作为活动的中介。这样，教师的教学组织空间从课堂延伸到课外的教育主题网站。教育网站也就成了教师教学组织的新型工具。

3. 教育网站为教学交互活动创设情境

教育网站为师生提供了开展双向交互活动的环境。例如，学习者根据自己的实际情况选择课程；通过BBS等网络通信远程交流系统，学生可以向教师及时反馈学习的效果，教师也可以向学生解答学习难点；Flash还可制作具有交互能力的动画。

4. 教育网站为教育信息资源开放共享创造条件

首先，网络教学所使用的载体——浏览器（browser）就具有很强的开放性。浏览器是一个Web公用的统一的客户浏览程序，对于网络教学来说，浏览器就是学习者学习的平台。其次，教学活动是在完全开放的环境中进行的。教师可以随时根据学生反馈的学习结果对教学内容进行修改，教学资料库是开放的，所有的学生只要登录到网络上，随时随地可以进行学习。

（二）教育网站的类型

教育网站的分类，可以从网站的建设者、服务的层次、服务的对象、服务的范围、网站的规模、网站的语言、网站的地域等方面进行，通常从网站的建设者角度，对教育网站进行分类。

1. 教育行政部门的教育网站

这类网站大多由政府投资，由教育行政部门建设与管理，具有一定的权威性、新闻性与综合性。主要提供与教育有关的政策法规、时事要闻与工作管理服务，具有较强的教育导向与教育管理职能。例如教育部（http：//www.moe.edu.cn）。

2. 教育研究机构的教育网站

这类网站大多由教育科研院所（室）建设与管理，具有资源丰富、研究性强等特点。主要介绍教育方面的新观点、新理论、新实验、新技术、新经验、新动态、新成果。例如全国中小学计算机教育研究中心（http：//www.nrcce.com）。

3. 学校的教育网站

这类网站主要用于为本校师生服务。服务的项目包括提供网上教学资源、网上教学平台、电子邮件服务、个人主页空间，实行学校事务网上管理等。例如华南师范大学网络教育学院的华师在线（http：//www.gdou.com）。

4. 企业的教育网站

这类网站主要用于面向社会或企业内部职工培训提供教育资源服务及进行产品宣传与用户培训。如未来教育（http：//www.teachfuture.com）。

5. 社会专业机构的教育网站

这类网站主要功能是提供专业化加工的主题知识资源，提供行业知识信息。例如中国科普（http：//www.kepu.gov.cn）等。

6. 学校、教师、学生以及个人的教育网站

这类网站提供教学研究经验、互动学习空间、某一特定事物的资源。例如语文教育网（http：//www.yuwen.com.cn）等。

拓展学习

数字图书馆

数字图书馆是利用数字技术对信息资源进行收集、整理、保存、发布

和利用的数字化信息资源库。

数字图书馆将期刊、参考工具书、专著、视频声频资料经过数字化转换的各类资源以及电子形式出版的资料等数字化信息,通过互联网传输,实现信息资源共享。计算机终端的用户可以在任何时间、任何地点通过网络,登录到相关数字图书馆的网站,就可以使用数字图书馆的丰富的数字化信息资源。

数字图书馆具有信息储存空间小、信息不易损坏丢失、信息查阅检索方便,可远程迅速传递信息、同一信息可多人同时使用等特点。

目前,国内的主要数字图书馆有中国数字图书馆、中国知网、维普资讯网、万方数据、超星数字图书馆、KUKE数字音乐图书馆和高校数字图书馆等。

数字图书馆可以提供各种类型的资源,如图书资料、期刊论文、会议文献、学位论文、专利信息、标准信息、报纸、音像资料、学科资源以及许多非书资源等。在图书馆海量资源中查找图书资料一般通过数字图书馆的联机公共检索目录进行。查阅中文期刊论文可以通过中国知网、维普资讯网等检索,查阅外文期刊可以通过Elsevier等进行检索。

推荐阅读:

1. 新浪科技:云计算时代到来。http://tech.sina.com.cn/focus/Cloud_Computing/

2. 黎加厚. 云计算辅助教学[M]. 上海:上海教育出版社,2010

活动实践

数字化校园的应用

知识卡片 5-2-4　搜索引擎常用技巧

(1) 简单查找

这是最常用的方法,当输入一个关键词时,搜索引擎就把包括关键词的网址和与关键词意义相近的网址一起反馈给用户。例如,查找"教育技术"一词时,模糊查找就会把"教育技术"、"教育"、"技术"等内容的网址一起反馈回来。例如在搜索引擎的搜索框中输入"教育技术",就等于告诉搜索引擎只反馈回网页中有"教育技术"这个关键字的网址,提高搜索效率。

(2) 使用加减号限定查找

很多搜索引擎都支持在搜索词前冠以加号(＋)限定搜索结果中必须包含的词汇,用减号(－)限定搜索结果不能包含的词汇。例如,要查找的内容必须同时包括"电脑和技术"2个关键词对,就可用"电脑＋技术"来表示;再例如,要查找"电脑",但必须没有"技术"字样,就可以用"电脑－技术"来表示(注意,输入代表逻辑关系的字符时,一定要用半角)。

(3) 使用逻辑运算符

如果可供选择的东西太多或者得到的是错误结果,一些搜索引擎允许用户用逻辑运算符来缩小范围。逻辑运算符有3种:OR、AND及NOT。

- AND 返回的结果满足每个条件。
- OR 返回的结果满足其中一个条件。
- NOT 返回的结果排除条件所要求的记录。

(4) 检索信息的处理技巧

大多数搜索引擎都将最符合要求的网页列在前面,因此阅读搜索结果的前面几条信息;如果搜索到的相关内容太多不好查找,可以按Ctrl＋F在当前页查找文件;通常一个检索过程会返回含有很长地址的文档网址,可以根据需要把右边斜杠后面的URLs切断依次尝试。

任务一:网络教育资源的检索与获取

1. 参考以下搜索引擎或资源网站,学习网上信息资源的检索与获取。

(1) 网页搜索引擎的使用

① Google 的使用。

② 百度的使用。

(2) 目录检索工具的使用

① Sohu 的目录检索的使用。

② Yahoo 的目录检索的使用。

(3) 练习利用各种类型网站查找所需的资料(行业网站、教育网站、专业网站、主题网站、资源网站、个人网站等)

(4) 练习利用中文数字图书信息检索查找所需的资料

① 中国期刊全文数据库(CNKI)。

② 中文科技期刊数据库(维普全文库 http://www.cqvip.com)。

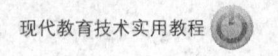

③ 超星数字图书馆(http://www.ssreader.com)。

2. 网络信息资源的获取

当已知学习资源所在网络域名时,可以直接进入该网站去下载或保存所需要的资源。

(1) 文本的保存

在浏览网页时,对于需要的文本,如一句话、一个段落、一篇文章,可用如下方法下载:

① 选中所需的内容后右击,在弹出的快捷菜单中选择"复制"命令。

② 打开相应的文字编辑软件,如记事本或 word,选择"粘贴"命令。

③ 保存相应的内容后,完成下载操作。

(2) 图片的保存

在浏览网页时,可用如下方法下载所需的图片:

① 右击所需的图片,在弹出的快捷菜单中选择"图片另存为"命令。

② 在弹出的对话框中选择图片要保存的路径,输入文件名即可完成下载操作。

(3) 网页资源的保存

① 在浏览器地址栏输入要访问的网站域名(如中国基础教育网 http://www.cbe21.com),打开网站主页。

② 选择需要保存的网页,选择"文件→另存为"命令,在"保存在"下拉列表框中选择自己的文件夹,单击"保存"按钮,即可将该网页保存下来。如果觉得文件名不合适,可在保存前改变文件名。

(4) 利用收藏夹保存

在网页菜单栏的"收藏"菜单上,有"添加到收藏夹"和"整理收藏夹"两个命令,转到要添加到收藏夹列表的 Web 页,单击"添加到收藏夹",可将该 Web 页保存在收藏夹,并可在脱机状态下浏览。当收藏的网页增多,可在"收藏"菜单上,单击"整理收藏夹",出现收藏夹列表时,可创建新的文件夹来组织收藏的项目。

任务二:理解并回答

1. 理解数字化校园的教学应用,说说你身边的数字化校园体验。

2. 作为未来的小学教师,请尝试利用电子备课,完成一次备课体验,试总结出在电子备课的过程及需要注意的地方。

3. 练一练:利用网络搜索并思考,数字化校园在教学应用中还有哪些优势?尝试通过数字化校园的部分硬件条件,实现数字化校园软件的建设。

第三讲　网络教学平台及社会化学习工具

基础知识

因特网作为全球化时代的标志性事物,不仅改变着人类对于信息的传播和处理模式,而且也正在构建新的人际交流方式。用户通过因特网这种即时互动的通信技术在虚拟的网络上多方位地进行交流。这种交流既有以单纯通信为目的的电子邮件以及相关的新闻组和邮件组等;也有结成相对固定的成员、分享信息、观点和服务的"虚拟社区",如电子公告板或论坛(BBS)、博客(Blog),以及大家共同维护和撰写的维基百科(Wikipedia)等;还有聊天室、OICQ、ICQ、MSN 等双向聊天工具。

一、博客

(一)博客的概念及特点

"博客"一词是从英文单词 Blog 翻译而来。Blog 是 Weblog 的简称,它是在网络上发布和阅读的流水记录,通常称为"网络日志",简称为"网志"。撰写 Blog 的人则称为 Blogger。对于 Blog 这个术语有不同的解释,通常认为 Blog 就是一种表达个人思想,内容按照时间顺序排列,并且不断更新的带有知识集合链接的发表方式。

博客具有简单、快捷、低成本的特点。与传统的个人主页相比较,博客的优势在于简单、快捷和低成本。任何一个普通网民,只需几分钟就可以"零技术知识"、"零成本"地申请注册到一个属于自己的博客空间,不用申请域名,没有托管空间,更不用自己维护。通过个人博客可方便地发表自己的观点或评论,快速建立起自己的网络形象。

另外,博客具有开放性、交互性、易管理的特点。Blog 可以自由地记录、发布和更新,可以方便地对文章分类管理。同时,博客系统能够自动生成站点的聚合提要(RSS Feed),以方便其他人订阅。所以,Blog 对知识进行管理的专业化和个人化的优势是其他几种所不能相比的。

> **知识卡片 5-3-1　电子公告栏 BBS 和 ICQ**
> BBS 是英文 Bulletin Board System 的缩写,翻译成中文为"电子布告栏系统"或"电子公告牌系统"。BBS 是一种电子信息服务系统。它

> 向用户提供了一块公共电子白板，每个用户都可以在上面发布信息或提出看法。早期的 BBS 由教育机构或研究机构管理，现在多数网站上都建立了自己的 BBS 系统，供网民通过网络来结交更多的朋友，表达更多的想法。目前，通过 BBS 系统可随时取得国际最新的软件及信息，也可以通过 BBS 系统和别人讨论计算机软件、硬件、Internet、多媒体、程序设计以及医学等等各种有趣的话题，还可以利用 BBS 系统来刊登一些"征友"、"廉价转让"及"公司产品"等启事。
>
> ICQ 是互联网上最流行的即时信息传递软件之一。名称来自 I seek you（我在找你），它支持在 Internet 上聊天、发送消息和文件等。国内比较流行的即时聊天软件有 QQ，它是深圳市腾讯计算机系统有限公司开发的一款基于 Internet 的即时通信（IM）软件。腾讯 QQ 支持在线聊天、视频电话、点对点续传文件、共享文件、网络硬盘、自定义面板、QQ 邮箱等多种功能，并可与移动通讯终端等多种通讯方式相连。

（二）博客的教育应用

相对于其他网络工具博客有着众多优点，因而被广大教育者应用到教育教学中。我们可以将博客在教育中的应用归纳为以下几点：

1. 博客作为教学信息的承载工具

（1）电子教案

利用博客教师可以将教学教案、读书笔记、收集的资料等形成电子文档，还可以写一些教育随想，将对教学的思考记录下来，比传统的教案丰富，而且更新容易快捷。

（2）学习笔记

学生可以将自己的学习过程、学习心得、疑难问题、知识要点等写入博客，还可以整理在互联网上找到的资料，建立链接，形成自己的学习脉络。

2. 博客作为教学信息的传播工具

博客可以成为教师课后的网络交流平台，通过这个平台进行一些教研活动，也可以成为学生自主学习、协作学习的平台。

（1）教师交流工具

博客可以承载教师教学的一切信息，包括对教学工作的观察和思考。博客的公开性让这些信息成为共享资源，通过与其他教师分享，一方面使自己的劳动创造有更大的社会价值；另一方面也使自己在分享交流中获得更快的提高。

(2) 师生交流工具

借助博客教师可以将自己学生的学习情况和与课程有关的教学资源的网址记录在博客上；学生可以将各自的学习心得、收集的一些有价值的学习资源记录在博客上。通过博客师生共同分享知识、分享认识，以促进师生了解，增强对知识的理解。

(3) 学伴交流工具

如果引导学生建立自己的博客，并将自己的所思、所想、所见、所作和所得记录在博客上，让同学、朋友、父母、老师都来分享，不但可以促进学习交流，而且可以让长辈了解孩子。目前已经出现一些"小组博客"和"协作式博客组"，为学生的共同学习、交流提供了平台。

3. 博客作为教育教学研究的工具

(1) 教育叙事研究

教育叙事研究是教师在教学生活中通过对自己教学的反思、研究，继而形成研究结论，并将结果记录成叙事报告的一种教学研究方法。教师通过博客这种全球化、个性化的网络工具进行叙事性地记录教育中的所思所想，并借助博客的开放性将其传播，增强了教育叙事研究的生命力，逐渐成为一线教师进行教学研究的工具。

(2) 课程整合的有力工具

博客是营造出符合整合内涵的教学环境的有力工具。教师利用博客把文字、图形、音频、视频等多种媒体信息整合，向学生发布课程教案设计，创设合理的学习情境；利用博客可以发布精心提炼的有价值的学科资源，提供信息的共享；还可以利用博客向学生定期提供研究的项目或讨论的话题，鼓励学生共同参与资料整理、问题解决或讨论，以此来启发学生的积极思考，培养学生自主探究、协作学习的能力。另外在博客中记录学生的学习，建立学生学习的电子档案，有针对性地对学生的学习进行评价，提供及时的反馈和学习指导，促进师生的交流，真正达到信息技术与课程整合的目标。

(三) 微博及其教育应用

微博是微型博客的简称，由英文 Microblogging 翻译而来。微博是一种允许用户及时更新简短文本(不多于 140 字)并可以公开发布的博客形式，允许任何人阅读或只能由用户选择的群组阅读。微博的信息可以通过很多方式进行传送,包括短信、即时信息软件、电子邮件、网页等。

微博既继承了传统博客的优良特性,又发展了自己的特点。

1. 博客内容的微型化与简明性

微博客的内容都非常短小,能够简明扼要地反映用户的行为、状态、观点。微博客提供了新的信息共享通道,使人们可以在不干扰交流的情况下快速发布、共享信息。

2. 操作方式的多样化与便捷性

微博客的操作可以有多种方式,可以直接利用微博客专有网站,也可以利用移动电话、一些即时信息 IM(Instant Message)软件(比如 Gtalk、MSN、QQ、Skype 等)以及一些外部 API 接口(应用程序接口)。

3. 人际交流的时效性与临场感

微博客内容能够及时更新,利用微博客进行人际交流具有很强的时效性。微博客具备"订阅"功能,人们可以"跟随别人",也可以"被别人跟随",这样可以增强用户在网络中的"临场感"(cyberspace presence),使得交流双方可以建立信任关系,以更有效地进行信息共享。

微博拓展了社会性交互的类型和空间,有效地提高了课堂反馈率,对教育教学起到积极的促进作用。

1. 微博可以拓展教育教学中的社会性交互类型

微博操作平台多样性、交流便捷性的特点,可以拓展教学中的社会性交互类型,使之不再局限于师生之间、生生之间的交互。

2. 微博拓展教育教学中的社会性交互空间

微博可以将师生之间、学生之间的交互空间从课上拓展到课后,有效地整合现实的交互空间与虚拟的交互空间。微博网站支持用户通过手机在网上发布简短信息,使得师生之间、生生之间、教师与家长之间的互动沟通更为快捷。

3. 微博可以实现移动学习,提高反馈效率

良好的技术支持和多种的操作方式使微博可以实现信息的同、异步传送和查收,登录微博,既可以直接利用微博专门网站进行网页登录,也可以利用移动电话或即时信息软件以客户端形式登录,真正实现了移动学习。

二、维基

（一）维基的概念及特点

维基（Wiki）一词来源于夏威夷语的"wee kee wee kee"，中文就是"迅速"的意思，被译为"维基"或"维客"。

Wiki 是一种多人协作的写作工具。Wiki 站点可以有多人（甚至任何访问者）维护，每个人都可以发表自己的意见，或者对共同的主题进行扩展或者探讨。

Wiki 是一种超文本系统。这种超文本系统支持面向社群的协作式写作，同时也包括一组支持这种写作的辅助工具。有人认为 Wiki 系统属于一种人类知识网格系统，人们可以在 web 的基础上对 Wiki 文本进行浏览、创建、更改，而且创建、更改、发布的代价远比 HTML 文本小；同时 Wiki 系统还支持面向社群的协作式写作，为协作式写作提供必要帮助。Wiki 的作者自然构成了一个社群，Wiki 系统为这个社群提供简单的交流工具。与其他超文本系统相比，Wiki 具有使用方便及开放的特点，所以 Wiki 系统可以帮助人们在一个社群内共享某一领域的知识。

由于 Wiki 可以调动最广大的网民的群体智慧参与网络创造和互动，它将成为 web 3.0 时代不可逆转的一大趋势。

（二）维基的教育应用

Wiki 作为一种协同写作系统、讨论媒体、知识媒体、知识库和协作平台，许多学者探索了将 Wiki 应用于教育教学中的模式及方法。目前其主要有以下几个方面。

1. 利用 Wiki 可以建设教学信息源、教学案例库以及学科和课程建设的工具等

首先，Wiki 站点资源的积累非常容易，各种教学资源如讲义、论文、电子教材、图片素材等，经过他人的修改、完善和扩展，使得 Wiki 站点成为积累该领域资源的一个丰富的教育信息源。其次，Wiki 的一个很有价值的教育应用就是作为教学案例库。最后，通过 Wiki 工具可以实现这些优秀教育成果或教学资源的系统管理，可以将教师的研究成果或优秀教育资源进行分门别类的管理。Wiki 的独特优势加上每个教师的参与，可以共同实现整合学科的建设。

2. 专业学科的百科全书

利用 Wiki 可编纂某一学科专业领域的百科全书。学科领域的专家、

教师、学生以及对该学科知识感兴趣的任何人都可以添加学科领域的术语词条,日积月累逐渐形成一个该专业完整的、严密的和相对权威的专业知识系统。

3. 教学管理应用

将 Wiki 应用于教学管理中主要有以下几种方式:

(1) 可以作为学生提交作业的平台。利用 Wiki,学生可以提交作业达到共享的目的。教师可以通过 Wiki 批改每位学生的作业,学生也可以通过 Wiki 浏览老师的批改内容。

(2) 作为教师教育教学改革实验工具。

(3) 师生网上学习交流、协作共创和解决问题的环境。Wiki 站点给学习者参与进行资源的完善和共建提供了方便。在 Wiki 环境下可以充分发挥学生的能动性和创造性,让每个学生在学习的同时参与到资源的建设中来,而且在教师的指导下建设起来的资源相对于原来单独由教师设计和创建的资源更具时效性和实用性。

4. 网上协同写作

把 Wiki 作为协同写作的平台,处在不同地点的人可以合作写一篇论文或一本书。首先由创始者发布文章的框架、提纲或草稿,然后由这个合作写作的群体来共同完成。

三、思维导图

(一) 思维导图的概念及特点

思维导图(Mind map)又称为心智图,是表达发射性思维的有效的图形思维工具,它简单却又极其有效,是一种革命性的思维工具。思维导图运用图文并重的技巧,把各级主题的关系用相互隶属与相关的层级图表现出来,把主题关键词与图像、颜色等建立记忆链接。思维导图充分运用左右脑的机能,利用记忆、阅读、思维的规律,协助人们在科学与艺术、逻辑与想象之间平衡发展,从而开启人类大脑的无限潜能。

所有的思维导图都有共同之处:它们都使用颜色,都有从中心发散出来的自然结构,都使用线条、符号、词汇和图像,都遵循一套简单、基本、自然、易被大脑接受的规则。使用思维导图,可以把一长串枯燥的信息变成彩色的、容易记忆的、有高度组织性的图,它与我们大脑处理事物的自然方式相吻合。如图 5-3-1 为小学数学除法思维导图。

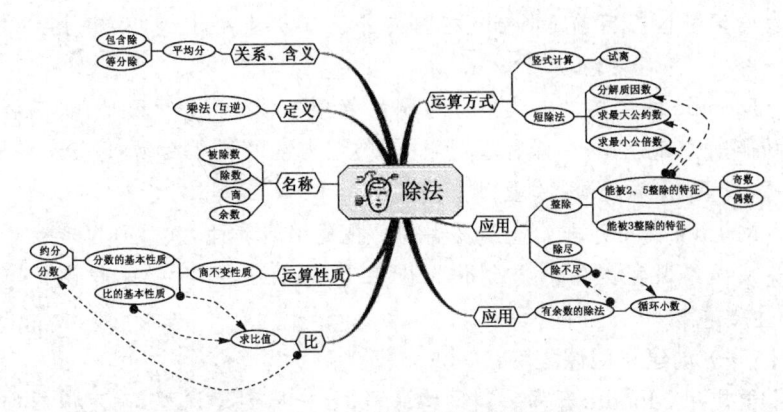

图 5-3-1　小学数学除法思维导图

以上小学除法思维导图是利用 Inspiration 制作的。

（二）思维导图的作用

思维导图可以作为辅助学生学习的工具，也可以作为教师和研究人员分析评价学生对知识的理解和构建的方法，还可以作为设计结构复杂的超媒体、大型网站以及交流复杂想法的手段。思维导图在教学与学习方面起着重要作用。

（三）思维导图的绘制

绘制思维导图的方法很多，不一定使用特定的计算机软件，学生和教师利用一切绘图软件都可以设计出自己的思维导图，如：Word、PowerPoint 和 WPS 等，几乎所有专门用于绘图的软件都可以用来绘制思维导图。目前流行的思维导图绘制工具有 Inspiration、MindMap、MindMannager 等，但最具个性化、最好的视觉思维导图以手工绘制的效果较好。

拓展学习

Moodle 网络课程的构建

Moodle 的概念及功能

Moodle 是 Modular Object Oriented Dynamic Learning Environment（模块化面向对象的动态学习环境）的缩写，它是由澳大利亚 Martin Dougiamas 博士主持开发的课程管理系统（CMS），该系统是一套开放源代码的免费软件，能够帮助教师高质量创建和管理在线课程，建立有效的在线学习社区。目前 Moodle 在国内外已广泛应用于大学、中小学以及企业等行业。

Moodle 的主要功能大致分为网站管理功能、学习管理功能、课程管理功能三大部分,其中课程管理中有灵活、丰富的课程活动:论坛、测验、资源、投票、问卷调查、作业、聊天室、Blog 和 Wiki 等。

Moodle 使用了非常直观易用的可视化编辑界面,教师可以非常轻松地完成网络课程的编辑与创作。应用 Moodle 进行网络课程设计与开发,主要包括以下几个步骤:

(一)创建一门课程

要应用 Moodle 开发一门网络课程,首先要创建课程,确定课程的名称,描述课程的基本信息,设置各种课程的选项,指定负责的教师等。其步骤是:

1. 选择首页上"管理"功能子菜单"课程";
2. 选择"添加一个新课程";
3. 按课程设定要求,输入课程的基本信息;
4. 课程的基本信息编辑完毕后,指定负责本门课程的教师。

(二)编辑课程的内容

1. 新课程在创建时,可以选择不同的内容组织方式,分别有"主题方式"、"社区方式"、"星期方式"三种,如果是按一般的"章节目录"来组织内容,可以选择"主题方式"。新课程基本信息设置好,生成课程的基本框架。

2. 在系统的右上角,有一"打开编辑功能"按钮,点击此按钮,课程进入编辑状态。

3. 在编辑状态下,选"Add a resource..."或"Add an activity..."即可为某一单元增加一个教学资源或设定一个教学活动。

4. 选取"Add a resource"以增加一教学资源。

(三)设计学习活动

Moodle 与其他一般的网络课程开发工具不同,它支持各种教学活动,教师很简单地把各种教学活动整合到网络课程中,如测试、讨论区、问卷调查、选择测试、专题讨论等。

1. 测验模块

测验模块包括选择题、是非题、匹配题和简答题。教师可以设计、编制测验,题目分门别类储存于题库中,可以在课程中重复使用,甚至其他课程也可以共用。测验可以允许多次试答,每次试答都是自动打分,教师可以选择是否给予反馈信息或是否显示正确答案。这个模块包含了评分工具。具体步骤:

如给课程的第1章添加一个"测验",先选择添加"测验";

选择编辑"选择题",按画面要求输入题目内容;

"测验"编辑完毕后,以学生身份登录系统,选择第1章"课后练习",即可以进行交互测试练习。

以下模块的使用步骤大致如测验模块。

2. 讨论区模块

讨论区是最重要的课程活动模块,交流和讨论就在这里进行。教师可以根据不同的教学目的选择不同的讨论区类型,还可以设置不同的显示格式以及对张贴的内容进行评分作为评价的依据。

3. 专题讨论模块

专题讨论模块有别于讨论区模块,它对某个专题进行深入而广泛的剖析,允许教师上传文件,就某个专题进行头脑风暴。

4. 问卷调查模块

问卷调查模块提供了一些预设的调查问卷,这些问卷可以用来了解学生的意见、态度等。目前问卷包括 COLLES 和 ATLS 两种,既是一种形成性评价,又可作为一种总结性评价。

5. 作业模块

在这一模块中,教师可以给学生布置一项任务,设置最后任务时间。该模块使用很灵活,学生也可以将自己的工作成果(任何格式的文件)上传到服务器上。

6. 资源

资源模块给教师提供了呈现教学内容和学习资源的途径。教师上载的文件、在 Moodle 所提供的界面上直接编辑的内容以及网址链接,都可以通过这个模块呈现。

7. Wiki

此模块提供一种重要的反思活动。教师指定一个开放性的问题引导学生思考和写作,学生可以在一段时间内反复修改和编辑,每个学生所写的内容只有他本人和教师可以看到,教师可以给予反馈。通常可以一周组织一次该项活动。

（四）运行课程

在 IE 浏览器中输入：http://你的 IP 地址/Moodle。

学习思考：

获取并研习优秀网络课程案例，体会网络课程在教与学中的应用。国家精品课程资源网址：http://www.jingpinke.com；中国开放教育资源协会网址：http://www.core.org.cn/core/localcoure/course_subject.aspx。

下面是以 Moodle 为平台，以国家一级 Windows 大纲为蓝本设计的《计算机网络基础》一课的网络探究型学习的教学案例。

【教材分析】本节课内容主要是介绍计算机网络的相关基础知识，通过介绍使学生们对于计算机网络有一定的了解。根据书本内容，计算机网络基础知识分为四个部分，分别是计算机网络的定义、计算机网络的产生和发展、计算机网络的功能和计算机网络的分类。学生对计算机网络，可以说既熟悉又陌生。通过举一些关于计算机网络的例子来导入课堂内容，引出关于计算机网络的定义；接着自然地介绍计算机网络的发展过程。关于这一内容，学生接触和了解较少，所以主要以教师讲解为主。对于计算机网络的功能，由于计算机网络近年来的迅速发展和广泛应用，学生可以自己回答，然后由教师帮助学生归纳汇总。最后一部分计算机网络的分类是个难点，因为计算机网络的分类方法很多，不同的分类能产生不同的计算机网络定义，因此在教学中重点介绍此内容，以教师引导，学生探究学习为主。在整个课堂教学时，强调学生自主操作，以边授课边练习为主。在教学要求上以国家一级 Windows 大纲为蓝本，并作适当的提高与补充。

【学生分析】随着互联网的普及，现在的学生大多数都已经接触过计算机网络，很多学生家里都开通了计算机上网功能，本节课的目的主要是加强学生对计算机网络的常规知识的了解，主要以记忆和理解为主，上网操作为辅。

【教法分析】根据上面对教材与学生的分析，在新课程理念的指导下，突出教师与学生在教学中的双主体性，采用"知识点—探究教学—练习巩固"模块学习模式。充分利用微机房现有设备，通过投影仪和Moodle 网络平台，重点内容由教师讲解，然后学生通过 Moodle 网络平台自主学习和练习，培养学生的独立分析问题、解决问题的能力。

教学过程	认知过程	学的过程
课程导入	明确目标	疑问
计算机网络的定义	初步认识—理解知识—运用知识	探索—理解—练习
计算机网络的产生和发展		
计算机网络的功能		
计算机网络的分类		
小结	知识整理	整理

【教学目标】

知识：理解计算机网络的概念，掌握计算机网络的基础知识。

技能：掌握计算机网络的分类方法。

态度：培养学生对电脑和网络的兴趣，为今后进一步的学习打好基础。

教学内容：计算机网络定义、计算机网络的产生和发展、计算机网络的功能、计算机网络的分类。

教学重点：计算机网络的功能和分类。

教学难点：计算机网络的分类。

教学方法：模块学习，网络教学法。

【教学过程】

一、引入

上课开始，提出问题：现在我们正处于一个什么样的时代呢？通过举例激发学生对计算机网络的兴趣，使学生从感性上理解计算机网络以及计算机网络的作用。

举例1：美国游客在法国旅游问路的故事。

举例2：中国父母与留学在外国的孩子进行通信联系。

最后得出结论：现在正处于一个网络的时代，计算机网络的发展正影响着我们每天的生活。

二、模块教学

1. 模块一：计算机网络的定义

通过上面的结论自然地引出计算机网络的定义：计算机网络是指分布在不同地理位置上的具有独立功能的多个计算机系统及其外设，用通信设备和通信线路连接起来，在网络操作系统和通信协议及网络管理软件的管理协调下，实现资源共享、信息传递的系统。它综合利用了几乎所有的现代信息处理技术、计算机技术、通信技术的研究结果，把分散在广泛领域中的许多信息处理系统连接在一起，组成一个规模更大、功能更强、可靠性更高的信息综合处理系统。

（1）辨析

提出问题：对于上面的计算机网络的定义，同学们可以看出计算机网络需要由哪些东西组成？通过学生的回答，教师从物理结构、应用和资源共享两方面进行归纳总结计算机网络定义中的四个要素：

① 能向用户提供若干台独立的主机系统，至少两台不存在主从关系；

② 由通信结点机、交换机和连接线路组成通信子网系；

③ 主机与主机，主机与通信子网、通信子网中各结点机间建立的一系列协议约定规程；

④ 具有网络操作系统。

（2）自主学习

打开浏览器，在地址栏中输入 Moodle 网络平台服务器地址，学生通过本机进入课程学习（如图5-3-2），选择第一模块中的练习进行测试（如图5-3-3），及时了解自己对于知识点掌握的情况。

教师根据学生练习反馈，对相关知识点进行强化，起到帮助学生巩固学习效果的目的。

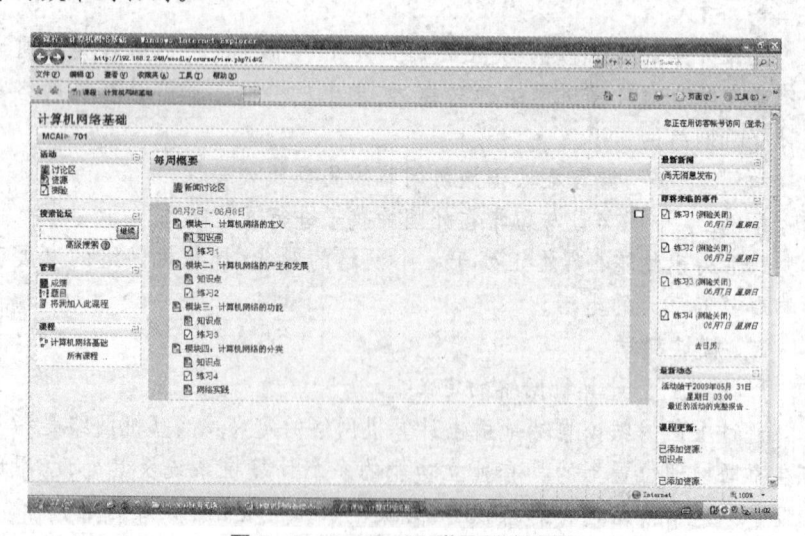

图 5-3-2 Moodle 学习平台界面

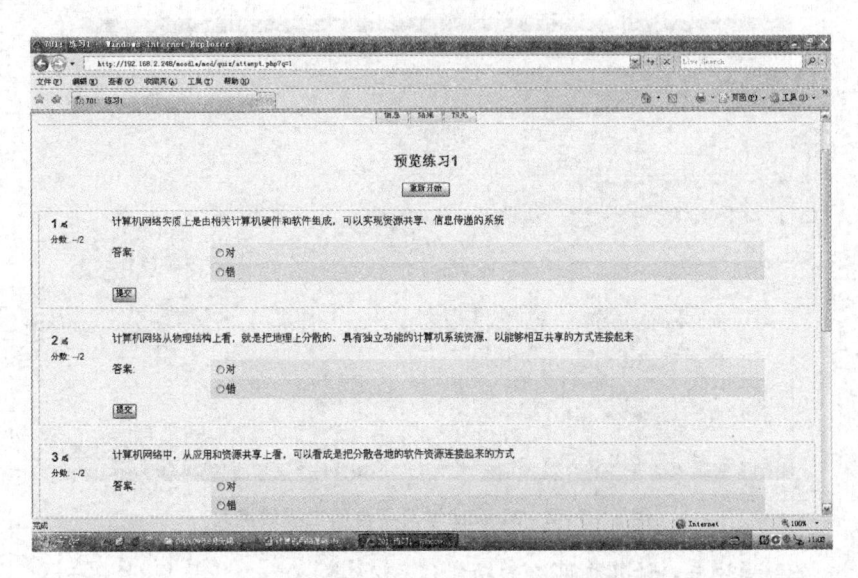

图 5-3-3　Moodle 学习平台第一模块练习

2. 模块二：计算机网络的产生和发展

根据计算机网络发展的时间先后，依次介绍计算机网络产生和发展的过程。此时，学生也可以边听讲边通过 Moodle 网络平台自行查看关于计算机网络产生和发展的内容。

内容介绍完后，学生通过自主学习，填写下列表格中的内容：

名称	时间	主要特点
第一代计算机网络	大约 1954 年	使数据通过远程终端和计算机实现了相连
第二代计算机网络	1969 年	用户可以共享主机和其他用户的软硬件资源
第三代计算机网络	1977 年	提出了开放系统参考模型 OSI
第四代计算机网络	20 世纪 90 年代后期	实现了综合化和高速化

内容归纳完后，进入第二模块的练习（如图 5-3-4），检验学习效果。

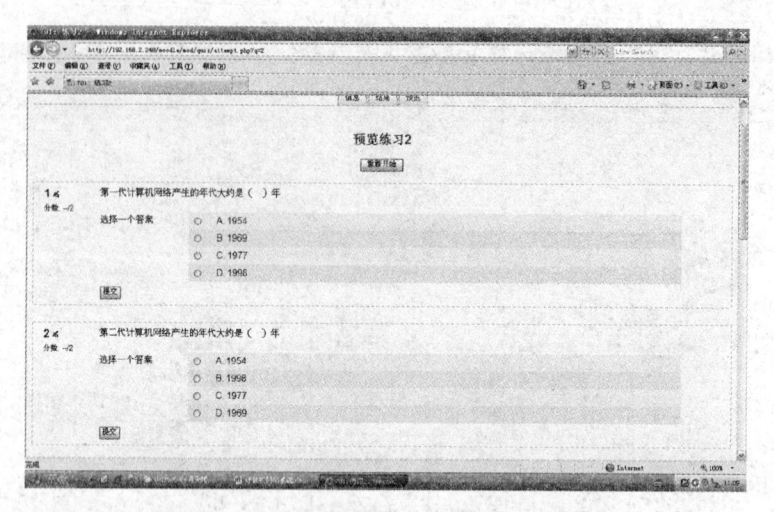

图 5-3-4　Moodle 学习平台第二模块练习

3. 模块三：计算机网络的功能

先请学生通过 Moodle 网络平台自学这一小节内容，然后请学生结合自己平时上网的感受，举实例谈谈计算机网络有哪些特别的功能。

通过学生自身的上网经历，能更好地体会到计算机网络的主要功能。最后教师帮助学生进行归纳整理计算机网络的功能：资源共享、快速通信、提高可靠性、分担负荷和实现分布式处理。然后进入 Moodle 网络平台选择练习进行测试。

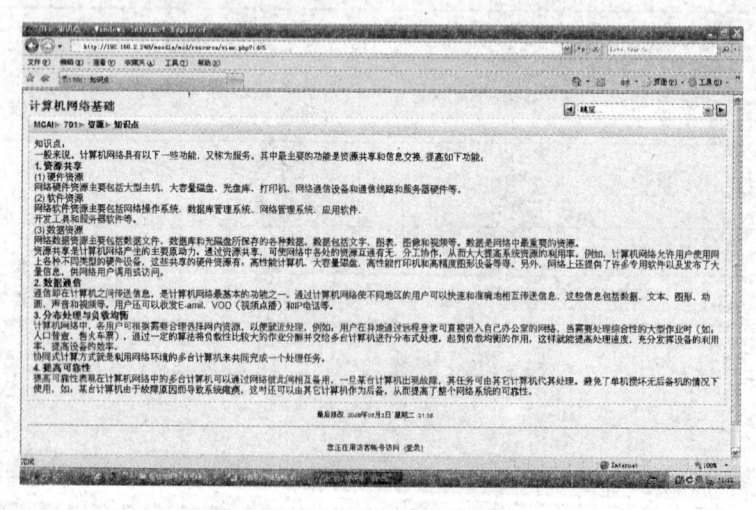

图 5-3-5　知识总结页面

4. 模块四：计算机网络的分类

根据对于网络划分标准的不同，有很多计算机网络的划分方法，本课主要介绍其中的两类。

（1）按照网络连接的区域，将网络分为：局域网（LAN）、城域网（MAN）和广域网（WAN），其中互联网（Internet）是世界上最大的广域网。

通过举例说明局域网、城域网和广域网的不同范围，请学生比较一下它们之间的区别并加以归纳，最后进入 Moodle 网络平台选择练习进行测试。

LAN 与 WAN 对比

内容	LAN	WAN
范围概述	较小范围计算机通信	远程网或公用通信网
网络覆盖的范围	20公里以内	几公里—几万公里，可跨国界、洲界
数据传输速率	1Mbps—16Mbps—1Gbps	9.6Kbps—2Mbps—45Mbps
传输介质	有线传输介质：同轴电缆、双绞线，光纤	有线或无线传输介质和公用数据网：PSTN、DDN、ISDN、光纤、卫星、微波
信息误码率	低	高
拓扑结构	简单、总线、星形、环形、网状	复杂、网状
用户安全	各单位专用	无政府状态

（2）按照网络拓扑结构，即网络中各个站点相互连接的方法和形式，可以分为总线结构、星形结构、环形结构和树形结构等几种形式。

主要讲解各种结构之间的优缺点以及它们组网的不同形状。

拓扑结构	优　　点	不足之处
总线结构	节点增删容易	需解决多站点争用总线的问题
星形结构	结构简单，建网容易	可靠性差
环形结构	传送路径固定	可靠性差
树形结构	易于分级管理和控制系统，成本低	可靠性较差

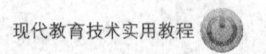

在教师引导下，学生分组进行组网实践，自己动手建立不同类型的网络拓扑结构。

三、总结

通过 Moodle 网络平台使学生对本节课所学的内容进行梳理总结，按照各个模块掌握其中的知识要点。

四、拓展

通过 Moodle 网络平台中的讨论区学生和学生之间，学生和教师之间对于课堂学习的内容进行讨论。其中，使用 Moodle 网络平台的过程就是一个亲身体验计算机网络的过程。

活动实践

利用学习社区进行知识共享

任务一：教师 Blog 的建立与管理

以江苏省外国语学校教师博客为例，操作步骤如下。

1. 打开博客首页：http://blog.jsfls.com；

图 5-3-6　江苏省外国语学校博客首页

专题五 数字化校园及其应用

图 5-3-7 博客用户注册

2. 点击右上角的"注册用户",打开注册页面,填写"基本信息"和"个人资料",进行新用户注册;

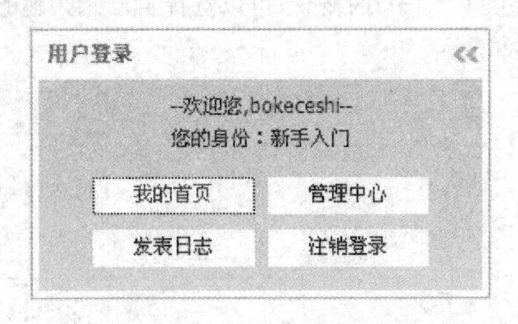

图 5-3-8 博客用户登录

281

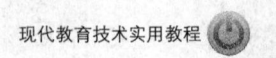

3. 注册完成后,即可登录自己的博客开始博客之行;

4. 点击"我的首页",进入个人博客首页,就可以开始博客生涯了,最常用的可以选择"发表日志";

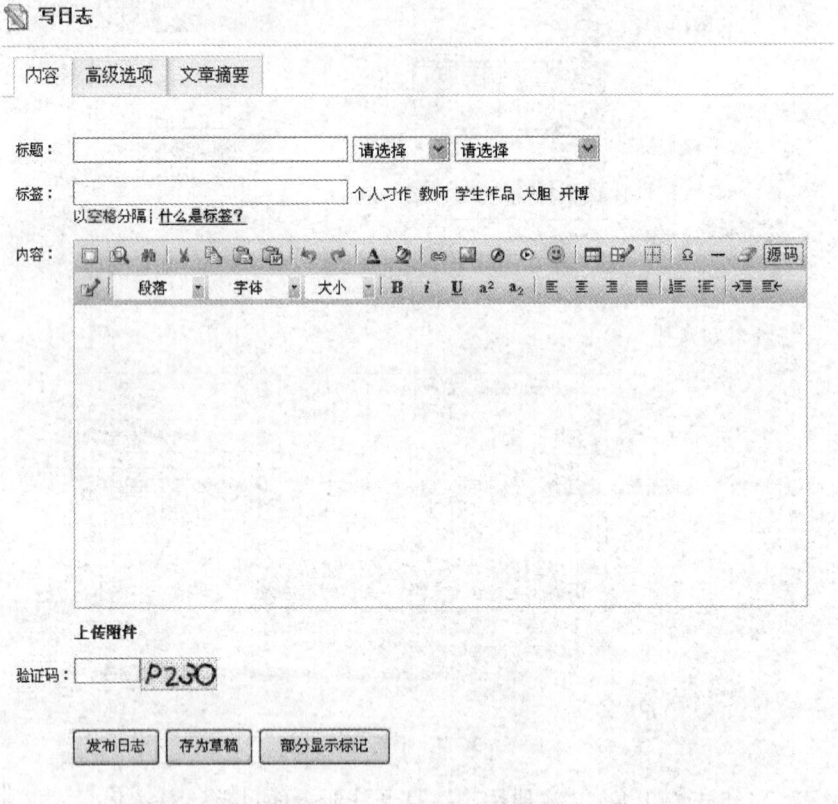

图 5-3-9 博客日志的更新

5. 博客提供了"圈子"的概念,可以选择自己感兴趣的圈子加入,查看圈子中的文章。

我的圈子

| 我创建的圈子 | 我加入的圈子 | 随机圈子展示 |

☐ 许苓苓
创建时间：2012-1-5 10:28:23 ｜帖子数(0) 用户数(1)

☐ 数学组
创建时间：2011-12-20 9:08:32 ｜帖子数(0) 用户数(1)

☐ 师范外语组
创建时间：2011-11-14 10:25:28 ｜帖子数(2) 用户数(5)

☐ 师范部政史地组
创建时间：2011-9-30 9:41:26 ｜帖子数(0) 用户数(3)

☐ 外语组
创建时间：2011-9-28 10:20:58 ｜帖子数(0) 用户数(2)

图 5-3-10　博客圈子

推荐阅读：
苏州教育博客。http://www.szeblog.cn/index.html
中山教师博客。http://www.1363.cn
任务二：使用 Wiki 和 BBS 辅助教学
（一）使用 Wiki 辅助教学（以稷下学社 Wiki 为例）操作步骤如下。
1. 打开稷下学社 Wiki 的网址：http://wiki.zbedu.net/；
2. 点击页面右上角的"创建账户"，进行新用户注册；
3. 注册完成后，即可使用 Wiki，例如"教师之家"、"集体备课"、"学习资源"等等，每个模块都可以点击进入浏览，里面资料丰富，应有尽有。

图 5-3-11　稷下学社首页

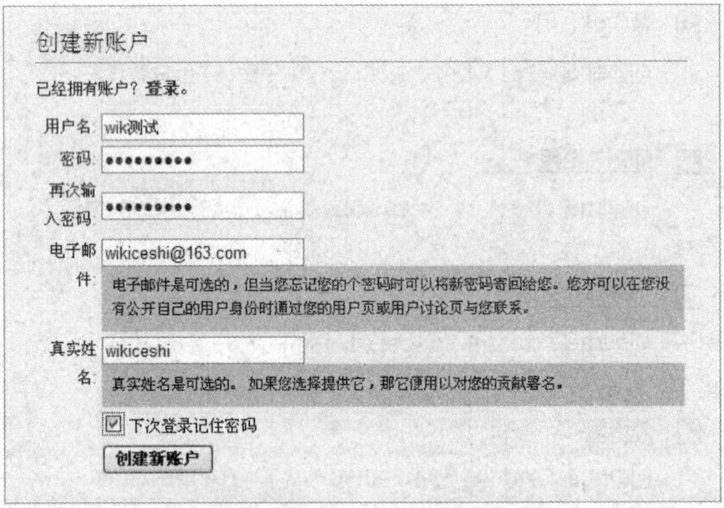

图 5-3-12　稷下学社 Wiki 创建新帐户

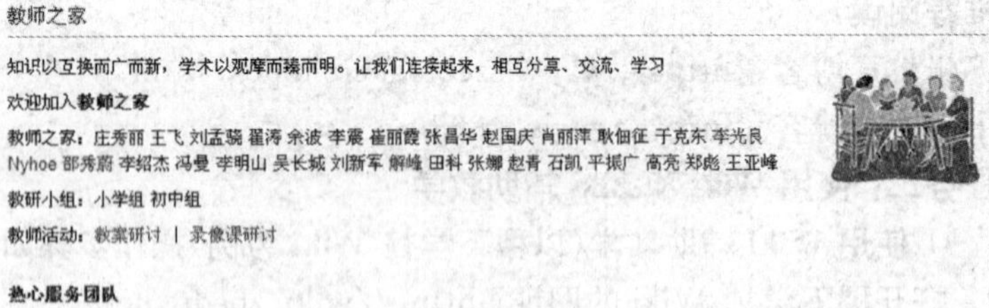

图 5-3-13　稷下学社教师之家

专题五 数字化校园及其应用

集体备课 & 课程知识模块
信息技术教师群体网络备课
解析淄博地区中小学信息技术教材,解析知识点
例如:初中信息技术　第二册(下)
- 第五章　演示文稿的制作
- 第六章　网页制作基础
- 第七章　网站的设计与制作

图 5-3-14　稷下学社教师集体备课模块

推荐阅读:
先得教育维客。http://xdxd.net/wiki
维基百科。http://zh.wikipedia.org
天下维客。http://www.alleiki.com

3. 搜索网络资源参考并讨论利用 Wiki 进行集体备课的操作方法。

(二) 使用 BBS 辅助教学(以南京师范大学校园论坛为例)操作步骤如下:

1. 打开南京师范大学校园论坛,http://bbs.njnu.edu.cn;

图 5-3-15　南京师范大学校园论坛

2. 点击右上角"注册",进行新用户注册;

3. 注册完成后,即可畅游 BBS 了,可以在"校园生活"板块看看南师大的校园信息,也可以在"部门组织"板块关注南师大的学生会、志愿者、勤工助学服务中心等。

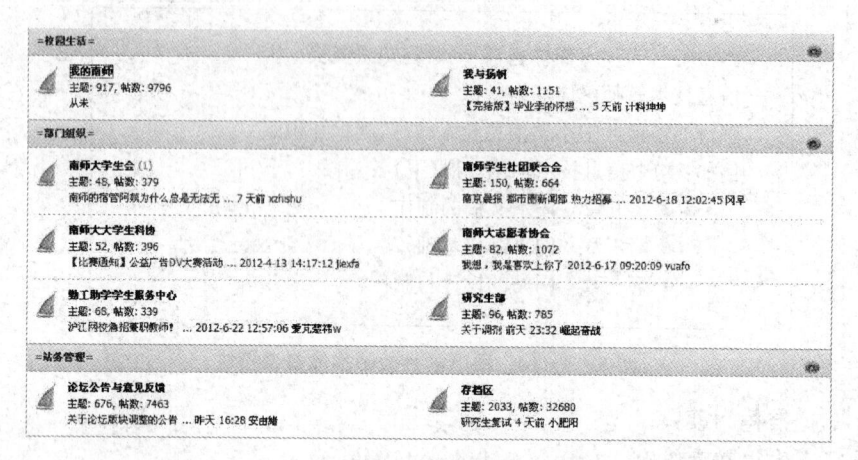

图 5-3-16　南京师范大学校园论坛"校园生活"板块

图 5-3-17　"校园生活"板块中的信息

知识结构

数字化校园及其应用
- 数字化校园概述
  - 数字化校园的内涵
  - 数字化校园的构架
  - 数字化校园建设的主要内容
- 数字化校园的应用
  - 数字化校园的教育教学应用
  - 网络教育信息资源的类型
  - 教育网站的类型及特点
- 网络教学平台及社会化学习工具
  - 博客及其教育应用
  - 维基及其教育应用
  - 思维导图的应用

专题六　信息化教学设计

学习目标

1. 了解教学设计的基本思想、基本概念、基本过程、基本策略及教学评价，从而建立信息技术与课程整合的教学理念。

2. 能在给定的教学环境下，针对设定的教学内容，有效选择教学策略、教学媒体，完成教学设计方案。

3. 初步掌握信息化教学设计的基本方法，了解信息化教学评价的基本知识，理解信息化教学设计的基本流程。应用信息化教学的有关理论，在教学实践中进行信息化教学设计。

专题引言

教学设计又称教学系统设计，是教育技术学的核心内容，是过程和资源设计、开发、利用、管理和评价的基础。它以优化教学效果为目的，以学习理论、教学理论和传播学理论为基础。在正式开始一堂课的教学之前，教师需要考虑学生现阶段的学习情况、下一步的教学目标和实现该目标的教学步骤；在教学中，教师需要考察学生的理解和掌握情况，并在教学完成后对教学目标的达成情况进行评价。所有这些都是教学设计的重要内容。本专题将对这些内容依次进行介绍。

第一讲　信息化教学设计

基础知识

一、教学设计概述

新课程模式下的教学设计不是传统意义上的备课，它把教材作为知识的载体来教，把对学生的深入了解作为教师的第一要务。教师教学活动的出发点和归结点是引导学生如何学。

（一）教学设计概述

教学系统设计（简称教学设计）主要是以促进学习者的学习为根本目的，运用系统方法，将学习理论与教学理论原理转换成对教学目标、教学内容、教学方法、教学策略和教学评价等环节进行具体计划，创设有效的教与学系统的"过程"或"程序"。它是以解决教学问题、优化学习为目的的特殊的设计活动。

一般来说，教学设计的依据主要有现代教学理论、系统科学的原理与方法、教学的实际需要、学生的特点、教师的教学经验几个方面。

（二）教学设计的组成部分

教学设计是运用已知的教学规律去创造性地解决新的教学问题，即把教与学的理论与教学实践活动紧密地联结起来，在问题求解中寻找方案并做出决策。

根据教学目的、教师自身的经验与技巧、学生的认知方式、教学的环境条件等的不同，教学设计有多种不同的过程模式，从众多的理论模式中可以抽取出如下的组成部分。

表 6-1-1 教学设计的组成部分

序 号	模式的共同要素	模式中出现的术语
1	学习需要分析	问题分析，确定问题，分析，确定目的
2	学习内容分析	内容的详细说明，教学分析，任务分析
3	学习者分析	教学对象分析、预测，学习者初始能力评定
4	学习目标阐明	目标详细说明，陈述目标，确定目标，编写行为目标
5	教学策略制订	安排教学活动，说明方法、策略的确定
6	教学媒体选择和利用	教学资源选择，媒体决策，教学材料开发
7	教学设计成果评价	试验原型，分析结果，形成性评价，总结性评价，行为评价，反馈分析

1. 学习需要分析。根据国家课程标准、社会等对学习者的要求，分析学习者的现有水平与所应当达到的目标水平之间的差距，从而为确定学习目标等提供依据。一般认为，这一环节是教学设计的首要的基本环

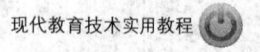

节，并将影响后续各环节。

2. 学习内容分析。分析学生该学习什么和怎么学，通常可以根据学习内容中各知识点的关系，分别采用归类分析、层级分析、图示分析等分析方法，也可以从学习者的认知过程出发，采用信息加工的分析方法，将学生在完成教学目标时对信息进行加工的所有的心理操作过程揭示出来。

3. 学习者分析。不同年龄阶段、不同性别的学习者常常会在认知风格等方面表现出较大差异。随着年龄的增长，学习者的逻辑思维能力会越来越强，并逐渐达到稳定，如果在低年级阶段就要求学习者具备较高的决策和问题解决水平，不仅违背了人的正常认知发展规律，而且也容易使学习者对学习产生畏惧。

4. 教学目标阐明。强调以目标为中心，各环节的安排需要围绕目标来进行，学习目标也是评价学习效果的基本依据。根据我国新的课程标准，目标的编写需要考虑三个维度，即知识与技能、过程与方法、情感态度与价值观。强调从过去的重视知识到重视能力，从重视结果到重视过程，从重视认知到重视情感。在目标编制过程中，应当尽量考虑这三个维度。

5. 教学策略制订。在确定了具体的目标和学习内容后，还需要考虑如何帮助学习者快速掌握这些内容，达成学习目标。因此就需要巧妙地运用教学策略，确定是教师授导为主，还是学习者探究为主。另外，学习者分组管理也是策略设计的重要方面。

6. 教学媒体的选择和利用。媒体资源的形式是多种多样的，在教学过程中选择教学媒体，需要充分依据学习目标、学习内容、环境条件和学习者的认知水平等，应当符合学习者的认知规律。媒体的使用不应简单地追求形式，而要关注其对教学效果的优化。

7. 教学效果评价。评价学习效果，不应仅仅关注学习活动的最终结果，还需要考虑学习者的学习过程，但又要避免走向只重视过程而忽视结果的另一个极端。

从以上七个基本组成部分中，还可以进一步抽取四个最基本的环节，即分析教学对象、陈述教学目标、制订教学策略、开展教学评价。各种完整的教学设计过程都是在这四个基本要素的相互联系和相互制约所形成的构架上形成的。

（三）教学设计的目的

教学设计的主要任务是解决教学过程中的问题，优化教学过程。它是教学过程的初始阶段,对教学过程起着宏观调控、前导与定向的作用,是教学目的第一实现过程的具体预演,它的优劣直接决定着教学过程和教学效果的优化与否。

教学设计的作用主要体现在以下几方面:
1. 使得教学工作科学化;
2. 有利于教学理论与教学实践的结合;
3. 有助于教育科研活动的开展,有利于组织系统中参与者的协作;
4. 提高教学效率和教学效果,有助于实现教学最优化;
5. 减轻教师负担,有助于加速教师的成长;
6. 增加学生兴趣,有助于挖掘学生的内在潜力。

二、信息化教学设计

(一)信息化教学设计的概念

信息化教学就是在信息化环境中,教育者与学习者借助现代教育媒体、教育信息资源和教育技术方法进行的双边活动。其特点是:以信息技术为支撑;以现代教育教学理论为指导;强调新型教学模式的构建;教学内容具有更强的时代性和丰富性;教学更适合学生的学习需要和特点。信息化教学不仅仅是在传统教学的基础上对教学媒体和手段的改变,而且是以现代信息技术为基础的整体教学体系的一系列的改革和变化。

为了区别于20世纪90年代以前没有使用计算机和网络等信息技术的教学设计,我们把在教育信息化环境下进行的教学设计简称为"信息化教学设计"。

具体地说,信息化教学设计就是运用系统方法,以教与学的理论为指导,综合运用各种策略和方法,充分地、恰当地利用现代信息技术和信息资源,科学地安排教与学过程的各个环节和要素,提高学生学习效果的过程与方法。

信息技术的发展引起了教学条件和环境变化,增加了教学设计要考虑的因素,加上时代发展对教学提出了更高的要求,促使传统教学设计向信息化教学设计转变。信息化教学设计的目标是帮助全体教师在自己的日常课堂教学中充分利用信息技术和信息资源,培养学生的信息素养、创新精神和问题解决能力,从而增强学生的学习能力,提高他们的学业成就。

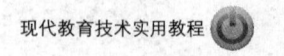

（二）信息化教学设计的原则

信息化教学设计与"传统的"教学设计的区别不只在于把信息技术充分运用于教和学的过程中，更重要的是两者基于的理论基础不同。信息化教学设计主要是以建构主义理论为指导，而传统的教学设计则主要以行为主义或"联结—认知"理论为基础。因此，信息化教学设计更加重视学习者的主体地位和作用，通过自主学习、基于资源、基于协作、基于探究、基于问题的学习方式，充分利用信息技术和信息资源，科学地安排教学过程中的各个要素，为学习者提供良好的信息化条件，促进学习者在意义丰富的情境中主动构建知识，促进教学过程和教学效果的优化。

信息化教学设计的基本原则可以归纳为以下几点：

1. 以学为中心，注重学习者学习能力的培养。教师作为学习的促进者、指导者、合作者，引导、监控、促进和评价学生的学习进程。

2. 充分利用各种信息资源来支持学习。

3. 以"任务驱动"和"问题解决"作为学习和研究活动的主线，在相关的有具体意义的情境中确定和教授学习策略与技能。

4. 强调"协作学习"。这种协作学习不仅指学生之间、师生之间的协作，也包括教师之间的协作。

5. 强调针对学习过程和学习资源的评价。

（三）信息化教学设计的基本策略

1. 利用信息化学习环境和资源创设情境，培养学生观察、思维能力。

2. 利用信息化学习环境和资源，借助其内容丰富、多媒体呈现、具有联想结构的特点，培养学生自主发现、探索学习的能力。

3. 利用信息化学习环境和资源，借助人机交互技术和参数处理技术，建立虚拟学习环境，培养学生积极参与、不断探索的精神和科学研究方法。

4. 利用信息化学习环境和资源，组织协商活动，培养合作学习的精神。

5. 利用信息化学习环境和资源，创造机会让学生运用语言、文字表述观点思想，形成个性化的知识结构。

6. 利用信息化学习环境和资源，借助信息工具平台，尝试创造性实践，培养学生信息加工处理和表达交流能力。

7. 利用信息化学习环境和资源，为学习者提供自我评价反馈的机会，通过形成性学习、作品评价方式获得学习反馈，调整学习的起点和路径。

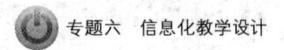

（四）信息化教学设计过程

信息化教学设计过程可以分为单元教学目标分析、教学任务与问题设计、信息资源查找与设计、教学过程设计、学生作品范例设计、评价量规设计、单元实施方案设计、评价修改八个步骤。

信息化教学设计案例　水污染的危害

1. 学习目标

（1）知识与技能目标。陈述有关水污染的相关常识，制订预防水污染的措施。

（2）过程与方法目标。参与水污染状况的调查，利用多种信息渠道探讨水污染的防治措施。

（3）情感态度与价值观目标。懂得环境保护的重要性，形成协作、合作、分享等人格品质。

2. 教学内容设计

（1）水污染是如何产生的。

（2）水污染对自然界和人类社会的主要危害。

（3）如何避免水资源受到污染。

学习者分析：初三年级的学生已初步形成自我意识、自我教育与自我评价能力，富于激情，开始重视社会道德规范，在决定的过程中更多地依赖于经验，逻辑思维能力相对欠缺。

教学重点：水污染的危害。

教学难点：如何避免水污染。

教学课时：2课时。

教学方法：教师讲解＋实地考察＋自主探究＋小组研讨。

资源选择：图书资源、网络、现场一手资料。

3. 教学过程

教学过程包括三个部分。

第一部分：资料搜集

（1）教师给学生提供一些资源，并将学生分组，由学生通过书本、杂志、网络等各种途径来搜索有关"水污染的危害"的资料，初步了解有哪些水污染，各自形成的原因是什么。

（2）资源提供。

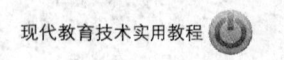

书本资源：各类教科书、教辅资料、报纸杂志等。

网络资源：http://www.lshb.com.cn/indext.html.

http://www.cws.net.cn/savewater/water14.html.

第二部分：社会实践

学生以小组为单位，选择合适的社区实地考察水污染的情况。每组在考察过程中需要填写一份关于水资源污染的表格，并需要结合考察情况撰写一份调查报告，运用演示文稿汇报小组调查的结果。

水污染源	污染原因（是怎样造成污染的）	污染程度	污染危害

第三部分：课堂教学

(1) 各小组汇报考察的情况。

(2) 结合考察的情况讲述水污染的危害及形成原因。

(3) 师生探讨如何避免身边的水资源受到污染。

(4) 评价：对小组研究成果进行小组自评、小组互评和教师评价。

(5) 小结：通过本课题的研究，培养学生良好的生活习惯，避免水污染。

点评：这是一则既有传递—接受，又有引导—发现的教学活动设计教案，在这则案例中，教师既充当了知识传递者的角色，又承担了引导者的角色。对于教学设计者而言，在设计教学活动时必须遵照学习者的认知规律和教育传播的规律，符合逻辑地安排活动顺序，但并不强调一切教学设计过程都必须严格执行单一的程序。学科教师在运用教学设计理论指导自己的教学实践时，可以结合实施的要求，有选择性地考虑一些主要环节，以实现不同的学习目标，满足不同的学习需要。教学过程的个性化在一定程度上体现了教育的艺术性。

我们结合信息化教学设计过程的八个步骤分析这个案例：

1. 教师对单元的教学目标进行分析，确定学生应该达到的水平或获得的能力在案例中,教师给出了学习目标和学习内容设计,内容设计确定了学生应该掌握的具体知识与能力,而学习目标的设计,则是从学生的整体素质出发,强调学生应该掌握的三维目标,即要求学生能够懂得环境保护的重要性,了解有关水污染的常识,提出预防水污染的防治措施,形成协作、合作、分享等意识。

2. 根据单元学习目标,设计真实的任务和有针对性的问题

在案例中,教师把教学分成了资料搜集、课外实践和课堂教学三部分,每部分都安排了活动。第一部分是必要的准备工作;第二部分本身就是一个活动,要求学生去户外进行调查,并且设计了一份考察水污染的情况表格请学生填写;而第三部分的课堂学习中,也安排了一个小活动,就是要求每个小组汇报自己的考察成果。这些活动是针对上面的学习目标进行设计的,是具有针对性的。在活动的驱使下,可以促进学生对知识点的掌握和学习目标的完成。

3. 根据任务和问题以及学生的学习水平,确定提供资源的方式

资源的提供首先要针对学生的学习水平,根据学生的学习水平再提供合适的资源。而且提供给学生的资源方式应该是多样化的、多媒体的、立体化的,而不是仅仅局限于书本知识,也不能只想到网络资源,忽视了图书资料。

4. 对教学过程进行设计

对整个教学过程进行梳理,使之合理有序,一般情况下我们仍然需要将教学过程落实成文字呈现的信息化教案。

5. 学生作品范例设计

在教学过程中,如果要求学生以完成电子作品的方式进行学习,教师应事先做出电子作品的范例。在案例中,如果教师能够从学生的角度给他们呈现一些调查结果汇报范例,可以方便学生更好地理解呈现方式。有了教师展示的范例,学生浏览后就会对自己将要完成的任务有一个感性的认识;但呈现范例时,又要注意避免给学生造成定势,否则会扼杀学生的个性,使报告千篇一律。

6. 评价量规设计

在评价信息化学习,特别是其产生电子作品时,结构化的评价工具——量规提供了较为便捷的方法,对其进行认真设计将提高评价的可操作性和准确性。量规的设计应该考虑到整个学习过程以及最后的电子作品等多方面的因素。值得指出的是,信息化教学的评价可以采用多种

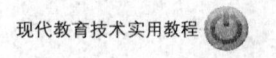

方法。

7. 单元实施方案的设计

对教学的具体实施方案进行设计，包括实施时间表、分组方法、上机时间分配、实施过程中可能用到的软硬件以及其他必要的文档准备等。

8. 评价与修改

由于学习过程中各因素的复杂变化，在教学设计过程中，评价修改需要随时进行，并伴随设计过程的始终。只有对教学各环节进行合理调控，才能获得最理想化的教学效果。

信息化教学设计过程呈现动态、循环的特征，在每一个设计步骤中，都强调学习者作为学习主体的地位，让学生参与到整个设计过程中，提高学生的自我意识以及对自己学习过程的反思与调节能力。

三、信息化教学设计应注意的几个问题

1. 信息化教学设计要有明确的目标要求

教师要在学习总体目标的框架上，把总目标细分成一个个小目标，并把每一个学习模块的内容细化为一个个容易掌握的"任务"，通过这些小的"任务"来体现总的学习目标。设计"任务"时，其认知目标一般可以采用了解、理解、掌握三个层次的学习水平。了解主要指学生能够记住或复习已学过的知识和操作方法；理解指学生对已经学习过的知识及操作方法，能用自己的语言或动作进行表述、判断和直接运用；掌握指学生能用所学过的知识和操作方法去解决新情况下的简单问题。操作目标一般可以采用初步学会、学会、熟练三个层次的学习水平。初步学会指学生能进行基本的操作；学会指学生能进行连续的、差错较少的操作；比较熟练指学生能进行效率较高的、习惯性的、有错误能立即自我纠正的操作。

2. 信息化教学设计方案要具有可操作性

教师对学习要求进行讲解后，关键的一步就是让学生动手实践，让学生在实践中获得信息和培养能力。教师在进行信息化教学设计时，一定要注重方案的可操作性，要设计出通过获取信息并处理加工信息才能完成的活动方案。

3. "任务"设计要符合学生的特点

教师进行设计时，要从学生实际出发，充分考虑学生现有的文化知识、认知能力、年龄、兴趣等特点，遵循由浅入深、由表及里、循序渐进等原则，对于新内容或一些有难度的任务，教师最好能事先演示或给出清晰、

详尽的操作步骤,便于学生自主学习;同时,设计要注意分散重点、难点,实施信息化教学方案是一个渐进的过程,设计时要考虑方案的大小、知识点的含量、前后的联系等多方面的因素,让学生获取信息的过程是一个逐步深入的"螺旋式"上升过程。另外,要尽量体现以"学生为中心、教师为主导"的教学策略,只有这样,学生才能主动、有目的地获取信息,学生的知识、思维、技能和情感才能得到锻炼和熏陶。

4. 信息化教学设计要注重渗透方法,培养学生的能力

只有让学生学会学习,提高自身信息素养,才能终身受益。所以,在设计方案时,要注意引导学生从各个方向去解决问题,用多种方法来解决同一个问题,防止思维的绝对化和僵硬化,还要鼓励学生学会大胆猜想、判断,并将其猜想作为逻辑推理的一种形式和发展学生创造力的一种重要手段,帮助学生克服思维定势。同时,培养能力、领会思想的方法要通过"渗透"和"潜移默化"的过程,不应该把方法当作知识向学生灌输。因此,让学生完成的方案,要注重在不知不觉中渗透处理问题的基本方法,让学生在掌握了基本方法后,触类旁通,开阔思路,提高自主学习能力,能够尽可能多地产生学习迁移。同时,设计的方案要注意留给学生一定的独立思考、探索和自我开拓的余地,培养学生用探究式学习方法去获取知识与技能的能力。

5. 信息化教学设计要注重创设适当的教学情境

在设计信息化教学方案的过程中,要创设与当前主题相关的、尽可能真实的学习情境,引导学生带着真实的任务进入学习情境,去唤起学生原有认知结构中有关的知识、经验及表象,从而使学生利用新信息去整合知识。因此,在信息化设计教学中,要充分发挥多媒体计算机具有综合处理图形、图像、动画、视频以及声音、文字和语言、符号等多种信息的功能,从声音、色彩、形象、情节、过程等方面,设计出具有某种"情境"的学习任务,使学生在这种"情境"中探索实践,激发学生联想、判断,从而加深对问题的理解。

6. 信息化教学设计要注重与其他课程的整合

信息化教学设计通常以各种各样的主题"任务"驱动教学,有意义地开展各门学科相互整合。这些"任务"总是把多门学科的知识和技能要求作为一个整体,有机地结合在一起,强调各种信息服务于具体的任务,信息化教学设计就成为学生获取信息、探索问题、协作解决问题的工具。所以,教师进行教学设计时,要注意体现学科整合的思想,使学生在潜移默

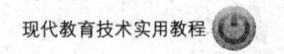

化中得到锻炼,培养学生综合处理问题的能力。

7. 信息化教学设计要注意个别学习与协作学习的统一

教师在进行教学设计时,要注意以适当的比例分别设计出适合个别学习和协作学习的"任务"。对于个别学习的"任务",让学生采用不同的方法、工具来独立完成,培养学生的独立自主能力。对于协作学习的"任务",则要求由多个学生组成的学习小组协作完成。教师要更多地强调计算机网络环境下的协作学习,可以依照学生的认知水平、能力倾向、个性特征、性别、年龄等特点,把学生分成不同的小组。协作学习以小组讨论、协商的形式开展学习活动,旨在通过学习群体的智慧,完善和深化学习个体对信息的理解和掌握。在小组协作学习的过程中,教师要注意启发、诱导,把活动主题引向深入,从而揭示问题的本质、规律。协作学习把个别学习环境下学生个体间的竞争关系转变为"组内合作"、"组际竞争"的关系,把传统教学中教师与学生之间的单向或双向交流转变为教师与学生、学生与学生之间的多向交流,使他们在相互交流中不断增长知识技能,形成良好的人际合作关系,进一步培养学生的协作精神。

拓展学习

信息化教学模式

钟志贤教授认为:信息化教学模式是教学模式在信息化时代条件下的新发展,是基于技术的教学模式或数字化、信息化学习模式。信息化教学模式是指技术支持的教学活动结构和教学方式。它是技术丰富的教学环境;是直接建立在学习环境设计理论与实践框架基础上,包含相关教学策略和方法的教学模型。钟教授以学习活动的性质(接受—探究)和组织形式(个体—群体)作为分析模式类型的两个基本变量,提出了信息化教学模式分类框架,如图6-1-1所示。

该框架指出信息化教学模式可分成"个体—接受、群体—接受、个体—探究、群体—探究"四大基本类型。个体—接受和群体—接受的模式类型,其理论倾向是客观主义的;个体—探究和群体—探究的模式类型,其理论倾向是建构主义的。针对当前的教学实际,应提倡探索建构主义倾向的信息化教学模式。因为,这类模式"能提供技术丰富的学习环境,有助于学习者与技术形成智能伙伴关系,利用充裕的学习资源/工具,支持学习者的高阶学习,发展高阶能力"。

```
        个体—探究类              群体—探究类
                    建构主义倾向的


个体 ←———————（信息化教学模式）———————→ 群体


                    客观主义倾向的
        个体—接受类              群体—接受类
```

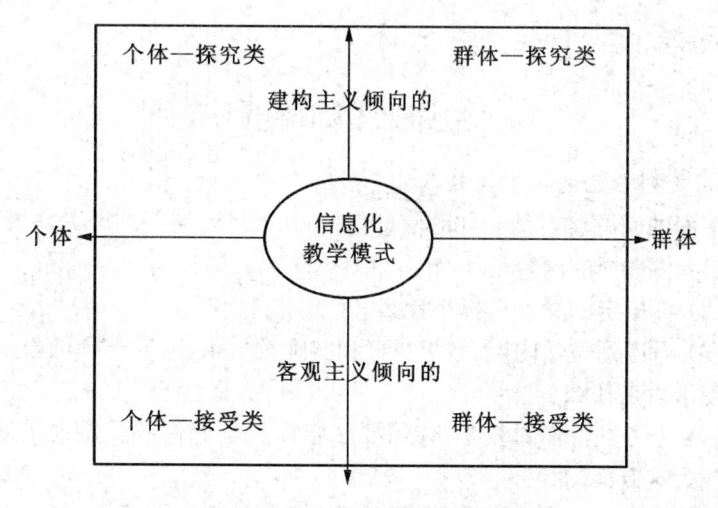

图 6-1-1　信息化教学模式分类框架图

信息化环境下的教学既是对传统教学的继承，同时也是对技术环境下教学新模式探索与建构过程，是各类教学模式的结构成分与技术应用条件之间的"整合"过程；教师是教学模式的实践者和创造者，丰富多变的实践情境是教学模式创新的源泉；信息技术为教学模式的发展提供了丰富的资源、工具以及交流与合作平台。信息化环境下的十大信息化教学模式是：基于资源的主题教学模式、基于项目的教学模式、基于问题的教学模式、WebQuest 教学模式、基于网络协作学习的教学模式、基于案例学习的教学模式、情境化教学模式、基于概念地图的教学模式、基于电子学档的教学模式和基于多元智能的个性化教学模式。

推荐阅读：

华南师范大学《教学设计原理与方法》精品课程。http://course.szu.edu.cn/shifankecheng/jxsjylyff/jxsjylyff/index.htm。

华东师范大学《现代教育技术》网上课程。http://courseware.ecnudec.com/yjs/ygg/ygg03old/gg031/gg031000.html。

温州大学《教学系统设计》精品课程。http://kj.wzu.edu.cn/isd。

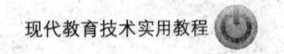

活动实践

信息化教案设计制作

1. 策划自己的信息化教案

下面的问题将有助于你的信息化教案的设计,请仔细思考并填写。

(1) 你选择的内容是什么?

(2) 你拟定的学习目标是什么?

(3) 考虑到教学内容、教学目标和实际教学条件,你选择的教学内容的表现手段是什么?

(4) 为了支持你的教学,你需要多媒体教学课件吗?做何用途?网上能找到这方面的课件吗?

(5) 为了支持你的教学,你要用到教学网站吗?做何用途?

(6) 你的教学环境及教学模式是什么?

(7) 你如何评价学生是否已达到教学目标?需要用什么工具帮忙评价?(如测验、电子作品量规等)

(8) 你在教学中如何照顾学生的个体差异?

(9) 你在教学中如何培养学生的交流与合作能力?

2. 编写信息化教学方案

根据前面所学的知识与所考虑的问题,结合下面给出的信息化教案模板,设计一个信息化教案。

表 6-1-2　信息化教案设计模板

设计者			
姓名		学号	
单位		专业	
案例摘要			
教学题目		所属学科	
学时安排		年级	

一、教材内容分析

续表

二、教学目标与重点、难点
知识与技能目标：
过程与方法目标：
情感态度与价值观目标：
教学重点：
教学难点：

三、学习者特征分析
设计者

四、教学策略原则与设计
教学方法：
教学设计思路：

五、教学环境与资源准备
教学环境：
资源准备：

六、教学流程

七、教学过程			
教学环节	教师的组织和引导	学生主体活动	教学意图

八、学习评价设计

第二讲　信息化教学应用案例

基础知识

一、WebQuest 网络探究学习

WebQuest 是美国圣地亚哥州立大学的伯尼·道奇(Bernie Dodge)

等人于 1995 年开发的一种全新的教学活动形式——将互联网作为教学的一部分应用于教学过程中的任何阶段。WebQuest 是一个研究性的活动,研究者所需的信息一部分或全部来自于网上。"Web"是"网络"的意思,"Quest"是寻求、调查的意思。据此,结合目前我国开展的研究性学习活动,我们可以把它译为"网络主题探究",即 WebQuest 是基于网络环境下的探究式学习,是基于网络的研究性学习的一种学习模式。

(一)WebQuest 的基本构成

WebQuest 是一个以调查研究为导向的学习活动,比较适合学生开展基于网络资源的探究式学习。一般而言,一个相对完整的 WebQuest 由六个模块组成:(1)引言:主要向学生简要介绍 WebQuest 学习主题。(2)任务:描述学习者在完成学习行为后最终结果,可以是一件作品,也可以是电子幻灯片。任务设计的好坏直接关系到 WebQuest 的教学成效。WebQuest 的任务类型很多,B. Dodge 把 WebQuest 的任务类型分成了 12 种。(3)过程:学习者遵循哪些步骤才能完成学习任务,这是整个学习探究的一个路径设计。好的路径设计不仅简明清晰,而且还配有一些策略支持及学习支架支持。(4)资源:说明学习者可以使用的各种信息材料等,特别是一些高质量的优秀的网络资源。(5)评价:主要评测学习者网络探究学习的实际效果,侧重学生高级思维方面的发展情况,通常采用量规的方式,有自评、互评、教师评价等。(6)总结:主要是提供总结的机会,并对学习的过程和结果进行反思。

WebQuest 网络探究学习设计案例(一) 《药》

引言(情境):

药,当人生病无助的时候,自然需要药的帮助,让它帮你解除病痛还你健康。可是有人却将蘸着人血的馒头当药,主人公是鲁迅《药》笔下的人物。鲁迅先生仅仅是告诉我们这么一个吃人血馒头的故事吗?难道那个时代的老百姓都中了"法轮功"的毒害了? 真希望看见大家阅读此篇小说的感受。

任务:

经典的文学作品能够告诉我们那个年代的故事,又能引领我们对现实生活的思索,因此经典性的意义就在于它的历史性与恒久性。我们一起来探究一下,究竟《药》经典在何处?

(1)走近 1919,走近鲁迅

● 作品写于1919年4月,在这之前与以后,中国社会发生了哪些历史事件,这些事件有没有对鲁迅产生影响?

● 《药》描写的社会现象与当时的写作背景有关系吗?

(2) 感悟智慧,思考现实

● 当作者写小说反映当时现实生活时,常常带有作家自身的观念与判断。对于华家、夏家及众茶客,鲁迅先生的态度分别是什么呢?

● 《药》是不是又让你想起了曾经读过的其他作品?为什么会想到这些作品呢?

● 你认为《药》对于我们的现代社会和将来的社会有什么警示作用?将来的人还会不会读这部小说呢?

(3) 展示作品,显现才华

● 假如你是编剧或者导演,你会挑选哪段场景,你会给这部小话剧起个什么题目呢?

● 小说中哪个人物给你留下了深刻的印象?你会挑选谁扮演这个角色?给演员什么演出提示呢?假如你扮演其中一个角色,你会扮演谁呢?

成果形式:

● 请提炼自己对作品的感受、理解、认识,参阅相关资源,自选角度,自拟标题,写一篇关于《药》的文章。可以是小型学术论文,鉴赏评论文字,也可以是读后感、随想等等。

● 将你的文章的提纲制作成PPT,讨论时一并展示。

● 组织班级的同学一起排练课本剧,在展示课上公演。

过程:

第一课时 准备阶段,个别阅读

读课文思考下列问题(第一课时,自习,研读教材为主,附课文的写作背景的介绍和鲁迅《随感录·五十九"圣武"》):

①《药》的标题深含的意义。

②"华"、"夏"姓名的意图考究。

③结合阅读提示,夏瑜的生活原形是谁呢?

④《药》的主人公是谁?

⑤结尾应不应该出现"花环"?

⑥夏母理解夏瑜吗?

⑦作品中华小栓一直咳嗽的描写作用何在?

⑧课文里一共出现了几个人物,每个人的性格特点是什么?请按他

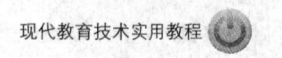

们的性格特点进行组合,并说明组合的依据,给每一个组合起一个名字。

⑨ 在课文中,鲁迅先生对围在刑场周围的群众有句非常形象生动的比喻,请找出来。这句比喻让你想到了什么呢?

附1. 背景简介

这篇小说写于1919年4月25日,"五四"运动爆发前夕,小说以1907年资产阶级民主主义革命家秋瑾被害事件为背景,反映了辛亥革命前后中国的社会现实。

1907年,光复会的成员徐锡麟刺杀安徽巡抚恩铭,事败被捕,恩铭的亲兵残酷至挖出徐的心肝炒食。不久,光复会的另一成员秋瑾被捕于绍兴城的"古轩亭口"。

附2. 补充资料

"我们中国本不是发生新主义的地方,也没有容纳新主义的处所。""新主义宣传者是放火么,也须别人有精神的燃料,才会着火;是弹琴人么,别人的身上必须有弦索,才会出声,是发声器么,别人必须是发声器,才会共鸣。中国人都有些很不像样,所以不会相干。"(鲁迅《随感录·五十九"圣武"》)

第二课时 课堂研读讨论(小组讨论、全班教学)

研读一部作品,问题意识很可贵。我们要学会带着问题去深入,重视在阅读中质疑生疑,这样就能不断地在"读过"、"读懂"、"读透"、"读出自己"的过程中收获能力,得到感情的体验与审美的熏陶!参看下面的问题,请你们选择几个或者自拟一个值得你研究的题目,进行讨论,20分钟后,请将你们的讨论结果与其他小组的同学交流。

(1) 鲁迅是如何创作《药》的?《药》中的生活原型是谁?作品是如何暗示生活原型的?这些情况对我们理解作品有什么帮助?

(2) 在你看来,《药》究竟是华家的悲剧还是夏家的悲剧?

(3) 透过《药》,你看到一个怎样的时代?

(4) 夏瑜被杀时,周围的人是什么态度?这些态度让你想到了什么?

(5) 为什么把议"药"放在茶馆?为什么茶客要说夏瑜疯了?

(6) 夏瑜挨打了,为什么还要说阿义可怜?阿义为什么说夏瑜疯了,还要恍然大悟地说?为什么阿义的形象要设计成红眼睛?

(7) 为什么茶客选择驼背、花白胡子、20多岁的人?为什么茶客中有两个驼背,难道那个时代佝偻病是一种常见病吗?为什么20多岁的人不用黑头发借代?

（8）你认为康大叔和华老栓或者其他的茶客是一类人吗？他的特点是什么？课文中的哪些语句能证明你的观点。

（9）结尾乌鸦没有按照夏四奶奶的意愿飞到坟头上去，你觉得这样是不是对夏四奶奶太残酷了？

（10）请将小说中出现的人物都罗列出来,能不能发现什么呢？

每个小组请做好记录。

记录（一）

问题：

解决问题的要点：

其他小组值得借鉴的建议：

讨论后，我又想起了什么，我准备就哪一个问题进行深入研究：

记录（二）A——我想做编剧（导演）

剧名是：

挑选的场景是：

剧本附：

记录（二）B——我想做演员

扮演剧中的哪个人物：

我对于这个人物是这样理解的：

我给人物设计了哪些动作或语言是小说中所没有的：

第三课时　深入研读（查阅资料，小组合作）

教师将第二课时的学生作业进行分类，将研究相类似的学生分在一组。同组讨论，各自的观点是什么，可以查阅有关的资料论证观点。

同学请学会倾听同学的意见，记录下他们的要点：

记录（三）

你们哪些意见是一致的：

同学的哪些意见给了启示：

哪些意见引起了争议：

你们可以共同合作完成论文（或剧本）吗？

你有没有将查得的资料来源告诉同学？同学有没有将资料告诉你呢？

资源：

（1）教师提供的网上资源研读：

● 鲁迅研究网 http://luxun.top263.net/

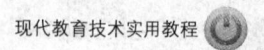

- 评读鲁迅 http://luxun.myrice.com/
- 鲁迅的介绍 http://member.netease.com/－niehui/
- 鲁迅传记与作品 http://thunderbird.myrice.com/
- 大鲁迅网 http://go7.163.com/%7Eluxun2/

(2) 文献列举:

- 《名作重读》(钱理群,上海教育出版社)
- 《中外名著解读丛书·解读〈呐喊〉〈朝花夕拾〉》(京华出版社)
- 《中国现代文学三十年》(钱理群、温儒敏、吴福辉,北京大学出版社)
- 《鲁迅评传》(曹聚仁,东方出版中心)
- 《话说周氏兄弟》(钱理群,山东画报出版社)
- 《鲁迅传略》(吴中杰,上海文艺出版社)
- 《关于鲁迅》(周作人著,新疆人民出版社)
- 《艺术·人·真诚》(钱谷融,华东师范大学出版社)
- 《荒原野狼——鲁迅》(杨兹举,中国国际广播出版社)
- 《心灵的探索》(钱理群,北京大学出版社)
- 《无法直面的人生——鲁迅传》(王晓明,华东师范大学出版社)

评价

	初 级	中 等	较 好	典 范
搜索和收集信息	无法收集到任何相关的信息	搜集到少量相关的信息	搜集到足以回答问题的信息	搜集到大量相关的信息
合作的意识	组员之间不合作	组员之间很少合作	组员之间合作较好	组员之间合作很好
完成任务的情况	不能完成任务	基本完成任务	较好完成任务	出色完成任务
介绍信息的能力	不能在提交的报告里给出所需的信息	可以提供一些相关的信息	给出合适信息,听众能明白报告的内容	简明介绍,听众完全明白报告的内容
结论能力	无法说明所做的研究	试图说明所做的研究,但含糊不清	对所做的研究有条理地说明,并有自己的想法	对所做的研究做严整说明,并有自己精彩的想法

第四课时　交流展示

宣读论文的同学,请带上你们的PPT。在读论文前,请看看老师给你们的一些提示：

记录（四）

(1) 我（我们小组）的论文是否具备了相应的论证结构？

(2) 论文中援引材料是否注明了作者、文章名称、书籍杂志等的名称以及出版社等版权信息？

(3) 我（我们）是从几个方面来对作品进行理解与阐述的？这些方面能够说明我试图要阐述的观点和内容了吗？能自圆其说了吗？

(4) 我（我们）的观点是否独具一格，和其他的论述不同？

看完了同学的课本剧演出，你认为他们改编演出得成功吗？好在何处？哪些地方的改编你有不同的意见，请说明理由。

记录（五）

对于同学改编的《药》，我的意见是：

成功之处：

不足之处：

总结

作业：

(1) 需要递交的作业包括：研究报告、学习记录、Powerpoint 演示文稿。

(2) 作业递交注意事项：

● 将 doc 格式的研究报告电子作业文档命名为"学号＋wr. doc"

● 将 doc 格式的学习记录电子作业文档命名为"学号＋n. doc"

● 将 ppt 格式的演示文稿文档命名为"学号＋p. doc"

推荐阅读：

关于 WebQuest 网络探究学习相关知识及案例

惟存教育网。http://www.being.org.cn/

WebQuest 网络探究教学设计案例（二）《鸟的天堂》

引言

在自然界中，不论是森林、草原、湖泊——都是由动物、植物、微生物等生物成分和阳光、水、土壤、空气、温度等非生物成分所组成。每一个成分，都非独立存在，而是相互联系的。

热爱科学的同伴们，在这个 WebQuest 里你们都是小小科学家，同时，还是小作家。这个项目研究人与鸟类（动物）和谐共存的环境。由于位于广东省新会县天马河中一棵大榕树"独木成林",引发你们去思考、去寻找有关生态平衡的环保信息。

要完成这个 WebQuest 项目,你们得扮演探索家、环保学家、生物学家和作家,分别尽自己的所能去了解我国以及世界上像《鸟的天堂》中描写的天然动物保护区的情况,知道我国的环保状况,分析人与鸟类(或其他动物)和谐共存的条件,还可以提出一个怎样保护生态环境的方案。

任务

你们不但要在实践生活中留意有关环境保护和生态平衡的情况,还要在相关的网站中广泛阅读有关动物保护区和生态平衡的资源。找出能体现你们的研究专题的语句、图片、文章,收进个人的文件夹里。最后,每个小组仿照巴金《鸟的天堂》的写法:动态描写和静态描写相结合,点面描写相结合;抓住事物的特征,写一篇既有趣,又让人懂得环保益处的好文章。把你发现的动物乐园介绍给别人,还要求配上这个乐园的图片或照片,如果能找到纪录片更好。

注意:观察事物要抓住事物的特点,不但要注意事物的形状、大小、颜色、位置等,而且要注意事物在不同时间里静态、动态的变化。

建议你们先解决以下问题:

1. 巴金描写的广东新会县的"鸟的天堂"的地理位置,气候怎样?
2. 这棵大榕树"独木成林"的原因是什么?
3. 鸟儿们为什么喜欢在这里生息、繁衍?
4. 由此分析,鸟儿们喜欢生活在怎样的环境?
5. 分析巴金写的《鸟的天堂》一文的写作方法,哪些值得我们学习?这样的好处是什么?(静态描写与动态描写相结合)(描写鸟儿的活动是从一般到典型)
6. 读了巴金这篇《鸟的天堂》,你受到怎样的启发?

以下问题是你们探究的指南:

1. 生态环境包括哪些?
2. 什么叫生态平衡?
3. 环境保护包括的范围很广,你们打算从哪几个方面去说明我们人类对生态平衡所作的努力?
4. 在今后的发展中,我们应该用什么方式和手段来保护我们的环境(提出环保措施)?
5. 找到我们生活中或网络上介绍的天然动物保护区(人与动物和谐

共存),学习巴金《鸟的天堂》的写法,配上图,写一篇文章,作为演示稿,作为你们的学习成果。

资源

沙尘暴分布、变化成因和趋势,从地理学科网搜索;

沙尘暴造成的经济损失,从 http://www.unn.com.cn/GB/channel28/index.html 搜索;

沙尘暴对健康的影响,从人民网上搜索;

沙尘暴的治理办法,从新华网上搜索;

经济、法律与沙尘暴的关系,从人民网上搜索。

过程

1. 分组,五人一组,并在小组内分好工,进行信息收集处理、总结。

2. 每个小组设有一个文件夹,组员们收集的材料,都以文件的形式收集在文件夹里。

3. 个人完成"建议你们先解决以下相关问题"一栏中的问题。

4. 组内根据组员的兴趣分工,完成"以下问题是你们探索的指南"一栏中的问题。

5. 小组内进行交流以上的学习成果。(不能单独一人完成)

6. 组长组织组员把有关信息进行归类,给每个组员分工,准备图文并茂的演示文稿,每个小组要准备两篇以上。

7. 每个小组要提一个或一个以上的环境保护措施的建议。

结论

通过《鸟的天堂》这节课的学习,你们都成为了探索家、生物学家、环保学家和作家。我要把你们的作品挂在网上,让更多的人阅读、学习,提建议,并评出"精英分子"给予奖励,并给你们的家长发喜报。

完成了这个研究项目后,你们都可以学会:

1. 主动、全面地探究文学作品。

2. 怎样与他人合作。

3. 怎样在网上寻找有效信息。

4. 通过网上有效信息,学会模仿巴金《鸟的天堂》的写法,写一篇既有趣又使人们懂得环保益处的写景文章。

5. 就自己所写的文章和文件夹里收集的信息,回答其他同学提出的相关的问题。

6. 甚至还能为我国的环境保护状况提出更好的建议。

资料来源：ite.luohuedu.net/bird2/bird.htm

案例点评

"鸟的天堂"这篇WebQuest是非常典型的，它的六部分都根据各部分的要求来进行，引言具有很强的吸引力，任务明确，过程有角色扮演，参与性极强，资源丰富，评价合理。

（二）WebQuest的特点与优势

1. 探究学习活动的本质

WebQuest的核心是一个开放性问题。这个问题设定了WebQuest的清晰目标，鼓励学生回顾原先掌握的知识，激发学生进一步探索的动机；促进学生依托资源进行信息加工处理、推理能力的发展，追求运用高水平思维技巧，开展创造性学习活动的能力。

2. 任务驱动的基本特征

任务既是学习的目标，也是驱动学习的基本策略之一。由于任务的存在，学生的学习有了真实的需求，同时也有了更加强烈的内在动机。

3. 资源支持的"优先性"

WebQuest教学要求教师事先向学生提供资源，并且要满足"足量"和"质优"的原则，以支持学生利用资源开展建构学习和小组合作学习。它反对让学生盲目上网"查找资源"，因为那样会浪费大量的时间和精力，从而降低学生思维的质量和水平。

4. 自主学习、合作学习的组织形态

尽管在WebQuest的组成模块中没有"合作学习"模块，但教师在编制学习活动过程中要充分考虑是否采取小组合作的形式开展学习活动。因为如果把学习活动仅仅局限在个体活动的范围内，是不利于学生开展有深度的思维活动的，所以协作或合作是必需的。

二、基于问题的研究性学习

（一）问题与基于问题的研究性学习

问题是指在一定情境中的人们为满足某种需求或完成某一目标所面临的未知状态；问题求解则是指人们为处理问题情境而产生的一系列认知加工活动。我们把一个人问题求解水平的高低称为问题求解能力。乔纳森（Jonassen）认为，人的问题求解能力取决于三个方面的因素，即对问题本质的把握程度（良构性/劣构性、复杂性、抽象性/情境性）、对问题表征的理解(社会情境、历史情境、文化情境、形态特征等)以及问题求解者的个性差异性(知识水平、推理水平、认知风格、问题求解策略、效能感、动机等)。

基于问题的研究性学习是围绕真实事件或真实问题解决来学习隐含在问题背后的科学知识、发展学习者问题解决能力的一种教学或学习模式。该模式具有如下几个特点：

1. 以真实事件或真实问题为核心

基于问题的研究性学习中，其问题一般都是结构不良的、开放的，是在社会情境中展开的。问题和问题情境的设计是研究性学习设计的核心。我们既可以通过语言或文字来描述问题情境，也可以充分利用信息技术，设计一个尽可能与现实生活相似的问题情境，问题的表征方式可以是文字、视频或动画，问题的呈现可以通过案例小品、角色扮演、电脑模拟、播放录像等形式，尽可能给学生营造一个可信真实的问题情境。

2. 问题被置于一个真实的问题情境之中

在建构主义理论支持的情境创设中，强调创设真实的问题情境，这是因为真实不仅拥有认知上的价值，更在于真实的情境最接近学生的生活体验，能调动他们全部的感受力和过去生活得来的经验去探讨与发现问题，而只有在真实情境中所提出的问题也才最具有挑战性与针对性，对问题的解决也才更能显出它的价值和现实意义。

3. 以小组合作作为基于问题的研究性学习的基本组织形式

在基于问题的研究性学习中，小组合作学习是其基本的组织形式。在小组合作解决问题过程中教师不能直接告诉学生固定的答案，而应向学生提供资源、认知工具、学习策略等方面的帮助，帮助学生以小组为单位独立获得对问题的初步解决方法。

(二) 基于问题的研究性学习设计

教学模式作为教学活动结构框架和活动程序，不仅促进学习者积极主动参与学习活动，而且作为结构框架，从宏观上把握教学活动整体及合作学习组成部分之间内部的关系和功能，同时作为活动程序则突出了教学活动的有序性和可操作性。

我们依据信息化教学设计的原则、建构主义教学设计理论及新课程理念，构建出基于问题的研究性学习基本模式图(如图6-2-1,基于问题的研究性学习设计模式)。此模式整体上由教师的活动和学生的活动组成。学生的活动包括：感知问题情境、明确问题、搜索学习资源、交流合作解决问题、学习结果汇报、评价反思。教师的活动包括：根据学习目标创设问题情境、提供学习资源、提供认知工具、指导策略、反馈和帮助、组织学生评价反思。

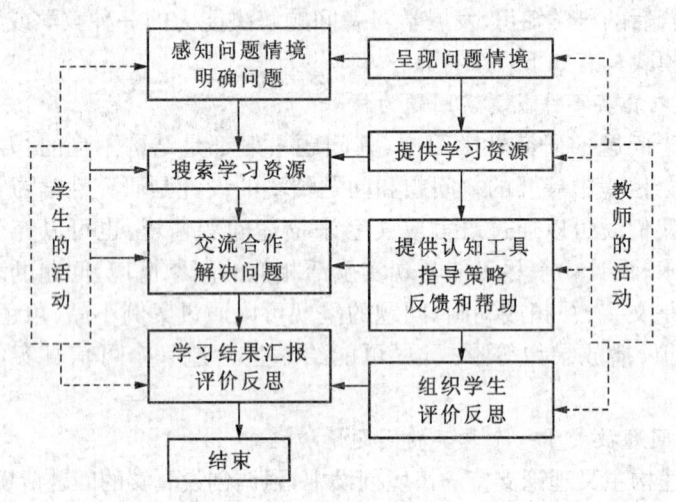

图 6-2-1 基于问题的研究性学习设计模式

1. 学生的活动

学生的活动是基于问题的研究性学习的重要组成部分，研究性学习过程中，正是通过活动来促进师生之间、小组成员之间、小组之间的交流与合作，从而推动基于问题的研究性学习的顺利开展。

（1）感知问题情境，明确问题

学生面对教师给出的问题情境，认真研究文本、视频、动画等各种相关资料，明确自己面临的问题，自己或在教师的帮助下提出一些具体的问题。然后分析问题，制订学习计划，学生通过分析要解决的主要问题，然后提出一个问题列表，产生想法，形成对问题解决方案的假设。同时学生可以进行任务分工，制订详细的学习计划，明确学习的内容。

（2）搜索学习资源

学生为了解决问题，必须学习新的知识，学生可以自主搜索学习资源，包括搜集各种网上的资源，当然还可以利用教师提供的资源，通过分析和鉴别，整理出对问题解决有用的信息。

（3）交流合作解决问题

学生可以通过学生之间、学生与教师之间的交流合作对问题解决的方案进行及时的建议交换，最终为问题的解决寻找出最佳的方案。

(4) 学习结果汇报、评价反思

学生可以利用不同的形式来汇报自己的学习结果，例如通过小组思维地图、口头报告、戏剧表演等。反思是为了提炼所学的东西，所以学生要养成有意识反思问题解决过程的习惯。要考虑这个要解决的问题与以前遇到的问题的共同点和不同点，这样一来，可以帮助学生概括和理解新知识的应用情境。

2. 教师的活动

在基于问题的研究性学习过程中，教师的活动要为学生活动的顺利进行提供支持和帮助，同时，教师正是通过活动来体现自己在基于问题的研究性学习过程中的组织者、引导者与合作者的角色。

(1) 呈现问题情境

教师事前根据学生的学习需要编写学习目标，然后根据目标创设问题情境并呈现给学生，并注意引导学生关注问题情境中的核心要素。

(2) 提供学习资源

教师将问题解决所必需的知识资源库和相关的案例给学生，使他们按照各自的问题列表去检索和定位要解决相关问题的信息，让学生在一个比较宽广的学习资源中，学习解决问题所需要的基础知识并搜集相关案例，找到解决问题的策略。

(3) 提供认知工具、指导策略、反馈和帮助

在学生分析问题，解决问题的过程中，教师要根据学生的需求提供认知工具以及建模策略、辅导策略等，并且在学生解决问题的过程中教师要给学生各种帮助，对学生的问题要及时给以反馈。

(4) 组织学生评价反思

评价的主要目的是为了全面了解学生的学习历程，激励学生的学习和改进教师教学。所以教师对学生的问题解决方案及其解决问题的过程，要及时组织学生进行评价、反思，并在学生自评、互评的基础上给出自己的意见或做总结性的评价，给学生以鼓励。

正是这两种不同类型的活动推动基于问题的研究性学习活动的顺利进行。

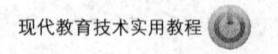

基于问题的研究性学习设计案例
信息技术支持下的小学数学研究性学习——《圆的面积》

【教材分析】

本节课所学内容为九年义务教育六年制小学《数学》第十一册《圆的面积》。本节内容是在学生学习圆的有关概念和圆的周长的基础之上进行的,因此这部分内容也成为教学中的一个难点。以往教师在教学时都是先将圆进行分割,然后拼成近似的长方形,学生操作比较困难。本节课教学中将采取先由教师演示,学生观察,然后学生再动手操作的教学方法。

【教学设想】

研究性学习改变了传统课堂教学中学生被动接受知识的状况,在教师的组织引导下,让学习者以发现问题、分析问题到解决问题这样的方法对待数学学习,重视学生创造能力的培养。学生在研究性学习过程中充分发挥创新潜能,提高自己的创造能力。在研究性数学学习中,知识不再是被学生消极接受的,而是靠学生自身积极地、主动地去探求获取的。学生在教育教学中是发现者、研究者。

因此在设计这节课时,教师力求不把现成的答案或结论告诉给学生,而是试图创设出某种问题情境,引发学生认知上的矛盾、冲突,激起学生探求知识经验和事理的欲望,继而调用已有的知识经验,提出解决问题的猜想和策略,并通过实验、操作、观察、分析比较、讨论、思索等多种活动进行研究发现,学生通过自己的实践活动发现了数学中的奥妙,体验到数学学习的乐趣。本着遵循研究性学习的指导思想,备课思路如下:

1. 设疑激趣:有一根 360 mm 长的绳子,可以围成什么样的平面图形?猜一猜哪个图形的面积最大?学生猜出圆的面积最大,你怎样验证你的猜想呢?

2. 探究发现:本课的重点在圆面积公式的发现上。充分利用计算机的绘图功能,给定周长,学生只要输入边数,计算机就绘出一个正多边形。由正五边形开始,到正六边形,正八边形,在此过程中让学生操作、观察、比较、讨论,鼓励学生发现、创新,从而达成培养学生最基本的研究能力。

3. 继续研究正12边形,正30边形,正60边形……学生十分好奇,当边数增到一定程度,正多边形就变成了圆形,你又有什么新的发现吗?学习的思维十分活跃,教师适时引导学生开展讨论,看谁的发现最有价值。当学生发现了圆的面积计算方法时,教师给予高度的赞扬,你们将来一定能成为数学家,你们的发现太伟大了。

4. 结合实际生活练习,拓展知识。

【教学目标】

知识与技能:通过计算机辅助求正多边形的面积,引导学生发现圆的面积计算公式,并能运用公式解答一些简单的实际问题。

过程与方法:在运用圆的面积相关知识解决问题的过程中,使学生进一步学会表达、学会交流,感受数学与生活的紧密联系;使学生了解从"未知"到"已知"的转化过程,逐渐培养学生的抽象思维能力。

情感与态度:激发学生参与数学研究学习的兴趣,培养学生的观察、分析和概括能力,发展学生的空间观念,让学生体验数学的奥妙,体验创新的喜悦。

教学重点:利用已有知识推导出圆的面积计算公式,并能正确计算圆的面积。

教学难点:利用已有知识推导出圆的面积计算公式。

教学准备:课件,网络教室。

【教学过程】

一、设疑激趣,导入探究

我有一根 360 mm 长的绳子,可以围成什么样的平面图形?猜一猜哪个图形的面积最大?

学生猜一猜。(有不同的见解)

二、探究发现

1. 怎样验证同学们的猜想呢?这个问题有点难,我们请来计算机帮忙。

用 360 mm 的线段分别围成正 4 边形,6 边形,8 边形。(课件)

教师引导如何计算正 5 边形的面积。

其他由学生完成,并填写表格。

用 360 mm 长的线段围成一个正多边形:

边数(n)	边长(a)	中心到边的距离(h)	面积计算方法(算式)	面积
正 5 边形				
正 6 边形				
正 8 边形				

2. 你有什么发现？小组讨论，全班交流。

通过观察与分析发现：

(1) 当周长相同时，正多边形的数越多，面积越大。

(2) 当周长相同时，正多边形的数越多，中心到边的距离越大。

3. 进一步探究正12边形，正30边形，正60边形的面积，填写表格后，你有什么发现？

用360 mm长的线段围成一个正多边形：

边数(n)	边长(a)	中心到边的距离(h)	面积计算方法（算式）	面积
正12边形				
正30边形				
正60边形				

通过观察与分析又发现：

学生发现当边数扩大后，正多边形变成了圆，你还能发现什么呢？

圆的面积＝周长(c)×半径/2，用字母表示为 $s=cr/2$。

根据 $c=2\pi r$，得出 $s=2\pi r\times r/2=\pi r^2$。

通过我们的研究，我们得出了什么结论：

(怎样求圆的面积)对学生的成果给予肯定。

好，下面我们用我们获得的知识来解决一些问题：计算圆的面积。

(板书课题：圆的面积)

要求圆的面积必须知道什么？（半径）

提问：如果这道题告诉的不是圆的半径，而是直径，该怎样解答？不计算，谁知道结果是多少吗？

三、运用新知，解决问题

1. 测量一个圆形实物的直径，计算它的周长及面积。

2. 课件演示：用一根绳子把羊拴在木桩上，演示羊边吃草边走的情景。（学生看完提问题并计算：羊吃到草的最大面积即最大圆面积是多少?）

四、总结

回顾一下咱们今天的学习内容，这节课你自己运用了什么方法，学到了哪些知识？

作业（略）

五、教学点评

1. 本节课既有对圆的面积计算公式的巩固性练习，也有运用圆的面积解决简单的实际问题的练习。通过这些练习，有助于学生巩固圆的面积的有关知识，形成运用技能，培养学生的数学能力，充分调动学生的主动性和积极性，学生既学得生动活泼，又能充分发展思维。

2. 重视动手操作，参与知识的形成过程。当学生探究思维的火花被点燃时，教师巧妙地引导示范、演示，一步步深入挖掘学生的创造性。荷兰数学教育家费赖登塔尔认为：数学学习是一种活动，这种活动与游泳骑自行车一样不经过亲身体验，仅仅看书本听讲解观察他人的演示是学不会的，因此在关键的环节中，让学生动手操作亲身体验，促使学生的思维由量变到质变，同时操作活动中又巧妙地利用学生的想象渗透极限思想。

反思与评价：基于问题的研究性学习教学法的成功运用需要课前教师依据教学目标、教学重点、难点知识精心设计好案例，并在教学过程中能够结合自主探究、协作交流等方法来引导学生对案例进行分析、讨论、总结、评价，最后学生在提交创造作品后，需要师生共同以案例为依据对作品进行评价反思，进一步促进学生对知识的建构。

（三）基于问题的研究性学习设计的特点

在基于问题的研究性学习过程中，以活动为主线的研究性学习模式和传统的教学模式相比较来说，其功能特点主要表现在两个方面：一是教师角色的转变；二是学生角色的转变。

1. 教师角色的转变

教师在基于问题的研究性学习中从事的教师活动与传统直接教学相比较来说，其角色发生了很大的转变。教师由传统的知识传播者、灌输者转变为教学活动的组织者、引导者与合作者等。具体表现在以下几个方面：

（1）从传统的知识传播者、灌输者转变为学生学习活动的组织者、引导者与合作者

在传统的以教师为中心教学结构中，教师的思路束缚在课堂上，教师必须在固定时间内完成学习目标，即使用到教学媒体，也只是教师用来展示某个知识重点或难点以更好更快地达到自己的既定教学目标，可以说教师的角色主要是书本知识的传播者，向学生灌输知识是教师的主要任

务。在以学生为中心的教学结构中,教师不仅要组织学习活动,而且在学习活动中还要作为合作者和学生积极互动、共同发展,要处理好传授知识与培养能力的关系,注重培养学生的独立性和自主性,引导学生质疑、调查、探究,在实践中学习科学知识,促进学生在教师指导下主动地、富有个性地学习。教师应尊重学生的人格,关注个体差异,根据不同学生的学习需要,适时提供学习指导和帮助,提高学生思考问题、解决问题的能力。

(2) 从教内容到教方法的转变

教学重心不再仅仅放在让学生掌握知识上,而是转到使其学会学习、掌握思考、解决问题上,培养学生掌握信息时代的学习方式。因此教师应该从教内容向教方法进行转变,教会学生学会学习。

2. 学生角色的转变

与传统的以教师为中心的教学模式相比较,不仅教师的角色发生了变化,学生的角色也赋予了不同的意义。学生不再仅仅是学生,同时也是一个合作者。

(1) 学生的自主学习角色

学生的学生角色,是自教育产生之日起就被赋予的,但随着时代的变更,人们对学生的学生角色定位也产生了不同的认识。在传统教育中学生角色是一种唯一的、且是被外人强加的角色。具体而言,这是一种过分强调"两耳不闻窗外事,一心只读圣贤书"的他主学习方式。在基于问题的研究性学习中,学生作为学生的角色,则更为强调其成为一个自主(或自我调节)的学生。自主学习(新课程提倡的三种学习方式之一)是一种主动学习、独立学习、元认知监控学习和发现学习。自主学习就是学生能自觉地担负起学习的责任,不断挖掘潜在的独立学习能力,在学习过程中进行自我计划、自我调整、自我指导、自我强化,不断发现问题、提出问题、分析问题和解决问题,强调有个性的学习活动过程。这种学习有利于培养学生的创新和实践能力。在基于问题研究性的学习中,学生需要自我激励、设置学习目标、独立进行研究、进行自我引导地学习,将新建构的知识应用到复杂的问题解决之中,并且还要监控和反思解决问题的过程。当他们解决问题之后,他们也就学会成为一名独立自主的思考者和学生,真正做到了学、思、行相结合。

(2) 学生的合作者角色

在基于问题的研究性学习中,小组合作作为其基本组织形式也得到了较好的体现。由于一些问题的复杂性,学生需要以小组为单位进行工作。在小组中,学生共享科学知识,共同处理问题解决过程中所遇到的各种困难。在小组中,学生需要积极主动参与小组活动,与小组其他成员相互依赖,共同承担责任,相互交流想法,相互鼓励和沟通。小组合作活动的个体可以将其在学习过程中探索、发现的信息和学习材料与小组中的其他成员共享,甚至可以同其他组和全班同学共享。通过基于问题的学习,最终使学生成为一个愿意合作也善于合作的人。这不仅有利于提高学生学习的主动性和对学习的自我控制,而且能促进学生间良好人际关系的发展,促进学生心理品质的发展和社会技能的提高。

三、基于网络的远程协作学习

(一)协作学习与基于网络的远程协作学习

协作学习起源于美国,在 20 世纪 70 年代中期至 80 年代中期获得了长足发展并于上世纪末本世纪初开始影响我国。协作学习是以协作方式来完成既定学习任务的教学方式,其教学的最大特征在于:协作学习共同体在学习中拥有共同的学习目标,承担共同的学习责任,共享着教学信息和教学资源,分享着由此带来的成功与喜悦。以此观之,协作学习特别有助于学生协作共事能力的培养。

基于网络的协作学习是指利用多媒体技术、虚拟现实技术及计算机网络建立协作学习环境,通过小组或团队的形式组织学生进行学习,使教师与学生、学生与学生在讨论、协作及交流的基础上进行协作学习。协作学习强调在学习过程中通过网络和计算机支持学生之间的交互活动,这种交互活动指的是以小组形式,在师生之间、生生之间进行讨论、交流、协作,学生通过合作过程共同完成学习。

(二)基于网络的远程协作学习设计

华南师范大学的谢幼如等人将传统协作学习方式与基于网络的远程协作学习进行了比较。他们借鉴了部分前人的研究成果,概括出基于网络的协作学习的基本要素,包括学生个体、协作学习小组、协作活动任务、协作活动环境、协作活动策略/规则以及协作活动成果。相应地,他们将基于网络的远程协作学习设计划分为如下内容和环节:

(1)协作任务设计;
(2)协作小组的组织;
(3)协作工具设计;
(4)协作流程设计;

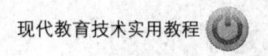

(5) 协作策略／规则设计；

(6) 协作成果设计。

我们认为上述观点只反映出部分协作学习设计的内容，基于网络的远程协作学习设计至少还应该包括前段分析和后端评价两大模块，所以其基本内容与设计流程应该如图6-2-2所示。

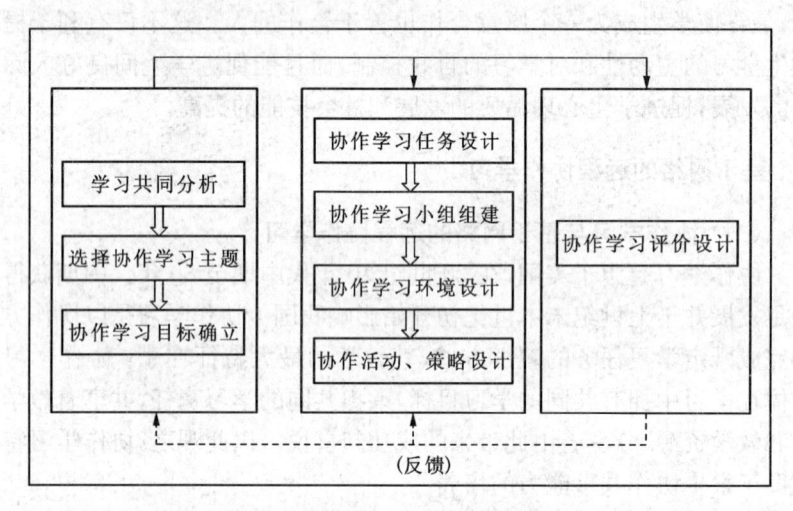

图6-2-2 基于网络的远程协作学习设计模式

下面我们就基于网络的远程协作学习设计模式最主要的设计内容和环节作简要的说明。

1. 协作学习任务设计

协作学习任务是学习预期完成的工作内容和要求。协作学习任务可以由教师或学习发起人在协作学习前确定。这种情况较适合班级建制下，以学习小组为单位的协作学习活动中，或者在已有主题意向的学习活动中。另一种情况则可能在协作小组成立后由协作小组协商确定完成，但相对较少，毕竟在没有活动意向的情况下先有协商小组的情况较为少见。

协作学习任务要适合学习者的学习能力。任务过于简单，学生会缺乏学习活动的浓厚兴趣；任务过于繁难，学习者会因此望而却步。为此，协作学习任务设计要满足如下条件：

(1) 有一定的难度和挑战性。任务需要学习者在搜集整理资料或者充分调研的基础上协力才能完成。

(2) 有协作研究的必要性。问题结论不是一成不变的"标准答案",问题解决的空间较大。

(3) 需一定的时间跨度来完成。时间过短,学生缺少充分的研究自由度。而时间过长,显然又会受到学习容量的限制。

2. 协作小组组建

协作小组也称协作学习共同体,是协作学习最基本的学习单位。可以将学生的认知水平或学生的共同兴趣作为分组依据,采用组内异质、组间同质的方式较为合理,每组人数为3—6人。网络环境下的协作小组的组建往往由协作主题"唤起",并由网络交互工具邀请完成。其中,协作学习主题对学习者的有效吸引最为重要。例如,可以将一篇人物传记的阅读或写作分为"早期生活"、"中年岁月"、"晚年时光"、"主要成就"、"历史影响"等几部分,然后由学生依据对每一部分内容的兴趣度来组建协作学习小组。

在协作小组建立的前提下,协作小组内部的结构关系值得教师们密切关注。那种认为小组建立了就万事大吉的想法是完全错误的。事实证明,小组内成员关系(包括义务、责任、规则等)是需要明晰的,这些都会深刻影响协作学习的质量和效率。应该看到,尽管成员之间的关系是平等的,但是小组内学习活动统筹是需要有人负责的。因此,有时委派"负责人"是必要的。在义务与承担的责任之间,教师应该让每一个学生都明确其承担的责任,并促其各尽所能,只有这样才能使小组合作学习卓有成效地开展,而在行为规范方面,相对独立、相互协作、尊重友善应成为每一个学习者都应遵循的行为准则。

3. 协作学习环境设计

协作学习环境包括计算机和网络提供的硬件环境,也包括协作者之间以及协作者与教师之间形成的人际关系等。目前在基于网络的协作方面,国内外已开发出不少支持协作学习的系统平台,包括课程教材、相关案例与学习资源(例如虚拟实验室、各类视频、音频资料等)、各种认知工具、各种沟通交流工具以及各种反思评价工具等,可以对协作学习给予较全面的技术支持。

尽管如此,数字化背景下的协作学习环境并非没有弊端。很多学者以为,网络环境最大的弊端在于实际操作中成员间的情感沟通会受到一定程度的"抑制"。学习成员之间几秒钟就可以沟通的内容因为隔着机器有可能变得"漫长"了。同时网络环境的虚拟特点也往往会使现场"协商"

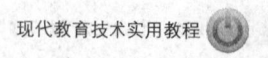

的气氛淡了许多,虚拟世界中学生在交流的同时也可能会少了许多"和气"而多了些"攻击"成分,这些都是教师教学时应该把控的。

4. 协作学习活动与策略设计

协作学习活动设计主要是给学习者的学习预设一个大致的路径。不同的学习内容可以采取不同的路径。协作学习活动设计应围绕学习内容展开。比如"问题讨论"活动的基本流程可以是"问题提出—问题分析—资料搜集—交换意见",而"作品设计"的活动流程可以采用"任务提出—任务分解—资料收集—设计作品"的方式进行。

在协作学习路径设计时,大的结构框架不难设计,但如何将大的结构安排和协作学习共同体的活动有机融合是考察教师教学智慧最重要的内容之一。我们以为,协作学习的优势是协作互助,这一点无论是对传统环境下的协作学习还是对信息化环境下的协作学习都十分重要。因此教师有必要花一定的时间来思考如何形成有效的小组协作活动形式,来实现约翰逊(Johnson, D. W & Johnson, R. T)反复倡导的"通过面对面相互作用建立积极、相互依靠的关系"的目的。为了达到上述目的,我们以为执教者最起码要清楚以下四个方面的问题:

(1) 学生在协作学习过程中协作的"基本方式"有哪些?协作的"基本方式"是构建学生协作学习的"基石",明确这些基本方式的含义才能有效安排学生的学习活动。钟志贤认为,从协作的基本要素分析,其基本方式有九种,即竞争、角色扮演、辩论、讨论、协同、伙伴、设计、小组评价和问题解决。这九种方式的基本含义不同,每一种方式成员间的关系性质也不相同,因而使用要点也各不相同。比如"竞争"指学习成员就同一个学习内容开展的学习竞赛,成员之间的关系是对立、竞争的;而"伙伴"是学习成员为完成某项学习任务而结成的协作关系,成员之间的关系是协商、合作的关系。

(2) 小组协作技巧的形成过程是怎样的?毫无疑问,没有学生从一开始就熟练掌握协作的方式和技巧,协作技巧的形成就是一个不断学习的过程。换言之,教师必须清楚采用何种方式才能使学生学会相互协作,而不是在组织协作小组、布置协作任务后"一放了之"。这方面我们需要借鉴一些成功的做法,比如"目标观察"、"结对判断Ⅰ"、"结对判断Ⅱ"、"结对思维共享"、"巡回报告"、"双栏归纳"等。通过这样一些方式,可以使学生学会激励小组其他成员参与者如何提出问题、如何有效沟通等,从而熟练掌握促进小组协作的各种技巧。

（3）有效协作学习方法与组织方式是怎样的？协作学习方法特别是协作学习的组织安排是关系到协作学习成效的重要因素之一。对此，国内外著名的协作学习倡导者和研究者一直在进行这方面的研究探索。比如美国约翰逊·霍普斯金大学斯莱文(Slavin, R. E)教授创造的"学生小组成就分工法"、美国阿伦森(Aronson, E.)等设计的"切块拼接法"，以色列特拉维夫大学沙伦夫妇创设的"小组调查法"等，都是很成功的协作学习方法。这些方法有着相对固定的组织形式和活动流程，学科教学设计可以充分借鉴这些方式和技术。

（4）协作学习中教师以何种方式介入教学？许多教师认为，协作学习的主体是学生，教师的作用仅仅体现在确定协作任务、组建协作学习小组等方面，这完全是一种误解。已有实践证明，教师在协作学习中作用广泛。教师要采取措施帮助学习者形成相互依存、互助、有序的良好关系；教师要积极介入学生学习行为，监督其行为方式，并提供学习帮助；教师还需亲历亲为，示范学习方法，传授协作技巧等。换言之，离开了教师的积极参与，学生有目的的协作学习也是无法达到高效的。

5. 协作学习评价

关于学习评价，许多评价的原理和原则都是一致的。在关注共同评价指标的基础上，协作学习评价需要重点关注如下三点：一是坚持小组层面评价和个体层面评价的统一，即既要进行小组和小组参与的评价，也要进行个体和个体参与的评价；二是关注协作过程中学生协作、互助等品质的发展和提高；三是评价主体的多元化。小组评价、个人评价、教师评价应该结合，且评价过程应充分体现成员"协作"的特征。具体的评价方法和评价标准，国内外学者研究成果已有不少，在此限于篇数不再赘述。

基于网络的远程协作学习设计案例　中学物理《浮力》

1. 案例设计主题

本案例以中学物理中的第十二章《浮力》为教学内容，对协作学习模式进行介绍。本案例体现物理学科知识抽象的特点，体现物理学科教学多样化的观点，充分利用"试验"和多媒体网络工具，在整个教学过程中体现以学生为中心，教师起组织者、指导者、帮助者和促进者的作用的教学观，取代了传统教学中以教师为中心，老师讲、学生听的"填鸭式"的全灌输的教学模式，充分发挥了学生的主动性、积极性和创新精神。这种网络环境下的教学模式可表述为"协作学习任务设计—协作学习小组组建—协作学习环境设计—协作学习活动与策略的设计—协作学习成果评价"5个环节。在协作学习的过程中,教师利用监视功能对学生的学习情况进行监督,对在学习中出现的问题进行正确定位,通过遥控辅导加以补救,将学生所犯的错误消灭在萌芽状态。教师控制着小组讨论的主题与时间,教师可以随时进入或退出讨论组,讨论仍能正常进行。在协同学习的过程中,学生获得知识的途径,除了从教师处获得外,同学间的讨论也非常重要,从而拓宽了学生获得知识的渠道。

2. 协作学习任务设计

(1) 创设情景。教师利用多媒体课件、自然现象、虚拟试验及网络技术,创设与本节课要求掌握的内容相关的情景。在本案例中采用播放多媒体视频方式播出日常生活中常见的有关浮力的例子。例如:人在水中游泳不会下沉;空中的飞机不会降落;船在水中不会下沉等类似的例子。然后要求学生用自己以前所掌握的知识,对视频中的物体作受力分析,得出该类物体受到一个与重力相平衡的力。

(2) 提出问题。由老师和学生通过不同的方式提出最想解决的问题。本案例中的教学内容是指定内容也就是说主题事先已知(至少授课教师已知),问题的提出应考虑到学生的层次不同,所以问题的提出应围绕已确定的主题设计能引起争论的初始问题和能将讨论进一步深入的后续问题。什么叫浮力?浮力产生的原因是什么?浮力跟哪些因素有关?证明阿基米德定律并学会用阿基米德定律做计算题。

(3) 网上协作。明确学习任务,学生带着问题进入教师设置的学习环境中寻找解决问题的方法。本案例中学生将通过协作学习的方法解决提出的问题,协作学习就是学生为达到共同的学习目标并最大化个人学习的成果一起讨论教学内容,共负责任的学习方法,因此各个成员都要明确协作学习的观点。

3. 协作学习小组组建

协作学习进程中可以把大规模的协作组分成小组,小组的组成可以由学生与学生之间根据自己的兴趣、爱好自由组合,也可以由老师根据学生的水平层次分组,在分组时要注意每一个组里至少要有一个学习成绩好的同学以带动后进生。小组的每个成员都必须对小组内的其他成员具有使命感、责任感,参与协作学习的学习者可以不必要参与每一个学习环节的讨论,学习者之间可以相互交流、共同学习,所以每一个小组成员要意识到一个人的失败可能影响到其他组员的学习;小组成员之间要相互鼓励,不可取笑后进生或打击优等生;小组成员之间要相互信任、相互依赖,即优等生要信任后进生,给予其信心,同时后进生依赖优等生。小组分好后每个小组选出一个组长,小组长在小组中相对来说要具有一定的组织能力和领导能力。

4. 协作学习环境设计

(1) 在线讨论。用聊天系统与小组外成员进行同步讨论,这种讨论方式能够将讨论内容实时显示,整个在线讨论的时间有限,所以发言的时间不长,一般都是简短的语句,像我们日常生活中的交谈一样,展开的讨论没有固定的程序,主要依靠教师的随机应变和临场的掌握。就老师提出的问题,协作者从在线学习者名单中选择一位或几位协作对象,就以上几个问题进行自由讨论。在讨论过程中老师应该注意学生的发言,以便根据学生的反应及时对其提出的问题进行正确的引导;要善于发现每位学生发言的积极因素,并及时给予肯定和鼓励;要善于发现学生在发言过程中暴露出来的问题,并使用适合学生接受的方式给予指出。

(2) 进入虚拟实验室。虚拟实验室是模拟真实的试验环境的试验平台,在虚拟实验室中学习者可以组成一个试验小组对有关浮力的试验进行观察并记录,最后得出结果。在本案例中的试验是现成的,不需要学习者设计,只需记录后得出结论。

(3) 网络查资料。通过教师提供的网站,在网上查找有关浮力的知识,从所有相关的知识点中找到问题相关的内容,解决问题,得出自己的知识结论。

5. 协作学习活动与策略的设计

(1) 小组内讨论。每个小组成员通过以上不同方式得出结论、观点带回小组内部讨论,在小组内讨论时要尊重每一位小组成员的观点,重视每位成员的发言,若有的观点犯了理论性的错误,其他成员该用适当的方法指出并帮助其改正,然后根据共同的观点得出结论,达到小组内协作学习的目的。

(2) 汇报情况。各小组把小组内成员讨论得出的结果由小组长用 Powerpoint 做成幻灯片向老师汇报,还可以用 BBS 和其他协作组交流。小组成员也可以将自己的想法用 E-mail 的形式汇报给老师,并请老师指出错误。

6. 协作学习成果评价

老师分别对各小组的结论进行分析，指出好的地方和不足之处，对学生提出要求和给予鼓励。然后对整个课题总结，给出正确结论。

附作业设计

课题总结后，教师指导学生进入测试网页。每个学生根据自己的实际情况与能力选择不同层次的测试题，独立完成并将测试结果通过网络反馈给老师和其他小组成员。

课题延伸 教师要求让学生用浮力的角度去思考以下几个问题：

A. 一架飞机的体积为 K，飞机的制造材料的密度为 ρ，问这架飞机最多能设置多少个座位？

B. 简述潜水艇的工作原理，并用物理式表示各种情况下潜水艇水箱中水的体积。

C. 用有关的知识解释人在潜水时为什么不能很快地上升或下降？为什么人从深水中上岸要置于高压环境（与深水中的环境相当）中一段时间？

课后由学生根据自己的需要访问与本节课所学内容有关的网站，阅读课外知识，扩大知识面，作为课堂教学的延伸和补充。例如：阿基米德重大发现、发现阿基米德定律的背景（参考中学生物理之教师学生之友）等。

推荐网站：

http://www.ccxcc.com

http://home.cfe21.com

http://sq.k12.com.cn:9000/ly/lywl/index.htm

http://www.google.com（阿基米德定律）

（三）基于网络的远程协作学习的特点

由于受到技术的影响，与传统的协作学习方式相比，基于网络的远程协作学习具有如下一些特点：

1. 突破了时间和空间的限制

协作学习者可以是同班同学，也可以是来自地球另一端的同龄人，甚至是一个行业、一个领域的专家等。协作的方式可以是同步的，也可以是异步的。

2. 逼真呈现的问题情境

网络协作学习环境可以更真切地向协作学习者呈现问题情境，尤其能够逼真呈现一些与生活经验相距甚远的抽象问题等。

3. 交互的可控性

网络环境改变了教师独自控制教学的局面,网络协作的建立是由计算机相关技术搭建的协作平台实现的,教师和学生不能脱离平台而活动,这保证了协作的稳定性以及控制权的合理分配。

4. 学习者分组方式更为灵活多样

学习者不仅可以在班集体内自由地进行组合,而且必要时还可以与网络上的自由学习者进行协作交流。学习者可以依据学习任务及时调整与协作伙伴的关系,选择和调换不同的学习伙伴。

5. 附属角色的隐藏

传统教学环境下,协作进程和过程需要有人记录,但是在基于网络的远程协作学习环境中,由于计算机具有强大的电子通信、文件记录保存、信息处理等功能,这些附属角色被隐藏掉了,学习记录也实现了全程化、自动化。

6. 复杂低层工作的简化

比如类似言语信息记忆、资料分类、冗繁的数据计算等工作均得以简化。

7. 丰富的网络资源支持

基于网络的协作学习环境拥有极其丰富的资源可供使用,包括各种各样的资源和信息,不仅数量巨大,而且获取便捷。

拓展学习

虚拟实验室

虚拟实验室是一种基于 Web 技术、虚拟仿真技术构建的开放式网络化的虚拟实验教学系统,是现有各种教学实验室的数字化和虚拟化。虚拟实验室由虚拟实验台、虚拟器材库和开放式实验室管理系统组成。虚拟实验室为开设各种虚拟实验课程提供了全新的教学环境。虚拟实验台与真实实验台类似,可供学生自己动手配置、连接、调节和使用实验仪器设备。教师利用虚拟器材库中的器材自由搭建任意合理的典型实验或实验案例,这一点是虚拟实验室有别于一般实验教学课件的重要特征。

在虚拟实验室中,学生既可以在虚拟实验台上动手操作,又可自主设计实验,有利于培养学生的操作能力、分析诊断能力、设计能力和创新意识。在虚拟实验室中,学生更易获得相关的知识,科学的指导和敏捷的反馈。虚拟实验室是未来实验室建设的发展方向。

虚拟现实实验室是虚拟现实技术应用研究的重要载体。

随着虚拟实验技术的成熟,人们开始认识到虚拟实验室在教育领域的应用价值,它除了可以辅助高校的科研工作,在实验教学方面也具有如利用率高,易维护等诸多优点。近年来,国内的许多高校都根据自身科研和教学的需求建立了一些虚拟实验室,比如 VBL100 医学机能虚拟实验室系统、OWVLab 开放式网上虚拟实验室等。

推荐阅读:

百度百科。http://baike.baidu.com/view/1515402.htm

中南大学虚拟实验室平台。http://vlab.csu.edu.cn

活动实践

活动一:通过网络阅读惟存教育网:http://www.being.org.cn/中关于 WebQuest 网络探究学习案例,写出 WebQuest 网络探究学习案例的基本模块,并试着编写一个 WebQuest 网络探究学习实例。

活动二:

任务 1:探究基于问题的研究性学习设计模式基本组成部分,阐述该模式的特点。

任务 2:根据基于问题的研究性学习设计模式及案例试着编写一个基于问题的研究性学习设计案例。

活动三:分析基于网络的远程协作学习设计流程图,并根据该流程图编写一个基于网络的远程协作学习设计案例。

知识结构

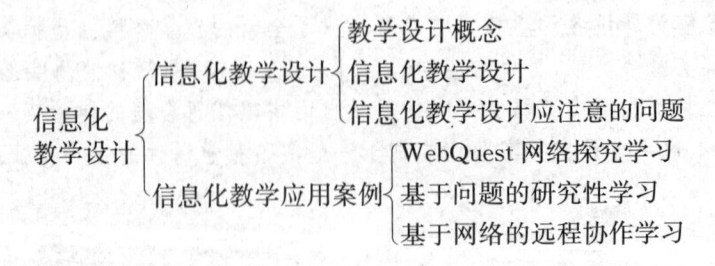

信息化教学设计
- 信息化教学设计
  - 教学设计概念
  - 信息化教学设计
  - 信息化教学设计应注意的问题
- 信息化教学应用案例
  - WebQuest 网络探究学习
  - 基于问题的研究性学习
  - 基于网络的远程协作学习

附 录

附录一 中小学教师教育技术能力标准(试行)

为提高中小学教师教育技术能力水平,促进教师专业能力发展,根据《中华人民共和国教师法》和《中小学教师继续教育规定》有关精神,特制定《中小学教师教育技术能力标准(试行)》。本标准适用于中小学教学人员、中小学管理人员、中小学技术支持人员教育技术能力的培训与考核。

第一部分 教学人员教育技术能力标准

一、意识与态度

(一) 重要性的认识

1. 能够认识到教育技术的有效应用对于推进教育信息化、促进教育改革和实施国家课程标准的重要作用。
2. 能够认识到教育技术能力是教师专业素质的必要组成部分。
3. 能够认识到教育技术的有效应用对于优化教学过程、培养创新型人才的重要作用。

(二) 应用意识

1. 具有在教学中应用教育技术的意识。
2. 具有在教学中开展信息技术与课程整合、进行教学改革研究的意识。
3. 具有运用教育技术不断丰富学习资源的意识。
4. 具有关注新技术发展并尝试将新技术应用于教学的意识。

(三) 评价与反思

1. 具有对教学资源的利用进行评价与反思的意识。

2. 具有对教学过程进行评价与反思的意识。

3. 具有对教学效果与效率进行评价与反思的意识。

（四）**终身学习**

1. 具有不断学习新知识和新技术以完善自身素质结构的意识与态度。

2. 具有利用教育技术进行终身学习以实现专业发展与个人发展的意识与态度。

二、知识与技能

（一）**基本知识**

1. 了解教育技术基本概念。

2. 理解教育技术的主要理论基础。

3. 掌握教育技术理论的基本内容。

4. 了解基本的教育技术研究方法。

（二）**基本技能**

1. 掌握信息检索、加工与利用的方法。

2. 掌握常见教学媒体选择与开发的方法。

3. 掌握教学系统设计的一般方法。

4. 掌握教学资源管理、教学过程管理和项目管理的方法。

5. 掌握教学媒体、教学资源、教学过程与教学效果的评价方法。

三、应用与创新

（一）**教学设计与实施**

1. 能够正确地描述教学目标、分析教学内容，并能根据学生特点和教学条件设计有效的教学活动。

2. 积极开展信息技术与课程的整合，探索信息技术与课程整合的有效途径。

3. 能为学生提供各种运用技术进行实践的机会，并进行有针对性的指导。

4. 能应用技术开展对学生的评价和对教学过程的评价。

（二）**教学支持与管理**

1. 能够收集、甄别、整合、应用与学科相关的教学资源以优化教学环境。

2. 能在教学中对教学资源进行有效管理。
3. 能在教学中对学习活动进行有效管理。
4. 能在教学中对教学过程进行有效管理。

（三）科研与发展

1. 能结合学科教学进行教育技术应用的研究。
2. 能针对学科教学中教育技术应用的效果进行研究。
3. 能充分利用信息技术学习业务知识，发展自身的业务能力。

（四）合作与交流

1. 能利用技术与学生就学习进行交流。
2. 能利用技术与家长就学生情况进行交流。
3. 能利用技术与同事在教学和科研方面广泛开展合作与交流。
4. 能利用技术与教育管理人员就教育管理工作进行沟通。
5. 能利用技术与技术人员在教学资源的设计、选择与开发等方面进行合作与交流。
6. 能利用技术与学科专家、教育技术专家就教育技术的应用进行交流与合作。

四、社会责任

（一）公平利用 努力使不同性别、不同经济状况的学生在学习资源的利用上享有均等的机会。

（二）有效应用 努力使不同背景、不同性格和能力的学生均能利用学习资源得到良好发展。

（三）健康使用 促进学生正确地使用学习资源，以营造良好的学习环境。

（四）规范行为 能向学生示范并传授与技术利用有关的法律法规知识和伦理道德观念。

第二部分　管理人员教育技术能力标准

一、意识与态度

（一）重要性的认识

1. 能够认识到教育技术的有效应用对于推进教育信息化、促进教育改革和实施国家课程标准的重要作用。

2. 能够认识到教育技术能力是教师专业素质的必要组成部分。

3. 能够认识到教育技术的有效应用对于优化教学过程、培养创新型人才的重要作用。

（二）应用意识

1. 具有推动在管理中应用教育技术的意识。

2. 具有推动在教学中开展信息技术与课程整合、促进教育教学改革研究的意识。

3. 具有支持教师运用教育技术不断丰富学习资源的意识。

4. 具有密切关注新技术的价值并不断挖掘其教育应用潜力的意识。

（三）评价与反思

1. 具有促进对教学资源的利用进行评价与反思的意识。

2. 具有促进对教学过程进行评价与反思的意识。

3. 具有促进对教学效果与效率进行评价与反思的意识。

4. 具有对教学管理的效果进行评价与反思的意识。

（四）终身学习

1. 具有不断学习新知识和新技术以提高自身管理水平的意识与态度。

2. 具有利用教育技术进行终身学习以实现管理能力与个人素质不断提高的意识与态度。

3. 具有利用教育技术为教师创造终身学习环境的意识与态度。

二、知识与技能

（一）基本知识

1. 了解教育思想、观念和教育技术的发展趋势。

2. 了解教育技术的基本概念和应用范畴。

3. 了解教育技术的基本理论。

4. 掌握绩效技术、知识管理和课程开发的基本知识。

（二）基本技能

1. 掌握信息检索、加工与利用的方法。

2. 掌握资源管理、过程管理和项目管理的方法。

3. 掌握教学媒体、教学资源、教学过程与教学效果的评价方法。

4. 掌握课程规划、设计、开发、实施与评价的方法。

三、应用与创新

（一）决策与规划

1. 制定并实施教育技术应用计划以及应用技术来促进教育教学改革的条例与法规。
2. 能够根据地区特点和实际教育状况，宏观调配学习资源，规划和设计教育系统。
3. 能够有效应用信息技术和统计数据辅助决策过程。

（二）组织与运用

1. 能组织与协调各种资源，保证教育技术应用计划的贯彻和执行。
2. 能组织与协调各种资源，促进信息化学习环境的创建。
3. 能组织与协调各种资源，支持信息化的教学活动。
4. 能运用技术辅助教学组织和教学实施。

（三）评估与发展

1. 能使用多种方法对教师和管理人员的教育技术应用效果进行评价。
2. 能运用技术辅助对管理体制和运行机制进行评价。
3. 能采取多种措施推动技术体系的不断改进，支持技术的周期性更新。
4. 能充分利用技术手段为教师、学生和管理者的发展提供更多机会。
5. 能充分运用技术改善教育教学条件，并为教师提供教育技术培训的机会。

（四）合作与交流

1. 能利用技术与教学人员就教学工作进行交流。
2. 能利用技术与技术人员就学习支持与服务进行交流。
3. 能利用技术与家长及学生就学生发展与成长进行交流。
4. 能利用技术与同事就管理工作进行合作与交流。

四、社会责任

（一）公平利用能够在管理制度上保障所有的教师和学生均能利用学习资源得到良好发展。

（二）有效应用

1. 能够促进学习资源的应用潜能得到最大化的发挥。

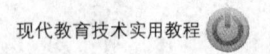

2. 能够促进技术应用达到预期效果。
（三）**安全使用**
1. 能确保技术环境的安全性。
2. 能提高技术应用的安全性。
（四）**规范行为**
1. 努力加强信息道德的宣传与教育。
2. 努力规范技术应用的行为与言论。
3. 具有技术环境下知识产权保护的意识，并能够以实际行动维护这种知识产权。

第三部分　技术人员教育技术能力标准

一、**意识与态度**

（一）**重要性的认识**
1. 能够认识到教育技术的有效应用对于推进教育信息化、促进教育改革和实施国家课程标准的重要作用。
2. 能够认识到教育技术应用能力是教师专业素质的重要组成部分。
3. 能够认识到教育技术的有效应用对于优化教学过程、培养创新型人才的重要作用。

（二）**应用意识**
1. 具有研究与推进信息技术与课程整合的意识。
2. 具有利用技术不断优化学习资源和学习环境的意识。
3. 具有积极辅助与支持教学人员和管理人员应用教育技术的意识。
4. 具有不断尝试应用新技术并探索其应用潜力的意识。

（三）**评价与反思**
1. 具有对技术及应用方案进行选择和评价的意识。
2. 具有对技术开发进行评价与反思的意识。
3. 具有对技术支持进行评价与反思的意识。
4. 具有对教学资源管理进行评价与反思的意识。

（四）**终身学习**
1. 具有积极学习新知识与新技术以提高业务水平的意识。
2. 具有利用教育技术进行终身学习以不断提高个人素质的意识。

二、知识与技能

（一）基本知识

1. 了解教育思想、观念和技术的发展趋势。
2. 了解教育技术的基本概念和应用范畴。
3. 掌握现代教学媒体特别是计算机与网络通信的原理与应用。

（二）基本技能

1. 掌握信息检索、加工与利用的方法。
2. 了解教学系统设计与开发的方法。
3. 掌握教学媒体的设计与开发的技术。
4. 掌握教学媒体的维护与管理的方法。
5. 掌握学习资源维护与管理的方法。
6. 掌握对教学媒体、学习资源的评价方法。

三、应用与创新

（一）设计与开发

1. 参与本单位教育信息化建设方案的整体规划与设计。
2. 能够设计与开发本单位的信息化学习环境。
3. 能够收集、整理已有学习资源并设计与开发符合教学需要的学习资源。

（二）应用与管理

1. 能够为教学人员的教学和科研工作提供技术支持与服务。
2. 能够为管理人员的管理和评估工作提供技术支持与服务。
3. 能够对学习资源与学习环境的使用进行有效的管理与维护。

（三）评估与发展

1. 能够对学习资源和学习环境的开发与应用效果进行评估，并提出发展建议。
2. 能够对自身的技术服务和管理工作进行评估，并反省自身的技术服务和业务水平。
3. 能够参与本校教师教育技术应用效果的评估工作，并提出发展建议。
4. 能够参与制定本校教师教育技术培训方案并实施。

（四）合作与交流

1. 能利用技术与教师就教育技术在教学中的应用效果进行交流。
2. 能利用技术与管理人员进行交流。
3. 能利用技术与学生及家长进行交流。
4. 能利用技术与同行及技术专家进行交流。

四、社会责任

（一）公平利用能够通过有效的统筹安排保障所有的教师和学生均能利用学习资源得到良好发展。

（二）有效应用

1. 能不断加强信息资源的管理。
2. 能不断提高教育技术应用的有效性。

（三）安全使用

1. 努力提高技术应用环境的信息安全。
2. 能为教师和学生提供安全、可靠的技术服务。

（四）规范行为

1. 努力加强技术环境下信息资源的规范管理。
2. 努力规范技术应用的行为方式。

附录二　我国中小学教学软件评审参考标准

一、教学性要求(55 分)

使用教学软件的目的在于改善教学活动的环境和过程，调动学生学习的积极性，提高教学质量和教学水平。因此，其目标、内容和过程应符合规定要求。

（一）**教学目标**(15 分)

1. 教学软件的教学目标应在其文档中明确说明，指出教学软件的应用范围及期望学生获得的学习成果；
2. 教学软件的教学目标应符合教学大纲(课程标准)的要求，适应教学的实际需要。对于扩大知识面、发展学生个性、特长方面的附加目标应有说明；

3. 教学软件的教学目标应适合学生的年龄特点、认识规律和认知水平。

(二)**教学内容**(20 分)

教学内容是根据教学目标和学生特征所选定的教学材料、信息、知识及其图文表达等。

1. 思想健康,有利于学生身心发展。符合国家有关法律法规和政策,结合教学内容进行思想政治教育和品德、意志、情感的培养;

2. 无科学性错误,语言文字规范。教学内容及其表达方法符合学科的基本原理,引用的材料、数据符合事实,符合国家制定的有关规范要求;

3. 教学内容的选取、表达和组织能体现预定的教学目标;

4. 内容表达清楚、准确、难易程度适当。文字、图形、语言能清楚地表述教学内容,风格前后一致,有可读性和趣味性,问题提出、回答方式及反馈易为学生接受。

(三)**教学过程**(20 分)

应用教学软件进行辅助教学是一个教学过程,能反映出教学策略和教学方法的选择。

1. 教学过程所采用的教学方法应能有效地引导学生达到预定的教学目标,具有启发性;

2. 教学过程应能体现计算机作为教学媒体的特点,如人机对话、用户调控教学过程、及时反馈、个别化学习等,能取得其他教学手段不易取得的文档效果;

3. 符合教学原则,特别要重视直观性、量力性、发展性、巩固性、自觉性与积极性和因材施教等重要原则;

4. 教学软件在应用过程中应有激励学生动机的机制,内容和表现形式要有吸引力。

二、**技术性要求**(35 分)

教学软件是计算机应用软件,除了应用软件的一般要求外,为了有利于教学活动和学生的健康发展,本标准特别规定审查其程序运行、信息呈现及用户界面三个方面的质量:

(一)**程序运行**(10 分)

必须在规定的运行条件下能够可靠地运行,保证顺利实现教学过程和达到教学目标。

1. 在正常条件下，教学软件能无故障地运行，完成预定的整个教学活动；

2. 有容错能力。当用户未按规定要求输入时，应有一定的抗干扰能力，并有良好的处理方法。例如对指定键以外的其他键进行封锁，不理睬错误操作，给予明确帮助，用户可以自己修改未完成的数据输入等。

（二）信息呈现（10 分）

在运行过程中向学生传送各种教育、教学信息，信息呈现应符合如下技术要求：

1. 能合理运用文字、图形、声音、动画等媒体，其组织结构与呈现方式适合教学需要；

2. 屏幕显示简洁美观；声音播放协调、适宜，不妨碍学习，视、听觉配合和谐，有美感。

（三）用户界面（15 分）

1. 用户界面友好、通用，具有必要的帮助信息和对输入的及时反馈，输入、输出、提示、命令的设置形式合理、风格一致；

2. 命令种类与数量不过多、过繁，操作方便、简单，易于掌握；

3. 能方便灵活地控制软件的进入、运行、暂停和退出。

三、文档资料要求（10 分）

文档资料是教学软件产品的重要组成部分，在教学软件的发行、维护和应用中起着程序所不能起到的作用，必须予以充分重视。

1. 文档资料完整性

参见《教育软件使用文档编写指南》

2. 文档资料规范性

文档编写应使用规范的文字、语言、图标，表达内容应清楚、无歧义，应采用可沟通的、便于理解的术语进行陈述。

附录三 "国培计划"课程资源建设规范(试行)

为规范"国培计划"项目课程资源建设,提高"国培计划"资源建设质量,促进优质资源共建共享,特制定本规范。

本规范适用于指导"国培计划"任务承担院校(机构)开发各类培训课程资源,同时适用于"国培计划"资源库申报资源评审。

一、课程资源基础信息

"国培计划"任务承担院校(机构)提交项目验收或者申报资源评审的课程资源必须提供基础信息。

编号	基础信息项目	要 求
1	资源名称	资源名称描述,长度不超过 25 个汉字
2	内容说明	(1)主要内容介绍:200~300 字 (2)关键词:反映资源核心内容,3~5 个 (3)所属项目类型:填写项目全称
3	专家介绍	主持或主讲专家的基本情况,包括姓名、性别、职称、工作单位、学科背景、教师教育相关经历及荣誉等
4	资源属性	提交资源的格式、容量等,如视频录像的格式、时长及容量,演示文稿的格式及容量,案例文本的格式及容量等
5	适用范围	该资源适用的教师培训范围,格式为[学段][学科][对象][专题]
6	教学模式	该资源所采用的教学模式,在以下复选框中选择: □讲授式 □案例研讨 □参与式 □其他(请列明):
7	推荐机构	提交该资源的培训院校(机构)
8	推荐理由	推荐该资源的理由,可从学员反馈、授课风格、前沿性、创新性等方面阐述,200~300 字
9	制作团队	制作团队、制作完成日期或出版日期

二、文本材料制作要求

文本材料是指教育部、财政部"国培计划"《示范性集中培训项目管理指南》、《示范性远程培训项目管理指南》、《中西部农村骨干教师培训项目管理指南》、《幼儿园教师国家级培训计划项目管理指南》规定要求提交的申请报告、绩效评估报告以及推荐评审优秀资源等过程中要求提交的各类纸质文本或电子文本材料。

1. 文本材料必须符合党和国家的方针政策，符合"国培计划"总体要求；不能有政治性错误，不泄漏国家机密，涉及有关宗教、民族和港澳台等敏感问题的表述，必须与国家现行政策保持一致。

2. 最终提交的文本材料（包括文本内附带的图片）不得存在版权纠纷问题。

3. 提交的材料包括：标题（文件名）、作者（责任单位或个人）、内容提要、目录、各部分正文（含参考文献）以及作者认为必要的其他部件。

4. 材料整体章节格式一致。一、二、三、四级标题各自统一字体字号；正文采用小四号字，1.5倍行距；正文字体用宋体，正文中插入的栏目用楷体。

5. 文件中的图或表，图号和表号分章节编号（如图3-1、表5-4），图号和图题写在图的下方，表号和表题写在表的上方，并以交叉引用的方式在文件中正确标识。

6. 注释一律采用页下注。正文与注文之间用一条短横线隔开。

7. 参考文献要按相应的国家标准进行标注。

（1）图书的著录格式

［序号］作者. 书名［文献类型和标志代码］. 出版地：出版者，出版年：参考部分起止页码.

（2）期刊文章的著录格式［序号］作者. 题名［文献类型和标志代码］. 刊名，年，卷（期）：起止页码.

（3）报纸文章的著录格式

［序号］作者. 题名［文献类型和标志代码］. 报纸名，年－月－日（版次）.

8. 电子文本材料采用DOC、DOCX或PDF格式保存，中文采用国标字体，英文字母和符号使用Times New Roman。

三、图形/图像技术要求

图形/图像是指为了辅助文字材料进行解释、说明和补充而引入的平面视觉元素。其中，图形主要指绘制的线框图、形状图等矢量图，图像主要指用照相、扫描、软件制作等渠道形成的点阵图（位图）。

1. 图形/图像的选取必须符合党和国家的方针政策，在内容上不得出现政治性错误，泄露国家机密或违背国家现行政策。

2. 图形/图像应注意取材的适宜性，通常针对文本难以尽述的内容进行设计。

3. 图形/图像在呈现时应选择合适的呈现类型。对于组织结构图、材料剖面图等不需要强调明暗、细节等的元素，应采用图形格式；对于反映真实物件外观、情景实况等的元素应采用图像格式。

4. 图形/图像的制作应主体突出、清晰明了、色彩搭配协调，图像不得出现明显的噪点。在页面设计上，要注意与排版格式、其他元素的协调。

5. 图形/图像应确保在不同资源发布形式下的显示效果。用于印刷的图形建议采用 WMF、VSD、TIF 等格式，用于网络呈现的图形建议转换为 PNG、GIF 格式，如确需采用 SVG、SWF 等需要外置插件的格式，应提供相应插件。用于印刷的图像则分辨率应该在 300 dpi 以上，用于网络呈现的应该在 75 dpi 以上。如采用彩色图像，应保证像素深度在 16 位（真彩色）以上。

资源中引用的图形/图像应正确编号并设置合适的题注，编号方式分章节编号（如图 3-1、表 5-4），题注信息标注于图形/图像的下方，并以交叉引用的方式在文本中正确标识。

四、视频材料技术要求

（一）录制要求

1. 录制场地 录制场地应选择授课现场，可以是课堂、演播室或礼堂等场地。要求录制现场光线充足、环境安静，保证多媒体展示或板书清楚，面积在 50 平方米以上。

2. 录制方式、设备与制作

（1）拍摄方式。根据课程内容，采用多机位拍摄，机位设置应满足完整记录课堂全部教学活动或授课教师的要求。

（2）录像设备。摄像机要求不低于准专业级数字设备，推荐使用高清数字设备。

（3）录音设备。采用若干个专业级话筒，保证教师和学生发言的录音质量。

(4) 后期制作。使用专业的非线性编辑系统,建议视频配套字幕。

3. 格式

(1) 视频建议采用以下 2 种格式:

① 采用 H. 264(MPEG—4 Part 10;profile=main,1evel=3. 0)编码且不包含字幕的 MP4 格式(建议用二次压缩),同步音频压缩采用 AAC 格式或 MP3 格式;

② 采用视频编码为 windows media video 9 以上、音频编码 windows media audio 9. 2 以上的 WMV 流媒体格式。制作单位应保留原始素材与成片。

(2) 同步字幕文件采取 SRT 格式。

(二) 制作要求

1. 片头与片尾 片头与片尾不超过 20 秒,应包括:制作单位、制作团队信息,课程名称,讲次,主讲教师姓名、职称、单位等信息。

2. 视频内容

(1) 视频内容具备科学性和准确性,必须符合党和国家的方针政策,不得出现政治性错误,泄露国家机密或违背国家现行政策。

(2) 视频内容相对完整,单一视频片段原则上不超过 45 分钟。

(3) 不能出现与教学无关的内容。

(三) 技术指标

1. 视频信号

(1) 全片图像清晰、连续,无跳帧、夹帧,画面无抖动跳跃,色彩无突变。

(2) 信噪比:图像信噪比不低于 55 dB,无明显杂波。

(3) 色调:白平衡正确,无明显偏色,多机拍摄的镜头衔接处无明显色差。

2. 音频信号

(1) 同期声、解说、音乐、音效记录于不同声道,输出时进行混音处理。

(2) 电平指标在 −12 dB~−8 dB,声音应无明显失真,放音过冲、过弱。音频信噪比不低 于 48 dB。

(3) 声音和画面须同步,无交流声或其他杂音等缺陷。

(4) 伴音清晰、饱满、圆润,无失真、噪声杂音干扰、音量忽大忽小等现象。解说声与 现场声无明显比例失调,解说声与背景音乐无明显比例失调。

3. 视音频制作及网络传输格式技术要求

(1) 视频制作使用标清或高清格式,单视频课件或三分屏课件存档成品视频压缩采用 H. 264(MPEG－4 Part 10:profile＝main,level＝3.0)或 WMV 编码方式,码流率不低于 1 024 Kbps,帧率不低于 25 fps,分辨率不低于 640×480,封装格式采用 MP4 或 WMV。单视频网络课件成品的视频码流率不低于 256 Kbps,帧率不低于 15 fps,课件视频大小不低于 640×480。三分屏网络课件成品的视频码流率不低于 128 Kbps,帧率不低于 15 fps,课件视频大小不低于 320×240。

(2) 数字化音频制作推荐使用双声道,采样率不低于 44.1 kHz,压缩采用 ACC 格式或 MP3 格式,存档成品码流率不低于 128 Kbps。网络传输课件成品的音频码流率不低于 32 Kbps。

五、多媒体课件制作要求

多媒体课件是制作者根据教学目标和教学内容的要求,将文本、图形、图像、声音、动画、影像等多种媒体素材在时间和空间两方面进行整合集成,形成交互特性,进而实现辅助教与学的多媒体应用软件产品。

(一) 总体要求

1. 符合党和国家的方针政策,在内容上不得出现政治性错误,泄露国家机密或违背国家现行政策。

2. 体现内容的科学性和准确性,符合学习者的认知逻辑,体现现代教育理念的要求,具有较大的启发性。

3. 要直观、形象,形式上有一定的创新,具有较强的趣味性和吸引力,能调动学生学习的积极性和主动性,并能适应具体的教学模式。

4. 要与教学目标紧密相关,有较强的针对性。

5. 画面必须有较强的艺术感,版面布局合理,色彩与主题有机配合,整体风格一致,语言规范,简洁明了。

(二) 技术特性要求

1. 课件运行及环境要求:课件开发工具与制作平台不限,但无论采用何种平台工具、编程语言、数据库语言编制,都应打包,使其能脱离原开发环境独立运行。

2. 打包后的课件应运行流畅,具有一定的容错性。音视频等容量较大的素材必须经过压缩,并以合适的链接方式嵌入主程序。

3. 课件素材格式选用合理,呈现效果清晰,分类要求如下:

(1) 文本。中文一律用国标简体字。字体应视需要合理选择,尽量采用黑体、宋体等常用字体,并选择合适的样式,每行、每屏字数不宜太多(如建议在演示文稿中,最小字号不小于 24 号,每屏不超过 100 字)。字幕与背景色有较高的对比度,背景应简洁明快。

(2) 图形/图像。一般情况下使用位图图像,如有特殊需要可采用矢量图形式,建议使用 SWF(Flash)格式。位图采用 Gif 或 JPG 格式。图像主要内容清晰呈现,单独呈现时图像大小一般不小于 640 像素×480 像素。背景图像应根据内容需要与主题相协调。

(3) 动画与视频。建议使用 SWF、AVI、MP4、FLV 等格式,显示尺寸可视具体情况而定,但要与页面协调,如需全屏呈现,画幅大小一般不小于 720 像素×576 像素。播放时须能进行实时控制(如暂停、快进、快退等),且可控性好,运行流畅。

(4) 音频。可采用 WAV、MP3、MIDI 等格式。音质不能有明显噪音,建议采样频率不低于 44.1kHz。音量大小适宜。播放时能进行实时控制(如静音、暂停等),解说、背景音乐应能单独控制。

4. 如有必要,课件应针对学员和教师提供操作手册,对课件的运行环境、主要结构、安装与操作方法、教学使用建议等进行说明。

(三) 信息呈现及界面特性

1. 课件版面设计合理,总体风格一致,视听觉配合协调;屏幕显示简洁美观,每屏信息容量适中。

2. 课件结构合理,导航清晰,链接准确、有效。

3. 课件交互方式友好,具有必要的帮助信息和对输入信息的及时反馈。

4. 课件的首页要突出课件名称,一般以课程名称的文字为主体,所属学科、教材及研制单位、制作人等字体相对较小。

六、网络课程建设要求

(一) 建设原则

1. 以提高教师的教育教学能力和专业化水平为网络课程建设的基本出发点,应根据不同类别、层次、岗位教师的需求确定。

2. 每一门网络课程须在内容上完整,在形式上独立,以问题为中心,以案例为载体,聚焦某一项教师专业能力或专业素养。

3. 课程资源的呈现应符合"现代远程教育资源建设技术规范"。

(二) 规范正文

1. 课程信息

课程开发者须以 EXCEL 电子表格或相关软件工具的形式提供如下表所示的课程元数据信息。

编号	元素名称	描述
1	标题	网络课程的名称
2	语种	同目标用户交流时课程所使用的主要语言,如汉语、英语等
3	描述	对课程内容的文本描述
4	关键词	最能体现该课程本质的词语描述
5	对应标准	课程所对应的《"国培计划"课程标准(试行)》中的具体学科(领域)和专题,若无对应,须填写该课程所培养的教师能力素质
6	版本	课程当前的版本状态(默认1.0)
7	贡献者	参与课程开发的个人或团队成员,包括姓名、单位、联系方式、承担任务等
8	课程资源所属单位	课程所属单位的相关信息
9	日期	完成课程开发的日期
10	学习时间	完成课程学习任务所需要的建议时间
11	学分	课程对应的学分分值
12	费用*	使用该课程所需花费的费用标准
13	限制	使用该课程是否有版权问题和其他限制条件
14	关系*	该课程与其他课程之间的关系

注:*为可以暂时不填。

2. 课程内容 应参照《"国培计划"课程标准(试行)》,根据各项目的具体目标、任务,针对培训对象的专业发展需求,合理组织和编排课程内容,鼓励通过提供选修内容、选做作业等方式,为参训教师提供自主选学的机会。

编号	项目	基本要求
1	必备的课程 要素	(1)课程简介。课程的主要内容及学习要求 (2)课程目标。即学习者学完该课程后所应达到的能力水平,目标的表述必须具体、可测量 (3)教学内容。为完成"课程目标"而提供的核心学习资源,必须有较强的针对性 (4)教学评价。为学习者提供关于课程的评价及评价标准,应放置在明显的位置供学习者查看 (5)学员手册。为学习者更好地学习课程提供相应的建议等内容 (6)教学与管理手册。为课程教学者提供的开展课程教学的具体指导建议,如重点内容分析,明确网上教学管理过程与考核制度等
2	可选的课程 要素	(1) 思考与活动。针对具体的教学内容而设计的研修活动与思考题,供学习者在教学中实践检验,以达到教学行为的改进和学习效果的检测 (2)实时讲座或答疑。课程教学者根据需要安排在线的实时讲座和答疑,以便随时完善课程教学 (3) 教学参考资料。与教学内容相匹配的、有助于拓宽学习者视野的文献、音视频资料、网址链接等 (4)前测、后测。通过前测、后测评估培训效果,发现培训中的问题,并通过反思明确改进措施

参考文献

[1] 曾陈萍,吴军.现代教育技术实用教程[M].北京:北京师范大学出版社,2010

[2] 陈金华.现代教育技术教程[M].北京:北京师范大学出版社,2011

[3] 钟大鹏,蒋红星.现代教育技术实用教程[M].北京:中国铁道出版社,2010

[4] 李勇帆.多媒体CAI课件设计与制作导论[M].北京:中国铁道出版社,2009

[5] 赵树宇,封昌权.现代教育技术[M].北京:科学出版社,2012

[6] 吴有林,安玉,任燕.多媒体课件设计与开发[M].北京:清华大学出版社,2011

[7] 高珏,朱永华.多媒体技术与应用教程[M].北京:清华大学出版社,2011

[8] 杨娟.现代教育技术实训教程[M].北京:科学出版社,2012

[9] 柏宏权.现代教育技术教程[M].北京:电子工业出版社,2011

[10] 严晨,柴纯钢,徐娜.多媒体界面设计[M].北京:电子工业出版社,2011

[11] 汪基德.现代教育技术[M].北京:高等教育出版社,2011

[12] 赵厚福,祝智庭,吴永和.数字化学习资源共享的技术标准分析[J].现代教育技术,2010(06):61-67

[13] 祝智庭.网络教育技术标准研究[J].电化教育研究,2001(08):72-78

[14] 李文娜.基于CELTS标准的高等职业教育教学资源建设的研究[D].东北师范大学硕士学位论文,2008

[15] 周金凤.基于CELTS标准的教育资源管理系统的设计与开发[D].华中师范大学硕士学位论文,2005

[16] 李红.面向基础教育新课程的信息化教学设计模式[J].中国电化教育,2007

[17] 姜忠元.信息技术环境下的课堂教学设计模式[J].佳木斯大学社会科学学报,2008

[18] 刘贵富.大学教学内容信息化建设研究[J].中国高教研究,2006

[19] 戴富禧.信息化教学设计在中国的发展简评[J].科技创新导报,2010

[20] 李昕.信息技术环境下的教学设计[M].山东师范大学出版社,2004

[21] 毛金莲.职高计算机专业课的任务驱动教学[J].中国科教创新导刊,2008

[22] 张继新.任务驱动教学法与英语学科的整合[J].教育教学论坛,2010

[23] 谢幼如,柯清超.网络课程的开发与应用[M].北京:电子工业出版社,2005

[24] 钟志贤.信息化教学模式[M].北京:北京师范大学出版社,2005

[25] 何克抗,郑永柏,谢幼如.教学系统设计[M].北京:北京师范大学出版社,2007

[26] 南国农.信息化教育概论[M].北京:高等教育出版社,2004

[27] 王吉庆.信息素养论[M].上海:上海教育出版社,2002

[28] 贾慧莲.浅论多媒体课件在教学中的应用[J].中国科技创新导刊.2011(23):175

[29] 石惠蓉.如何实现多媒体课件与课堂教学的有效整合[J].考试周刊.2011(49):161-162

[30] 刘霞,赫念.多媒体课件在教学应用中的优势及制作方面的几点建议[J].价值工程.2011,30(16):243-245

[31] 刘明远.多媒体课件在教学中的应用[J].教育教学论坛.2011(5):219

[32] 耿建民.基于课堂教学的多媒体课件设计研究[J].中国电化教育.2011(6):84-88

[33] 柳春艳.基于学习共同体的任务驱动型教学尝试——《多媒体课件设计与制作》课程实践探索[J].现代教育技术.2011,21(7):46-49

[34] 何虹丽.高等学校多媒体课件的分类及应用研究[D].湖北大学硕士学位论文,2009

[35] 卜新章.数码摄影必备手册[M].福州:福建科学技术出版社,2008

图书在版编目（CIP）数据

现代教育技术实用教程 / 佟元之，许文芝主编. ——
南京：南京大学出版社，2013.2(2021.1重印)
　（高等学校小学教育专业教材）
　ISBN 978-7-305-10940-9

　Ⅰ. ①现… Ⅱ. ①佟… ②许… Ⅲ. ①教育技术学－
高等学校－教材 Ⅳ. ①G40-057

　中国版本图书馆CIP数据核字(2012)第308931号

出版发行	南京大学出版社
社　　址	南京市汉口路22号　　邮　编 210093
出 版 人	金鑫荣
丛 书 名	高等学校小学教育专业教材
书　　名	现代教育技术实用教程
主　　编	佟元之　许文芝
责任编辑	李　博　钱梦菊　　编辑热线 025-83685720
照　　排	南京开卷文化传媒有限公司
印　　刷	南京京新印刷厂
开　　本	787×960　1/16　印张 22.25　字数 362千
版　　次	2013年2月第1版　2021年1月第7次印刷
ISBN	978-7-305-10940-9
定　　价	45.00元

网　　址：http://www.njupco.com
官方微博：http://weibo.com/njupco
微信服务号：njuyuexue
销售咨询：(025)83594756

* 版权所有，侵权必究
* 凡购买南大版图书，如有印装质量问题，请与所购
　图书销售部门联系调换